El Gran Reinicio

ALEX JONES

El Gran Reinicio
y la guerra por el mundo

EDICIONES OBELISCO

Colección Estudios y documentos
El Gran Reinicio
Alex Jones

Título original: *The Great Reset*

1.ª edición: mayo de 2025

Traducción: *Manuel Manzano*
Maquetación: *Juan Bejarano*
Corrección: *Sara Moreno*
Diseño de cubierta: *Enrique Iborra*

Edita: Ediciones Obelisco, S. L.
Collita, 23-25. Pol. Ind. Molí de la Bastida
08191 Rubí - Barcelona - España
Tel. 93 309 85 25
E-mail: info@edicionesobelisco.com

ISBN: 978-84-1172-283-4
DL B 5821-2025

Impreso en España en los talleres gráficos de Romanyà/Valls S. A.
Verdaguer, 1 - 08786 Capellades (Barcelona)

Printed in Spain

Olvidaos de los políticos. Los políticos están ahí para dar la idea de que tienen libertad de elección. No es así. No tienen elección. Tienen dueños. Ellos son sus dueños. Son los dueños de todo. Son los dueños de todas las tierras importantes. Son los dueños y controlan a las corporaciones.

—George Carlin

Bienvenidos al año 2030. Bienvenidos a mi ciudad, o, mejor dicho, a nuestra ciudad. No tengo nada. No tengo coche. No tengo casa. No tengo ningún electrodoméstico ni ropa.

Puede que te parezca extraño, pero para nosotros en esta ciudad tiene todo el sentido. Todo lo que antes considerabas un producto, ahora se ha convertido en un servicio. Tenemos acceso a transporte, alojamiento, comida y todas las cosas que necesitamos en nuestra vida diaria. Una a una, todas estas cosas se han vuelto gratuitas, por lo que terminó por no tener sentido que poseyéramos demasiado.

—Fragmento de un artículo de la revista *Forbes*
escrito por un colaborador del Foro
Económico Mundial en 2016 titulado
«Bienvenidos a 2030: no tengo nada,
no tengo privacidad y la vida
nunca ha sido mejor».[1]

1. Ida Auken, «Welcome to 2030: I Own Nothing, Have No Privacy, and Life Has Never Been Better», 12 de noviembre de 2016, *Forbes*, www.forbes.com/sites/worldeconomicforum/2016/11/10/shopping-i-cant-really-remember-what-that-is-or-how-differently-well-live-in-2030

CAPÍTULO 1

¿Qué es el Gran Reinicio?

Hay una tensión eterna en el alma humana entre el deseo de libertad y el deseo de que aquellos que tienen autoridad le digan qué hacer.

La capacidad humana de trabajar en equipo es una de las grandes fortalezas de la humanidad, como lo es también la capacidad de disentir de la sabiduría aceptada en el momento. Muchos encuestadores han observado la tendencia de que, sin importar la pregunta, hay aproximadamente una cuarta parte de la población que tendrá una opinión contraria. Algunos han empezado a llamarlo el 25 % idiota de la población, y sin embargo yo lo veo como una ventaja evolutiva que le da a la humanidad una flexibilidad sin precedentes.

Imaginemos que estamos en una pequeña tribu de unas sesenta personas en la última Edad de Hielo. Nuestro líder, Thaag, alto, apuesto y un gran guerrero, sugiere una ruta determinada hacia las cuevas de invierno. Es la ruta que la tribu ha utilizado de manera regular durante los últimos años.

Pero otro miembro de la tribu, Uther, dice: «Ha habido mucha nieve temprana, los glaciares están avanzando y creo que esa ruta probablemente estará bloqueada. Muchos podrían morir de hambre si vamos por ahí. Conozco otro camino. Es un poco más largo, con un terreno un poco desafiante, pero seguro que llegaremos a las cuevas de invierno». Uther es conocido como el pensador de la tribu, tal vez sea un curandero, y a veces parece un poco loco, como cuando comienza a hablar sobre los espíritus de los antepasados.

Son muchos los resultados posibles.

Ni Thaag ni Uther saben la verdad real sobre qué ruta tiene más sentido.

Thaag y Uther podrían ser enemigos, con rivalidades latentes desde hace mucho tiempo. Thaag podría exigir que la tribu tome la ruta tradicional, y declarar que cualquiera que no siga su decisión debería ser desterrado de la tribu. Uther podría responder que Thaag toma malas decisiones, y cuestionar así su liderazgo en la tribu. Tal vez haya entre diez y quince personas que se pongan del lado de Uther, y tomen la ruta alternativa, más larga, hacia las cuevas de invierno. El grupo que sigue a Thaag muere, pero el pequeño grupo liderado por Uther sobrevive. Tal vez el grupo liderado por Uther, al ser mucho más pequeño en tamaño, se encuentra con otra tribu que los extermine.

La tribu sobrevive, pero, ya sea el grupo de Thaag o el de Uther quien viva, la comunidad queda muy debilitada.

Sin embargo, tal vez Thaag y Uther sean buenos amigos, pues respetan las fortalezas del otro y al mismo tiempo comprenden las debilidades. Uther entiende que persuadir a Thaag es la mejor oportunidad para asegurar la supervivencia del mayor número posible de su gente. Y Thaag entiende que algunas de las ideas locas de Uther han tenido un éxito sin precedentes.

Hablan y elaboran un plan. Comenzarán la caminata hacia las cuevas de invierno por la ruta tradicional, pero enviarán a sus corredores más rápidos por delante para asegurarse de que el camino esté abierto. Si la ruta tradicional está bloqueada, en las primeras etapas del viaje será fácil tomar un desvío y cambiar a la ruta de Uther.

Así es como se crean las tribus más fuertes, hablando de los desacuerdos y elaborando mejores planes.

Esto no es lo que estamos haciendo en nuestro mundo hoy en día.

* * *

Aquellos lectores de mentalidad más religiosa quizá se pregunten: ¿qué dice la Biblia acerca del papel apropiado entre los gobernantes y el pueblo?

Quizá te sorprenda saber que uno de los primeros libros de la Biblia, el libro de Samuel, tiene una visión muy negativa de los gobernantes, especialmente de los reyes.

El libro de Samuel se desarrolla después de que los judíos huyeran de Egipto en el Éxodo y se reestablecieran en Israel. En ese momento, Israel no tenía rey, sino jueces que resolvían los problemas que se les presentaban. Este período se conoció como la Era de los Jueces y duró aproximadamente un siglo.

> Samuel, ya anciano, nombró jueces a sus hijos para que gobernaran Israel. Su primogénito se llamaba Joel y su segundo hijo, Abías. Ambos gobernaban en Beerseba. Sus hijos no siguieron su ejemplo, sino que buscaron ganancias ilícitas, aceptaron sobornos, y pervirtieron la justicia. Por eso, todos los ancianos de Israel se reunieron en Ramá para hablar con Samuel y le dijeron: «Ahora que ya eres viejo y tus hijos no siguen tu ejemplo, nombra un rey sobre nosotros, como lo hacen otras naciones, para que nos gobierne». Samuel se disgustó cuando le pidieron un rey que los gobernara. Rezó al Señor, y él le respondió: «Concede todo lo que pide el pueblo. No es a ti a quien rechazan, sino a mí como rey. Como me han tratado constantemente desde el día en que los saqué de Egipto hasta hoy, abandonándome y adorando a dioses extraños, así te tratan a ti también. Concédeles lo que piden, pero al mismo tiempo adviérteles de manera solemne y hazles saber los derechos del rey que los gobernará».
>
> Samuel transmitió el mensaje del Señor en su totalidad a quienes le pedían un rey. Les dijo: «Los derechos del rey que os gobernará serán los siguientes: tomará a vuestros hijos y los asignará a sus carros y caballos, y correrán delante de él. También nombrará de entre ellos a sus comandantes de grupos de mil y de cien soldados. Los pondrá para que aren y sieguen, y para que fabriquen sus herramientas de guerra y el equipo de sus carros. Utilizará a vuestras hi-

jas como perfumistas, cocineras y panaderas. Tomará lo mejor de vuestros campos, viñas y olivares y se los dará a sus funcionarios. Tomará el diezmo de vuestras cosechas y de vuestras viñas y dará el producto a sus eunucos y a sus esclavos. Tomará a vuestros siervos y siervas, así como a los mejores bueyes y asnos, y los utilizará para hacer su trabajo. Tomará el diezmo de vuestros rebaños y vosotros mismos seréis sus esclavos. Cuando esto suceda, os quejareis del rey que habéis elegido, pero ese día el Señor no os responderá».[1]

Se podría perdonar a una persona si llega a la conclusión de que Dios fue el insurgente original. Sin embargo, la interpretación correcta es que Dios sospechó desde el principio que tener un rey, o cualquier gobernante, no era una buena idea. Su preferencia era que el pueblo lo mantuviera en sus corazones y, por lo tanto, no necesitara ningún gobernante.

Cuando se utiliza el marco de la historia de Samuel, queda claro por qué muchos creen que Estados Unidos es una nación divinamente ordenada. Nuestros documentos fundacionales colocan al pueblo de una manera muy clara como los verdaderos dueños de nuestro país, si tan sólo actuamos como tal. Los gobernantes sirven al pueblo, no al revés. Cuanto más poder se le da al pueblo, más se cumple la voluntad de Dios. Las personas que exigen más libertad están trabajando en interés de Dios, porque confían en sí mismas para escuchar la voz de Dios. Los fieles no temen al mundo que los rodea. Si encuentras a una persona llena de miedo, entonces Dios no está con ella.

La premisa de este libro es que la batalla que libramos contra el Gran Reinicio no es más que una antigua batalla entre las fuerzas de la libertad y las de la tiranía. Y, sin embargo, la pieza clave de esta lucha no se encuentra entre quienes abogan públicamente por nuestras libertades históricas, o entre quienes abogan por un mayor control gubernamental de nuestra vida.

---

1. Nueva Biblia Americana, libro de Samuel, cap. 8, 1-18 (Nashville, Tennessee, Thomas Nelson, Inc., 1987), pp. 249-250.

La batalla la ganas o la pierdes tú, el público, al decidir si quiere libertad en su vida y sus decisiones o más control gubernamental.

Elige sabiamente.

* * *

Antes de llegar al Gran Reinicio, deberíamos hacernos la pregunta: ¿quién es su defensor más conocido?

Seguramente, esa designación debería señalar a Klaus Schwab, fundador y presidente ejecutivo del Foro Económico Mundial. Así describió a Schwab Marc Benioff, presidente y director ejecutivo de la empresa de *software* Salesforce, en el prólogo de su libro de 2016, *La cuarta revolución industrial:*

> Como fundador y presidente ejecutivo del Foro Económico Mundial y de su reunión anual de renombre internacional en Davos, Suiza, Klaus Schwab está en una posición privilegiada para sintetizar las experiencias y opiniones de los principales expertos económicos y tecnológicos mundiales, los líderes de las empresas más grandes del mundo y las perspectivas de los representantes de los Gobiernos y de la sociedad civil en una visión panorámica de los desafíos que tenemos por delante.[2]

Ésa es una información útil. Si crees que los asistentes al Foro Económico Mundial, que se celebra cada año en Davos, Suiza, tienen una visión precisa de lo que está sucediendo en las calles y en los barrios de sus respectivos países, es probable que te impresionen las credenciales de Schwab. Si crees que los individuos más ricos de cada país no tienen ni idea de lo que realmente sucede en sus países, tal vez cegados por sus coches caros, sus enormes mansiones, sus hijos con problemas de drogas y sus aviones privados que arrojan una enorme cantidad de carbono a la atmósfera cuando viajan todos

2. Klaus Schwab, *The Fourth Industrial Revolution*, Portfolio/Penguin, Londres, 2016, p. vii. (*La cuarta revolución industrial*, Ed. Debate, Barcelona, 2016).

los años a Davos, Suiza, para el Foro Económico Mundial, es probable que no te impresione tanto. Así termina Benioff su introducción al libro de Schwab:

> *La cuarta revolución industrial* es un libro importante para comprender las principales tendencias que configuran nuestro mundo. Ofrece una manera de pensar y analizar los cambios históricos que se están produciendo para que podamos crear de manera colectiva un futuro próspero y empoderador para todos y centrado en el ser humano. Estoy seguro de que la lectura de este fascinante libro te aportará valiosas ideas para navegar por el futuro.[3]

El trabajo de Schwab me recuerda al de un ilusionista que desvía la atención con una mano para que no veas lo que está haciendo con la otra. Es fácil dejarse engañar, ya que Schwab se siente cómodo con el tipo de libros de psicología empresarial que te maravillan, te dicen que son geniales y optimistas y que alguna vez fueron tan populares. Uno puede verlo como un persuasor bien entrenado, pero una vez que ves a qué está jugando, es difícil mantenerle el respeto.

La construcción del último párrafo de la introducción de Benioff es un buen ejemplo de ello. Benioff afirma que el libro de Schwab es importante para «comprender las principales tendencias que configuran nuestro mundo», así como para «pensar y analizar los cambios históricos que están ocurriendo».

Es posible que te sientas tentado a aceptarlo y pienses: «Sí, no me importaría leer un libro sobre algunas tendencias importantes de nuestra actualidad». Pero Schwab no está interesado en persuadirte. Lo que le interesa es que aceptes los planes de las personas más ricas y poderosas del mundo para ganar aún más dinero y tener aún más poder sobre tu vida.

Benioff revela la verdadera intención del libro cuando afirma que el propósito es permitirnos «crear de manera colectiva un futuro próspero y empoderador para todos y centrado en el ser humano».

---

3. Ibíd., p. viii.

¿De verdad?

¿Crees que a Marc Benioff o a Klaus Schwab les interesan de verdad tus opiniones? La verdad es que simplemente quieren que guardemos silencio mientras llevan a cabo sus planes.

He aquí una verificación de la realidad.

¿Se te ha acercado algún miembro del Grupo de Davos en los últimos años y te ha dicho: «Oye, realmente quiero entender tu vida. ¿Podemos hablar un par de horas? Te daré mi correo electrónico y mi número de teléfono en caso de que se te ocurra algo más adelante»?

Lo dudo.

* * *

Pasemos directamente a las palabras de Klaus Schwab. En el primer párrafo de la introducción de *La cuarta revolución industrial,* Schwab escribe:

> De los muchos y fascinantes desafíos a los que nos enfrentamos hoy en día, el más intenso e importante es cómo entender y dar forma a la nueva revolución tecnológica, que implica nada menos que una transformación de la humanidad. Estamos al comienzo de una revolución que está cambiando fundamentalmente la forma en que vivimos, trabajamos y nos relacionamos unos con otros. En su escala, alcance y complejidad, lo que considero la cuarta revolución industrial no se parece a nada que la humanidad haya experimentado antes.[4]

Niños y niñas, ¿estáis listos para un viaje emocionante? Uno casi espera que Schwab nos diga cómo ponernos en contacto con nuestro sexto chakra y acceder a nuestro niño interior. Sin embargo, debajo del lenguaje florido y emocionante, deja muy claro que se trata de la «transformación de la humanidad». ¿Qué te parece?

4. Ibíd., p. 1.

¿Crees que estamos listos para la transformación? Es muy probable que casi nadie se haya dado cuenta de que eso era parte del trato.

La espina del totalitarismo se esconde entre el lenguaje de color de rosa de Schwab. ¿Puedes encontrarla?

> Somos testigos de profundos cambios en todas las industrias, marcados por el surgimiento de nuevos modelos de negocios, la disrupción de las empresas tradicionales y la reconfiguración de los sistemas de producción, consumo, transporte y distribución. En el frente social, se produce un cambio de paradigma en la forma en que trabajamos y nos comunicamos, así como en la manera en que nos expresamos, informamos y nos entretenemos. Del mismo modo, se reconfiguran los Gobiernos y las instituciones, al igual que los sistemas de educación, atención de la salud y transporte, entre muchos otros. Las nuevas formas de utilizar la tecnología para cambiar el comportamiento y nuestros sistemas de producción y consumo también ofrecen el potencial de apoyar la regeneración y preservación de los entornos naturales, en lugar de crear costos ocultos en forma de externalizaciones.[5]

Contemos la cantidad de sutiles llamadas a un mayor control sobre nuestra vida que contiene ese único párrafo. Tenemos los «cambios profundos en todas las industrias», que conducirán a la «disrupción de las empresas tradicionales y la reconfiguración de los sistemas de producción, consumo, transporte y distribución». Y no olvidemos las mentiras descaradas que dicen, como hacernos creer que quieren que desbancar a los gobernantes actuales.

Ellos son los gobernantes.

Lo hacen para que no los interrumpan. Quieren estar en primera fila, con la mano en el volante, mientras reconfiguran los «sistemas de producción, consumo, transporte y distribución».

Schwab pasa entonces al «frente social», donde nos informa emocionado que «se produce un cambio de paradigma en la forma

---

5. Ibíd., pp. 1-2.

en que trabajamos y nos comunicamos, así como en la manera en que nos expresamos, informamos y nos entretenemos». De nuevo, observemos la sutil persuasión. Ya está sucediendo, quiere que pienses, casi como el tipo que acosa a una mujer para que salgan a cenar y luego, cuando ella finalmente acepta, le dice: «¿Te gustaría tener sexo antes o después de la cena?». ¿Qué pretenden controlar Schwab y su pandilla? Simplemente cómo trabajas, te comunicas, te expresas, te informas y te entretienes. En lo único en que todavía puedes tener cierto nivel de control son tus pensamientos, pero es probable que estén esperando a que Elon Musk perfeccione su dispositivo Neuro-Link para poder acceder directamente a tu cerebro.

A continuación, pasa a las instituciones: «Del mismo modo, se reconfiguran los Gobiernos y las instituciones, al igual que los sistemas de educación, atención de la salud y transporte, entre muchos otros». Si ponemos esto en palabras sencillas, llegamos a la conclusión de que sólo quieren controlar las escuelas, el sistema médico y la libertad de movimiento. No se puede decir que Schwab y su pandilla no sean ambiciosos.

¿Y qué es lo que realmente quieren Schwab y compañía? Bueno, nos dicen con mucha amabilidad que: «Las nuevas formas de utilizar la tecnología para cambiar el comportamiento y nuestros sistemas de producción y consumo también ofrecen el potencial de apoyar la regeneración y preservación de los entornos naturales». Son ellos quienes quieren utilizar la tecnología para transformarnos, así como para controlar los medios de producción y consumo. En otras palabras, comerás nuestras hamburguesas a base de plantas y carne cultivada en laboratorio cuando te lo digamos.

Puede que parezca un detalle menor, pero Schwab es un escritor realmente malo.

Sin embargo, creo que la capacidad de Schwab para escribir y persuadir es la base de este libro. Se podría argumentar que toda escritura tiene que ver con la persuasión, pero la calidad de la escritura está determinada por la calidad del pensamiento del autor. Una escritura brillante es el resultado de una mente brillante. La escritura más atractiva es por lo general el resultado de la voluntad del autor de explorar ideas provocativas de una manera que el lector puede no haber considerado antes de leer el libro.

Schwab es un persuasor torpe que siempre recurre al mismo enfoque triple.

En primer lugar, utiliza muchas frases floridas y sorprendentes, con algunos datos interesantes que el lector podría no conocer.

En segundo lugar, introduce alguna amenaza, como la inestabilidad del sistema, para inquietar a la gente.

En tercer lugar, le señala al lector que Schwab y su Grupo de Davos tienen la respuesta.

En el arte de la persuasión, esto se conoce habitualmente como la dinámica problema-reacción-solución.

* * *

Se dice que no pensamos en hechos, sino en narrativas. Si tenemos una narrativa convincente, descartaremos de manera inconsciente los hechos que no encajen en ella y daremos mayor peso a los que sí encajen. Schwab está muy interesado en darte la narrativa de su plan:

> Los cambios son tan profundos que, desde la perspectiva de la historia humana, nunca ha habido una época de mayores promesas o de mayor peligro potencial. Sin embargo, me preocupa que los encargados de tomar decisiones se vean demasiado atrapados en el pensamiento tradicional, lineal (y no disruptivo) o demasiado absortos en las preocupaciones inmediatas como para pensar de un modo estratégico en las fuerzas de disrupción e innovación que configuran nuestro futuro.[6]

Comprender el juego de la persuasión es probablemente una de las cosas más importantes que leerás en este libro. Si alguien quiere que hagas grandes cambios, necesitas convencerlo de que el problema

6. Ibíd., p. 2.

también es grande. Schwab quiere hacerte creer que «Los cambios son tan profundos que, desde la perspectiva de la historia humana, nunca ha habido una época de mayores promesas o de mayor peligro potencial». ¿Algún historiador respetable estaría de acuerdo con esa afirmación? ¿Y la Segunda Guerra Mundial? ¿La Crisis de los Misiles de Cuba, cuando Estados Unidos y la Unión Soviética estuvieron al borde de una guerra nuclear? ¿La Peste Negra en la Europa del siglo XIV, que mató entre 65 y 200 millones de personas? Es evidente que Schwab está utilizando un lenguaje exagerado (mentiras descaradas) para convencerte de que sigas sus sugerencias. En la vida real, cuando alguien te miente, dejas de escucharlo. Sin embargo, vamos a profundizar aún más para revelar el alcance de los engaños de Schwab y los verdaderos planes de su Grupo de Davos.

Después de su afirmación claramente exagerada sobre las «promesas» y el «peligro» de nuestro tiempo, Schwab pasa a derribar las defensas de aquellos que podrían frustrar sus planes cuando escribe: «Sin embargo, me preocupa que los encargados de tomar decisiones se vean demasiado atrapados en el pensamiento tradicional, lineal (y no disruptivo) o demasiado absortos en las preocupaciones inmediatas como para pensar de un modo estratégico en las fuerzas de disrupción e innovación que configuran nuestro futuro».

Traduzcamos el florido lenguaje de Schwab a su verdadero significado. ¡Los que están a cargo en la actualidad son demasiado estúpidos para entender la brillantez de mi plan! ¡Haceos a un lado, campesinos, y dejadme dar rienda suelta a mi enorme capacidad intelectual! (Inserta la risa maníaca de un supervillano). Sinceramente, ¿hay otra manera de entender la condescendencia en los escritos de Schwab?

Cerca del final de la introducción del libro, Schwab expone su visión de cómo se llevará a cabo esta transformación:

> La naturaleza fundamental y global de esta revolución significa que afectará y se verá influida por todos los países, economías, sectores y personas. Por lo tanto, es fundamental que invirtamos atención y energía en la cooperación entre las múltiples partes interesadas,

> más allá de las fronteras académicas, sociales, políticas, nacionales e industriales. Estas interacciones y colaboraciones son necesarias para crear narrativas positivas, comunes y llenas de esperanza, que permitan a las personas y a los grupos de todas partes del mundo participar y beneficiarse de las transformaciones en curso.[7]

No se trata de una revolución que comienza en las bases, en el proletariado, sino de una revolución que comienza en las grandes empresas, en la burguesía, donde los empresarios transnacionales se reúnen en grandes reuniones en lugares como Davos, Suiza.

¿Debemos creer que esto se está haciendo realmente en nombre del pueblo?

Estoy bastante seguro de que la persona promedio no tiene ni idea de lo que significa «cooperación entre las múltiples partes interesadas». ¿Y la persona promedio se va a dormir por la noche preocupada por la necesidad de «crear narrativas positivas, comunes y llenas de esperanza»?

Este libro detallará todas las partes de la estrategia de Schwab para utilizar el Gran Reinicio para lograr una cantidad sin precedentes de control sobre tu vida diaria. Ésta es genuinamente una «guerra por el mundo». Es una guerra para dominar el futuro del desarrollo humano y hacerse con el control de la especie humana. Todos tenemos un interés vital en el resultado. Confieso libremente que en este libro utilizo abundante sátira y burla. Y, sin embargo, eso no implica que los planes de Schwab y el Grupo de Davos no sean peligrosos. Creo con firmeza que están planeando un enorme asalto a nuestras libertades, y debemos encontrar la mejor manera de contrarrestar sus designios. Un poder que las élites han utilizado durante miles de años es el respeto y la reverencia. En siglos anteriores se nos alentó a creer que nuestros gobernantes eran descendientes de los dioses, o algún tipo de ser humano avanzado. Utilizo la sátira y la burla para demostrar que Schwab y sus secuaces no merecen ni respeto ni deferencia.

---

7. Ibíd., p. 4.

Nuestros enemigos son humanos y no tienen más fuerza ni más inteligencia que nosotros. Actualmente, ellos poseen el dominio de muchos de los resortes del poder, ya sea en los medios de comunicación, en el Gobierno o en las finanzas, pero en última instancia son responsables ante el pueblo llano. Tú eres quien decidirá si el futuro será de libertad y prosperidad o de esclavitud y sufrimiento.

El poder está en tus manos.

CAPÍTULO 2

Desarrollo del sistema de control

Tal vez sea porque Klaus Schwab publicó su primer libro, *La cuarta revolución industrial*, en 2016, con la expectativa de que Hillary Clinton ganara la presidencia, pero en cambio venció Donald Trump.

Schwab no logró que el mundo prestara atención a las ideas de su libro. Tal vez por eso en 2018 publicó su segundo libro, *Shaping the Fourth Industrial Revolution*, que esperaba que tuviera un mayor impacto. Es como cuando Margaret Mitchell publicó *Lo que el viento se llevó* en 1936: no se convirtió en un gran éxito de ventas, y luego volvió unos años después con la secuela, *Really Gone with the Wind* (Lo que el viento se llevó realmente).

Me imagino a Schwab entre todos sus amigos ricos en Davos, Suiza, rascándose la cabeza y diciendo: «¿Por qué no ha ganado Hillary?» y «No conozco a nadie que haya votado a Donald Trump». Tal vez, como Hillary después de 2008, cuando Barack Obama la derrotó, Schwab dijo: «Bueno, intentémoslo otra vez».

«Quizá el problema haya sido Marc Benioff y su prólogo –piensa Schwab–. Sí, Salesforce es una gran empresa de San Francisco y toda la gente de Silicon Valley la conoce, pero quizá necesite un nombre más grande. Déjame pensar. ¡Ah, ya lo tengo! ¿Qué tal Microsoft? Llamaré a su director ejecutivo, Satya Nadella. Eso hará que la gente se ponga de pie y tome nota. Bill Gates fundó Microsoft y todo el mundo adora a Bill Gates».

Sin embargo, Nadella no lo hace mucho mejor que Benioff. Nadella comienza adorando a Schwab y al Foro Económico Mundial con esta introducción vergonzosa:

> Mediante reuniones y publicaciones esclarecedoras, el Foro Económico Mundial y su fundador, Klaus Schwab, han seguido arrojando luz sobre las oportunidades y los desafíos de la cuarta revolución industrial. Tienen razón al enfrentarse al pensamiento de suma cero sobre la próxima ola de nuevas tecnologías y señalar que su evolución está totalmente en nuestro poder.[1]

Si tienes alguna duda sobre Satya Nadella, al final de la primera página del prólogo encontrarás una pequeña información: Satya Nadella es el director ejecutivo de Microsoft y autor de *Hit Refresh: La aventura de redescubrir el alma de Microsoft y concebir un futuro mejor para todos*.[2] ¿Te has preguntado alguna vez por qué todos estos empresarios suelen utilizar un lenguaje relacionado con la religión en sus escritos, cuando muy probable ninguno de ellos sea religioso? No me malinterpretes. Estoy muy a favor de que los líderes empresariales hablen de negocios. Simplemente creo que es bastante probable que lo mejor es que permanezcan en ese carril.

Al leer estos libros, muchos de los llamados líderes empresariales me parecen nada más que estudiantes de secundaria con un rendimiento excelente que quieren demostrarle al director que entienden la escuela mucho mejor que nadie. Luego, cuando el director está lo suficientemente impresionado, piden que los designen para el consejo estudiantil, en lugar de pasar por el complicado trabajo de ser elegidos por el cuerpo estudiantil. He aquí una muestra de ese pensamiento de Nadella:

---

1. Klaus Schwab, *Shaping the Future of the Fourth Industrial Revolution*, Currency, Nueva York, 2018, p vii.
2. Ibíd.

> La confluencia de datos con un almacenamiento computacional masivo y poder cognitivo transformará la industria y la sociedad en todos los niveles, y creará oportunidades que antes eran inimaginables, en la salud, en la educación, en la agricultura, en la manufactura y en los servicios. Mi empresa y otras apuestan por la convergencia de varios cambios tecnológicos importantes: realidad mixta, inteligencia artificial y computación cuántica. Con la realidad mixta construimos la experiencia informática definitiva, en la que el campo de visión se convierte en una superficie de computación; tu mundo digital y tu mundo físico se convierten en uno solo. Los datos, las aplicaciones e incluso los colegas y amigos en tu teléfono o tableta estarán disponibles en cualquier lugar al que desees acceder, mientras trabajas en la oficina, visitas a un cliente o colaboras con colegas en una sala de reuniones.[3]

No pretendo denigrar los logros tecnológicos de empresas como Microsoft. Simplemente, creo que han exagerado su valor para la persona promedio. Tomemos como ejemplo la idea de que las aplicaciones pueden acompañarte en tu teléfono o en tu ordenador portátil.

Genial.

Tal vez pueda ir a una conferencia, levantarme una o dos horas antes y trabajar un poco en mi ordenador portátil o revisar los correos electrónicos en el teléfono. Sin embargo, es probable que también deba ir al gimnasio, darme una ducha, tomarme un café y comer algo antes de que el primer orador suba al escenario a las 9 a. m.Gracias a las grandes empresas tecnológicas, puedo trabajar un poco más durante el día.

Pero no creo que eso exija un reordenamiento de la sociedad. Todavía tengo que ir al gimnasio y pedalear mis diez kilómetros si quiero obtener el más mínimo beneficio para mi salud. Y si por casualidad me alojo en un buen hotel y la bicicleta del gimnasio tiene una pantalla que muestra un vídeo de un paseo en bicicleta por la campiña francesa mientras hago ejercicio con las piernas, bueno,

---

3. Ibíd.

eso está muy bien. Pero el hecho de que haya visto un poco de la campiña francesa mientras sudo en la bicicleta no significa que aprecie o comprenda mejor la cultura francesa.

Al igual que Schwab, Nadella quiere deslumbrarte con los cambios tecnológicos, porque si te intimida un poco, le resulta más fácil controlarte. No levantarás la mano para hacer una pregunta porque no quieres parecer estúpido. Tal vez ése sea mi superpoder. No me importa parecer estúpido. (¿Y no recuerdas siempre que tus profesores decían: «No existen las preguntas estúpidas»?).

Pero cuando no pueden responder a mis preguntas estúpidas, bueno, ¿quién es el estúpido entonces? Aquí está Nadella. Espera que te sientas intimidado y entregues el poder a Klaus Schwab y a sus amigos de Davos:

> De manera similar, la industria y la sociedad deben unirse para centrarse en empoderar tanto a las personas como a las organizaciones mediante la democratización del acceso a la inteligencia para ayudar a resolver nuestros desafíos más urgentes. Por ejemplo, si la IA es una de las principales prioridades de la tecnología, la atención médica es sin duda una de sus aplicaciones más urgentes. Junto con la realidad mixta, la nube y las herramientas de optimización empresarial, la IA será fundamental para la transformación de la atención médica que se lleva a cabo en los laboratorios de ciencias, en las clínicas y en todas las operaciones de los centros médicos.[4]

Ese párrafo ciertamente no fue escrito por alguien con la más mínima formación en humanidades. Me pregunto si alguna vez han leído un libro que les haya llamado la atención. Bien, Nadella escribe: «la industria y la sociedad deben unirse» con el propósito de democratizar la inteligencia. ¿Por qué, en nombre de Dios, la industria y la sociedad tienen que unirse con el propósito de democratizar la inteligencia, signifique eso lo que signifique? ¿Acaso alguna persona sin hogar en Los Ángeles posee una de las claves ocultas de la

4. Ibíd., p. viii.

inteligencia artificial? ¿Existe algún alumno de tercer grado en Wisconsin que, si pudiéramos lograr que aceptara la necesidad de promover la «democratización de la inteligencia», todo estaría bien en el mundo?

Está bien, acepto que una buena atención sanitaria es una prioridad. ¿Qué sabemos sobre la buena salud? No tener sobrepeso. Llevar una dieta sana. Hacer ejercicio. Tener buenas relaciones sociales. Sobre este último punto, las buenas relaciones sociales, te sugiero que leas lo que Malcolm Gladwell ha escrito sobre su importancia en un breve ensayo titulado *The Roseto Mystery*. Trata de la anomalía de ese pequeño pueblo de Pensilvania, que fue descubierto por primera vez por un hombre llamado Stewart Wolf en la década de 1950:

> Wolf era médico. Estudió la digestión y el estómago y enseñó en la Facultad de Medicina de la Universidad de Oklahoma. Pasaba los veranos en una granja de Pensilvania, no lejos de Roseto, aunque eso, por supuesto, no significaba mucho, ya que Roseto estaba tan inmerso en su propio mundo que era posible vivir en el pueblo vecino y no saber mucho sobre él. «Una de las veces que estuve allí durante el verano (debió ser a finales de los años cincuenta), me invitaron a dar una charla en la sociedad médica local –dijo Wolf varios años después en una entrevista–. Después de terminar la charla, uno de los médicos locales me invitó a tomar una cerveza. Y mientras tomábamos una copa, me dijo: "Sabes, llevo diecisiete años ejerciendo. Recibo pacientes de todas partes y rara vez encuentro a alguien de Roseto menor de sesenta y cinco años con una enfermedad cardíaca"».[5]

Ese hallazgo fue un *shock* para Wolf, ya que a finales de los años cincuenta, los ataques cardíacos eran la principal causa de muerte en hombres menores de sesenta y cinco años. ¿Cómo podían ser tan raros los ataques cardíacos en esta pequeña ciudad de Pensilvania,

5. Malcom Gladwell, *Outliers: The Story of Success*, Back Bay Books, Little Brown and Company, Nueva York, 2008, p. 6. (*La frontera del éxito*, Espasa-Calpe, 2001).

poblada principalmente por inmigrantes de una pequeña ciudad del sur de Italia? Los investigadores analizaron la genética, la alimentación y el ejercicio y no pudieron encontrar ninguna correlación. Luego comenzaron a analizar la estructura social de la ciudad en sí:

> Wolf empezó a comprender que el secreto de Roseto no era la dieta, el ejercicio, los genes o la ubicación. Tenía que ser Roseto en sí. Mientras Bruhn y Wolf paseaban por la ciudad, descubrieron por qué. Observaron cómo los habitantes de Roseto se visitaban entre sí, se paraban en la calle a charlar en italiano, por ejemplo, o cocinaban para otros en sus patios traseros. Aprendieron sobre los extensos clanes familiares que sustentaban la estructura social de la ciudad. Vieron cuántas casas tenían tres generaciones que vivían bajo un mismo techo y cuánto respeto inspiraban los abuelos. Fueron a misa en Nuestra Señora del Monte Carmelo y vieron los efectos unificadores y tranquilizadores de la iglesia. Contaron veintidós organizaciones cívicas independientes en una ciudad de poco menos de dos mil habitantes.[6]

Pero Nadella no quiere hablar de cosas como un buen peso, una dieta sana, ejercicio y relaciones sociales positivas. En cambio, quiere hablar de la «variabilidad individual de los genes, los sistemas inmunitarios y el estilo de vida de cada persona». Todos ellos son temas dignos de estudio, pero ¿por qué eso requiere que reordenemos nuestra sociedad para convertirla en una especie de teocracia tecnocrática?

¿Y dónde se discute la calidad de nuestras conexiones sociales? ¿Con cuántas personas interactuamos de manera positiva durante un día normal? El mundo que Schwab y Nadella quieren crear carece de esas conexiones y, como resultado, podría ser la sociedad más insalubre jamás concebida por la mente humana.

Nadella llega al final, donde quiere desarmar a la gente de su escepticismo. Porque si confías en ellos, les dejarás hacer cosas que de otra manera no les dejarías hacer:

---

6. Ibíd., p. 9.

> Por último, la confianza en el mundo digital actual lo es todo. En todos los rincones del mundo necesitamos un entorno regulatorio revitalizado que promueva un uso innovador y seguro de la tecnología. El mayor problema son las leyes anticuadas que no se adaptan a los problemas contemporáneos.
>
> Los temas proféticos que se analizan en este libro, junto con el diálogo que suscita en las reuniones del Foro Económico Mundial, son contribuciones vitales para la comprensión y la búsqueda de soluciones. Los beneficios potenciales no tienen precedentes y, como concluye este libro, el liderazgo y la colaboración entre el sector público y el privado son esenciales.[7]

Nadella es un hombre inteligente. No llegó a su puesto en Microsoft por ser un idiota.

Tal vez llegó allí por ser un hombre que siempre dice sí a todo, pero ciertamente no por falta de inteligencia. Como cualquier buen general, comprende las fortalezas y debilidades de su propio bando, así como las de su enemigo. Nadella entiende que su bando cuenta con estas maravillas tecnológicas creadas por sus ingenieros. Ésa es una gran ventaja.

Pero Nadella se da cuenta es que le falta el apoyo para una gran reestructuración de la sociedad.

Para poder llevar a cabo sus planes, necesita que tú «confíes» en él. Piensa en la confianza que puedes tener en tu propia vida. Muchos católicos se han horrorizado en los últimos años al enterarse de casos de abuso sexual de niños por parte de miembros de confianza del clero. En retrospectiva, resulta difícil comprender la confianza que esos padres depositaron en sus clérigos. Sin embargo, se suponía que eran hombres y mujeres con almas temerosas de Dios. A muchos les resultó difícil conciliar esta idea con la maldad de algunas supuestas personas de Dios.

---

7. Klaus Schwab, *Shaping the Future of the Fourth Industrial Revolution*, Currency, Nueva York, 2018, p vii.

La confianza no es algo que podamos dar a la gente si no existe un sistema sólido de transparencia y rendición de cuentas. A lo largo de la historia ha habido demasiados ejemplos de casos en los que la confianza ha sido infundada. Nadella quiere repetir los errores del pasado cuando escribe: «El mayor problema son las leyes anticuadas que no son adecuadas para abordar los problemas contemporáneos». ¿Te imaginas al Gobierno creando un nuevo programa de guarderías en el que se les diga a los padres que no pueden observar las instalaciones ni examinar las credenciales de las personas que las gestionan? Los padres se rebelarían.

Pero Nadella sólo quiere que confíes en él y en esos cambios tecnológicos.

Al igual que Schwab, Nadella quiere cerrar el trato contigo, y te promete enormes beneficios, mientras minimiza los riesgos. Porque si necesita obtener tu consentimiento, no te contará nada del club que tiene escondido y preparado si protestas. El club oculto está contenido en la frase «Los beneficios potenciales no tienen precedentes y, como concluye este libro, el liderazgo y la colaboración entre el sector público y el privado son esenciales».

Ésta es la perspectiva que voy a adoptar sobre esta frase. Cada vez que oigas la expresión «entre el sector público y el privado» o «colaboración», quiero que las reemplaces por la palabra «fascismo». Porque, como verás, el fascismo, tal como se practicaba tanto en la Italia de Mussolini como en la Alemania de Hitler, era una colaboración público-privada. En eso se diferencia el fascismo del comunismo. Los comunistas se apoderaron de los medios de producción e intentaron dirigir estas industrias. No lo hicieron bien.

Mussolini y Hitler tenían una idea diferente.

Tanto el Gobierno como las grandes empresas eran entidades poderosas. Una batalla entre estos dos grupos sería improductiva, como descubrieron para su consternación los comunistas. Pero en lugar de una pelea, un líder astuto podría entender que se podría llegar a un acuerdo. A los líderes de las grandes empresas no les gustan los trabajadores que reclaman mejores condiciones laborales y salarios más altos. Como primer paso, Mussolini y Hitler desmantelaron los sindicatos. Una vez que los trabajadores fueron desarmados, los líderes quedaron libres para atacar a otros países y hacer lo que quisieran con sus propios disidentes.

Cada vez que escuches la expresión «colaboración entre el sector público y el privado», quiero que la traduzcas en tu mente como una promesa de que el Gobierno no dudará en atacar a la gente si protesta contra los planes de las grandes empresas.

* * *

En el prefacio de su segundo libro, Schwab también comienza hablando de confianza. El lenguaje encubierto que utiliza hace que uno desee haber sido una mosca en la pared entre la élite de Davos cuando Trump fue elegido en 2016 y en los años siguientes. Debieron de preguntarse si Trump y su escepticismo eran la enfermedad o simplemente un síntoma de algo mucho más grande que amenazaba con socavar sus planes:

> La confianza pública en las empresas, el Gobierno, los medios de comunicación e incluso la sociedad civil ha caído hasta el punto de que más de la mitad del mundo siente que el sistema actual les está fallando. La creciente brecha de confianza entre quienes se encuentran en el cuartil de ingresos más alto del país y el resto de la población indica que la cohesión social es frágil en el mejor de los casos y está muy cerca de romperse en el peor.
>
> En este contexto político y social precario nos enfrentamos tanto a las oportunidades como a los desafíos de una gama de tecnologías emergentes y poderosas –desde la inteligencia artificial hasta las biotecnologías, los materiales avanzados y la computación cuántica– que impulsarán cambios radicales en la forma en que vivimos y que he descrito como comprometedoras de la cuarta revolución industrial.[8]

8. Ibíd., p. ix.

A mediados del primer mandato de Trump, Schwab y su equipo de Davos deben de haber estado bastante nerviosos. Según Schwab, el 75 % más pobre del país piensa que el 25 % más rico los está perjudicando. Entendieron que las cosas estaban muy cerca de desmoronarse, por eso escribió: «la cohesión social es frágil en el mejor de los casos». No soy yo quien habla. Fue Klaus Schwab en 2018.

Pero Schwab es muy persistente. Todavía estaba impulsando esta cuarta revolución industrial cuando escribió: «nos enfrentamos tanto a las oportunidades como a los desafíos de una gama de tecnologías emergentes y poderosas». Es como ese sacerdote católico que les dice a los padres de su parroquia: «Sé que ha habido muchas acusaciones contra los sacerdotes que se quedan solos con los niños, pero aun así quiero llevar a sus hijos adolescentes a esquiar un fin de semana».

Schwab admite libremente que la gran mayoría de la población no confía en la élite del mundo, pero sigue adelante:

> Pero estar en esta encrucijada significa que tenemos una enorme responsabilidad. Si desaprovechamos esta oportunidad de dar forma a las nuevas tecnologías de manera que promuevan el bien común, mejoren la dignidad humana y protejan el medioambiente, es muy probable que los desafíos a los que hoy nos enfrentamos sólo se agraven, a medida que los intereses mezquinos y los sistemas sesgados afiancen aún más las desigualdades y comprometan los derechos de las personas en todos los países.[9]

La audacia de Schwab es verdaderamente asombrosa. Los miembros del grupo de Davos son el 1 % de la élite mundial. Si ha habido un problema de desigualdad de ingresos, de dignidad humana o de degradación del medioambiente, la culpa es de ese 1 %.

Es un poco como si el principal sospechoso de un asesinato fuera el detective del crimen. Eso podría dar lugar a una película interesante, pero siempre debería permanecer en el ámbito de la ficción.

---

9. Ibíd., p. x.

Los que causaron estos problemas no deberían ser los que busquen la solución. Schwab nos hace saber que los expertos en los que confía son las mismas personas que crearon la desconfianza entre la población:

> Este libro es el resultado de la colaboración de numerosos expertos de talla global de la diversa comunidad del Foro Económico Mundial. La sección 2, en particular, sintetiza las perspectivas de los principales pensadores de los Consejos de Futuro Global y la Red de Expertos del Foro. Si no fuera por sus generosas contribuciones de tiempo y conocimiento, habría sido imposible cubrir la amplitud del tema con la profundidad necesaria para comprender los dominios tecnológicos de mayor impacto. También aprecio mucho los reflexivos y muy pertinentes razonamientos proporcionados por Satya Nadella en el prólogo.[10]

Se trata de personas que no viven en nuestro mundo. Son intelectuales de torre de marfil, comprados y pagados por los titanes corporativos que están molestos porque aún no tienen el control total sobre nuestro mundo.

Pero no lo llaman corrupción, lo llaman «colaboración».

Si bien en la introducción expone gran parte del mismo argumento que en el prefacio, Schwab explica con exactitud lo que espera lograr al final de su introducción.

> El libro concluye con una visión del liderazgo de sistemas y un resumen de los problemas críticos de gobernanza que los líderes de todos los sectores, junto con el público en general, deben abordar juntos para crear un futuro inclusivo, sostenible y próspero.[11]

Schwab no te invita a que lo ayudes a crear un futuro mejor, te invita a que lo ayudes a construir tu celda de prisión.

* * *

---

10. Ibíd.
11. Ibíd., p. 3.

En su segundo libro, Schwab pensó que debía simplificar su mensaje original, de modo que al final de cada capítulo proporcionó un resumen simple de una o dos páginas.

La primera pregunta que intenta responder es cómo definir la cuarta revolución industrial. Schwab la describe así en su capítulo «Enmarcar la cuarta revolución industrial»:

> La cuarta revolución industrial es una forma de describir un conjunto de transformaciones actuales e inminentes en los sistemas que nos rodean y que la mayoría de nosotros damos por sentados todos los días. Si bien puede que no parezca trascendental para quienes experimentamos una serie de pequeños pero significativos ajustes en la vida cotidiana, no es un cambio menor: la cuarta revolución industrial es un nuevo capítulo en el desarrollo humano, a la par de la primera, la segunda y la tercera revolución industrial, y una vez más impulsada por la creciente disponibilidad e interacción de un conjunto de tecnologías extraordinarias.[12]

¿Confuso?

Schwab te dice que el público no ve estos cambios trascendentales. Claro, la gente nota algunos cambios menores, pero en realidad las cosas avanzan a un ritmo importante, según Schwab. Una vez más, Schwab y su grupo de Davos son mucho mejores que tú para entender lo que está sucediendo en tu vida.

Y Schwab no quiere que dependas de ti mismo para descubrir estos cambios, ni de ninguna de las instituciones locales o nacionales en las que has confiado durante años. En un juego de manos retórico que habría enorgullecido a los comunistas cuando establecieron su programa de Jóvenes Pioneros para adoctrinar a los niños, Schwab revela su plan en una sección titulada «Una nueva mentalidad de liderazgo»:

> Estos tres desafíos –distribuir los beneficios, gestionar las externalidades y garantizar un futuro centrado en el ser humano– no pue-

12. Ibíd., p. 7.

den resolverse con facilidad desde arriba a través de regulaciones o iniciativas gubernamentales bien intencionadas. Tampoco es en absoluto probable que la actual constelación de instituciones internacionales y nacionales, estructuras de mercado, movimientos sociales organizados y espontáneos e incentivos para los individuos conduzca a que nuevas tecnologías poderosas estén ampliamente disponibles, del todo libres de daños y totalmente enfocadas en empoderar a las personas que las utilizan.[13]

Esto debería parecer una advertencia a todo aquel que crea en una sociedad civil y pacífica. Schwab no tiene ningún interés en los programas gubernamentales tradicionales. No cree en ninguna institución internacional o nacional que exista en la actualidad. Tampoco cree en ningún movimiento social espontáneo ni en individuos que surjan con buenas ideas ni en ninguno de los programas de incentivos típicos que podrían generar cambios positivos. Schwab y su pandilla de Davos están interesados en eliminar todas las estructuras sociales previamente existentes que han guiado el desarrollo de países y naciones.

Siempre he creído que, si alguien confiesa algo perturbador sobre sí mismo, como «nunca he sido capaz de ser fiel», debes prestarle atención. Si decides salir con esa persona y luego te rompe el corazón cuando te engaña, la culpa debería recaer sobre ti.

Schwab deja claro que pretende acabar con el poder de todas nuestras instituciones y estructuras. En el resumen del capítulo, Schwab vuelve a explicarlo:

> La cuarta revolución industrial es un nuevo capítulo en el desarrollo humano, impulsado por la creciente disponibilidad e interacción de un conjunto de tecnologías extraordinarias, que se basan en tres revoluciones tecnológicas anteriores. Esta revolución está apenas en sus primeras etapas, lo que brinda a la humanidad la oportunidad y la responsabilidad de dar forma no sólo al diseño

13. Ibíd., p. 14.

> de nuevas tecnologías, sino también a formas más ágiles de gobernanza y valores positivos que cambiarán de manera fundamental la forma en que vivimos, trabajamos y nos relacionamos entre nosotros.[14]

¿Qué son estas «formas más ágiles de gobernanza»? ¿Una ejecución sumaria por fusilamiento sin el beneficio de un juicio? ¿Quizá la continua detención ilegal de los manifestantes del 6 de enero de 2021, muchos de los cuales languidecen en las cárceles más de un año después del suceso, a quienes se les ha negado un juicio rápido?

Y en realidad no se habla mucho de cuáles son esos «valores positivos», salvo por la preocupación de que el 75 % del país mencionado antes no parece confiar en el 25 % más rico. ¿Vendrán a tu casa los miembros del grupo de Davos o Karl Schwab y te preguntarán «por qué no te gusto»?

Es probable que el plan de Schwab implique depositar tu «confianza» en el grupo de Davos, para no sufrir los castigos que hacen posibles sus formas de gobernanza más «ágiles».

Después de todo, ¿cómo van a lograr que aceptes esos cambios fundamentales sobre «cómo vivimos, trabajamos y nos relacionamos entre nosotros»?

¿Qué harán con quienes se opongan? Curiosamente, Schwab guarda silencio sobre estos temas.

* * *

Durante una parte extensa de su segundo libro, Schwab dedica mucho espacio a hablar de la interconexión de la tecnología, como si no nos diéramos cuenta de que «las tecnologías de la cuarta revolución industrial están conectadas entre sí en el sentido de que todas requieren y se basan en las capacidades y redes digitales creadas por la tercera revolución industrial, de la misma manera que esas tecno-

14. Ibíd., p. 17.

logías requirieron y se basaron en las redes eléctricas de la segunda revolución industrial».[15]

Eso es casi tan evidente como decir: «Antes de poder ser tus padres, tus abuelos necesitaron tener hijos». Y es en este tipo de banalidades en las que Schwab destaca.

En el capítulo siguiente, Schwab analiza la «política de las tecnologías» y lo que él llama las creencias gemelas erróneas de que «la tecnología impulsa la historia» y que «la tecnología es neutral en cuanto a valores».[16] De hecho, califica ambas creencias de «extremadamente peligrosas».[17] Si buscas al menos un área de la vida en la que la política no interfiera, Schwab no te dará ninguna oportunidad. Schwab cree que «cuando se crea cualquier tecnología, contiene el residuo de valores, objetivos y compromisos. Y cuanto más poderosa es la tecnología, más importante se vuelve apreciar cuáles son».[18]

Quizá tenga razón.

Tal vez si la gente entendiera que Mark Zuckerberg creó Facebook como una forma de que sus compañeros de Harvard calificaran el atractivo de las mujeres de Harvard, todos renunciaríamos a la plataforma, Zuckerberg perdería todo su dinero y terminaría como un indigente durmiendo en las calles de San Francisco. Sé que es una apuesta arriesgada, pero uno puede soñar.

Hay que tener cuidado con el modo en que Schwab y su grupo de Davos utilizan el lenguaje.

Creo que una de las expresiones más peligrosas que debería preocuparte es «parte interesada». Así termina Schwab el capítulo titulado «Empoderar a todas las partes interesadas»:

> Para crear una cuarta revolución industrial próspera, inclusiva y equitativa para la sociedad y los ciudadanos es necesario ser cons-

15. Ibíd., p. 19.
16. Ibíd., p. 31.
17. Ibíd.
18. Ibíd., p. 33.

> cientes de las decisiones que tomamos en materia de sistemas tecnológicos, que de manera inevitable tendrán un impacto en los sistemas económicos, ambientales y sociales. Eso implica tener el coraje de enfrentarse a los paradigmas económicos y políticos existentes y reformularlos para empoderar a las personas independientemente de su etnia, edad, género o procedencia.[19]

Nuestro país se fundó sobre la idea de los derechos individuales. Se supone que el Gobierno debe proteger esos derechos. Eso se llama libertad.

Pero si Schwab y compañía encuentran una manera de eludir esos derechos, se trataría de una herramienta poderosa. Ésta es la definición de «parte interesada» de *Investopedia:*

> Una parte interesada es una parte que tiene un interés en una empresa y que puede afectar a ésta o verse afectada por ella. Las partes interesadas principales de una corporación típica son sus inversores, empleados, clientes y proveedores.
>
> Sin embargo, con la creciente atención prestada a la responsabilidad social corporativa, el concepto se ha ampliado para incluir a las comunidades, los Gobiernos y las asociaciones comerciales.[20]

Siempre que escuches la expresión «parte interesada», debes pensar en ella como en un arma que Schwab y compañía utilizarán para privar a una persona de sus derechos.

* * *

La sección 2 del segundo libro de Schwab se titula «Tecnologías, oportunidades y disrupción» y contiene una gran cantidad de material sin relación, como esta joya:

---

19. Ibíd., p. 65.
20. Jason Fernandez, «What is a Stakeholder?», *Investopedia*, 19 de agosto de 2021, www.investopedia.com/terms/s/stakeholder.asp

> La creciente importancia y aplicabilidad del aprendizaje automático ha creado la demanda de nuevos tipos de arquitecturas informáticas personalizadas. Google, uno de los mayores compradores de chips del mundo, diseñó una gran cantidad de unidades de procesamiento tensorial, circuitos integrados específicos para aplicaciones diseñados para algoritmos de aprendizaje profundo.[21]

Uno podría verse tentado a restarle importancia a un párrafo tan insulso, excepto por cómo se desliza en él la idea de «algoritmos de aprendizaje profundo». ¿Recuerdas todas esas máquinas de ciencia ficción que viste cuando eras niño, recuerdas cómo el robot se volvía loco, mataba gente, y el clímax de la película llegaba cuando el héroe descubría que el robot no era el culpable, sino el desarrollador psicológicamente perturbado? Sí, éste es uno de esos problemas, excepto que en lugar de que el robot se lance a matar, el algoritmo simplemente declarará que tu desacuerdo bien razonado con una política es «discurso de odio» o, peor aún, «racista». Sí, el problema no es la máquina, es la persona que la programó. Por eso los izquierdistas radicales de Silicon Valley son tan desconfiados del resto de Estados Unidos. La siguiente sección se titula «La Internet de las cosas» y llega a la sorprendente conclusión de que gran parte de nuestro mundo está interconectado. En otra sección, titulada «Riesgos cibernéticos», Schwab llega a la inspirada conclusión de que existen riesgos relacionados con la tecnología y que deberíamos gastar dinero para defendernos de ellos. Los capítulos finales sobre inteligencia artificial, biotecnología, drones, materiales avanzados y realidad virtual son igualmente poco esclarecedores. Sólo cuando llegamos a la conclusión del segundo libro de Schwab, empieza a revelar cómo él y su Grupo de Davos van a reestructurar la sociedad. No os preocupéis, nos dice. No sólo los Gobiernos o las corporaciones vendrán a por nosotros; habrá otras fuentes de presión:

---

21. Klaus Schwab, *Shaping the Future of the Fourth Industrial Revolution*, Currency, Nueva York, 2018, p. 79.

> Sin embargo, la gobernanza no se limita a gobernar: también son las estructuras formales que tenemos para crear leyes y reglamentos. La gobernanza incluye el desarrollo y uso de estándares, el surgimiento de normas sociales que pueden restringir o respaldar su uso, esquemas de incentivos privados, certificación y supervisión por parte de organismos profesionales, acuerdos industriales y las políticas que las organizaciones aplican de manera voluntaria o por contrato en su relación con competidores, proveedores, socios y clientes.[22]

En el mundo que Schwab quiere crear, no sólo habrá que preocuparse por el Gobierno. En verdad, no parece que Schwab le dé mucha importancia al Gobierno, a menos que haga exactamente lo que él quiere. En cambio, Schwab cuenta con que las grandes corporaciones funcionen como Gobiernos de facto, posiblemente a través de sus términos de servicio. ¿Tiene sentido que las grandes empresas tecnológicas hayan podido censurar los puntos de vista conservadores en el período previo a las elecciones de 2020? ¿Cómo lo hicieron cuando esto violaba el espíritu de nuestra Primera Enmienda? ¿Cómo lo justificaron estos líderes tecnológicos ante su conciencia? ¿Posiblemente porque Klaus Schwab les había lavado el cerebro en todas esas conferencias de Davos?

¿Y te has fijado en cómo Schwab promueve el «surgimiento de normas sociales» probablemente mediante el uso de sus queridas «conversaciones», que no son más que guiones desarrollados por los actores elegidos por Schwab, como si estuviéramos viendo una obra en Broadway? No obstante, con los guiones de Schwab, la ficción se convierte en realidad.

Si te preguntas cómo se desarrollarán estos nuevos estándares, no te preocupes. Los desarrollarán los «expertos»:

> Las comunidades de profesionales son esenciales para establecer los estándares correctos, en especial aquellos que reflejan un consenso

---

22. Ibíd., pp. 224-225.

de valores y prioridades de las partes interesadas. El IEEE, por ejemplo, cuenta con 423 000 miembros para generar consenso entre las organizaciones y ofrecer seguridad, fiabilidad e interoperabilidad en una variedad de sistemas eléctricos y digitales. Sus pautas para la IA muestran que están pensando en el amplio impacto de las tecnologías y no sólo en los requisitos técnicos o en el cumplimiento normativo.[23]

¿Queda claro que nunca habrá una votación real? En cambio, habrá un debate controlado con un resultado predeterminado, que estará a la altura de Schwab y sus amigos de Davos.

En su consejo para los Gobiernos, Schwab les dice que deben adoptar «formas más ágiles de gobernanza», que él define como:

> Una estrategia esencial para adaptar la forma en que se generan, deliberan, promulgan y aplican las políticas con el fin de crear mejores resultados de gobernanza en la cuarta revolución industrial. Inspirado en el Manifiesto Ágil y en un informe del Consejo de la Agenda Global del Foro Económico Mundial sobre el Futuro del Software y la Sociedad, el concepto de gobernanza ágil busca igualar la agilidad, fluidez, flexibilidad y capacidad de adaptación de las propias tecnologías y de los actores del sector privado que las adoptan.[24]

Por si acaso te preguntas qué significa todo esto, significa que Schwab quiere actuar con toda la ética de nuestras mayores corporaciones, que han contaminado nuestro aire y agua, las compañías farmacéuticas que claman por una inmunidad financiera completa para sus vacunas, y las grandes tecnológicas que nunca parecen sufrir por violar los valores estadounidenses de libertad de expresión y libre competencia. Schwab continúa detallando cómo podrían ser algunos de estos modelos cuando escribe:

---

23. Ibíd., p. 226

24. Ibíd., p. 230.

- Fomentar la colaboración entre Gobiernos y empresas para crear «entornos aislados de desarrollo» y «bancos de pruebas experimentales» para desarrollar regulaciones utilizando enfoques iterativos, intersectoriales y flexibles, como los analizados por Geoff Mulgan...
- Promover el desarrollo de ecosistemas de reguladores privados que compitan en los mercados para ofrecer una gobernanza en línea con objetivos sociales generales, como propone Gillian Hadfield en *Rules for a Flat World.*[25]

Estas propuestas son un modelo a seguir para el desastre. Si los liberales de los años setenta estaban aterrorizados por el poder de las agencias de inteligencia, la industria de defensa y las grandes empresas, esas preocupaciones no eran nada comparadas con el mundo de poder corporativo imaginado por Schwab.

No estoy seguro de que algún cineasta o escritor haya captado de manera adecuada los elementos distópicos de este futuro planificado. La comparación más cercana que puedo hacer es con las películas de la serie *Alien,* en las que una corporación se asocia con el Gobierno para traer un monstruo de regreso a la Tierra para estudiar su biología única. Éste es un futuro genuinamente sin ley en el que la única justicia que se imparte es la que imparten las corporaciones poderosas.

Entendamos el espectáculo mágico con el que Schwab espera deslumbrar al público.

Explica con gran detalle todos los avances tecnológicos y resume muchas de las preguntas que plantean estas nuevas tecnologías.

Al mismo tiempo que se supone que debemos estar deslumbrados por estos avances, nos dice que hay corrientes subterráneas oscuras que estas tecnologías no han abordado.

Luego, Schwab quiere hacernos creer que sus amigos ricos no han tenido nada que ver con los aspectos negativos de nuestro desarrollo y que, en cualquier caso, habrá «disrupciones» y nuevas

25. Ibíd., p. 231.

formas de hacer las cosas que borrarán para siempre todos estos problemas.

Sin embargo, para llegar a ese brillante futuro, tendremos que hacer algunos cambios, quitar las barreras de protección, por así decirlo, relajar algunas de las leyes. Pero no te preocupes, él pondrá algunos «reguladores privados» por ahí, la disciplina será impuesta por organizaciones comerciales y profesionales que no te permitirán seguir adelante con tu vida si no haces lo que ellas quieren, y si al final todavía te pones de pie y te quejas, bueno, él simplemente hará que las grandes tecnológicas te silencien.

¿De dónde surgieron todas estas ideas?

Investigaremos esto en el próximo capítulo.

CAPÍTULO 3

¿Quién es responsable de esta basura?

Es probable que no haya mejor experto en el mundo para abordar los orígenes de la cuarta revolución industrial, y el Gran Reinicio, que Patrick Wood, economista de formación, autor y conferenciante, que ha estudiado la cuestión de la globalización desde finales de la década de 1970.

Wood comenzó a interesarse en la cuestión de los poderosos grupos de élites cuando, siendo un joven analista financiero y escritor, se fijó en que, tras su elección en 1976, el presidente Jimmy Carter eligió a varios de sus asesores de un grupo llamado la «Comisión Trilateral», fundado en 1973 por David Rockefeller y Zbigniew Brzezinski (padre del actual presentador de la MSNBC, Mika Brzezinski).

En su libro de 2016, *Technocracy Rising,* Wood relata la relación Carter/Brzezinski:

> El presidente James Earl Carter, el agricultor de cacahuetes de Georgia convertido en político que prometió que «Nunca os mentiré», fue elegido para unirse a la Comisión por Brzezinski en 1973. De hecho, fue Brzezinski quien identificó por primera vez a Carter como el candidato presidencial y, después, lo educó en economía,

> política exterior y en los entresijos de la política mundial. Tras la elección de Carter, su primer nombramiento colocó a Brzezinski como asistente del presidente para asuntos de Seguridad Nacional. Más comúnmente, se lo llamaba «jefe del Consejo de Seguridad Nacional» porque sólo respondía ante el presidente. Algunos dijeron con razón que Brzezinski ocupaba el segundo puesto más poderoso en EE. UU.[1]

Ocupar el segundo puesto en el poder después del presidente de Estados Unidos no es una mala posición, desde luego. ¿Quién no querría ese puesto, sobre todo si no tuviera que hacer campaña? Pero esto no se produjo sin décadas de trabajo previo y, sin duda, comenzó antes de la creación de la Comisión Trilateral en 1973. Woods identifica las raíces de este movimiento globalista con el filósofo francés Auguste Comte (1798-1857), considerado el padre de la sociología moderna y el primer filósofo de la ciencia. En el fermento intelectual de la época, es fácil entender cómo llegó a creer que el conocimiento científico era el único conocimiento auténtico. Eso enseguida dio lugar a lo que se llama «cientificismo», que afirma que sólo la ciencia puede responder a todas las preguntas. Para quienes llegaron a identificarse como «progresistas», es decir, aquellos que creen que la sociedad humana está evolucionando hacia la perfección, esta religión de tecnócratas (a la que sus creadores denominaron «tecnocracia») ofrecía un camino útil hacia la consecución de sus sueños utópicos. Como explica Wood:

> La industrialización fue posible gracias a la ciencia, la tecnología y la invención. A medida que aumentaba el conocimiento, se suponía que la sociedad debía cambiar con él, o al menos adaptarse a él. Los progresistas exigían un Gobierno más grande dirigido por gerentes cualificados, con una libertad personal y una soberanía nacional cada vez menores, pero al mismo tiempo luchaban por

1. Patrick Wood, *Technocracy Rising*, Coherent Publishing, Mesa, Arizona, 2016, p. 49.

reducir el despilfarro y aumentar la eficiencia del Gobierno. El énfasis en la eficiencia llevó a muchos progresistas a la tecnocracia, ya que la ciencia parecía ser el único camino para lograrla.[2]

Se puede ver entonces cómo esta nueva tecnocracia podría interactuar con otras ideologías similares, como el progresismo, el socialismo, el fascismo e incluso el capitalismo. Los científicos e ingenieros tendrían entonces el control de la sociedad, pero sin tener que lidiar con los molestos problemas de la democracia y los derechos individuales. (Cuando hablo de democracia, mis lectores entienden que no estoy hablando de una democracia pura, sino de nuestra república constitucional, un sistema de gobierno de la mayoría y derechos de las minorías, en el que los representantes elegidos tienen autoridad para tomar decisiones que deben defender en las próximas elecciones si desean permanecer en el cargo).

Wood afirma que, a lo largo de la historia, varios grupos, como los nazis, los fascistas y los comunistas, adoptaron muchos de estos principios, pero no estaban dispuestos a permitir el crecimiento de una clase dirigente de élite científica que supervisara la sociedad. Estos grupos pueden haber sido malvados, pero entendieron un desafío a su autoridad cuando lo vieron.

Debido a sus instituciones abiertas y democráticas, Occidente parecía ofrecer la mejor oportunidad para la creación de esta élite científica e ingenieril, o tecnocracia. Simplemente habría que convencer a la gente de que aceptara esta tiranía amable, que, por supuesto, la liberaría de todas sus preocupaciones.

La colosal cifra de muertes que dejó la Primera Guerra Mundial, con más de 9 millones de muertos, debería haber presentado una enorme oportunidad para el desarrollo de un Estado tecnocrático, pero esos breves sueños se vieron frustrados por los cambios tecnológicos y sociales que trajo consigo la guerra y que dieron sus frutos con los locos años veinte.

2. Ibíd., p. 12.

Durante la primera parte del siglo xx, la llama de la tecnocracia se desarrolló aún más y se mantuvo viva gracias a personas como Frederick Taylor, un ingeniero mecánico estadounidense mejor conocido por su obra *Los principios del* management *científico*, y Walter Rauthenstrauch, profesor de la Universidad de Columbia.

Muchas de estas ideas serían adoptadas por un grupo de intelectuales que se separaron de Columbia para formar lo que se conocería como la Nueva Escuela, liderada por dos hombres, Thorstein Veblen y su joven protegido, Howard Scott. En 1921, Veblen publicó su gran obra maestra, un libro titulado *Engineers and the Price System* («Ingenieros y el sistema de precios»), en el que escribió:

> Si la industria productiva del país se organizara de manera competente como un todo sistemático y fuera manejada por técnicos competentes con miras a la máxima producción de bienes y servicios en lugar de, como ahora, ser maltratada por empresarios ignorantes con miras únicamente a obtener ganancias máximas, la producción resultante de bienes y servicios excedería sin duda la producción actual en un porcentaje muy alto.[3]

Con el desastre bursátil de 1929 y la Gran Depresión en Estados Unidos surgió una oportunidad para los tecnócratas. Como relata Wood:

> La sociedad estaba madura para la tecnocracia durante las profundidades de la Gran Depresión. Ciertamente parecía que el capitalismo estaba muerto. El desempleo, la deflación, el hambre, la ira contra los políticos y los capitalistas y otras tensiones sociales hicieron que la gente pidiera una explicación de qué había salido mal y qué se podía hacer para solucionarlo. La Tecnocracia S.A. tenía ambas cosas: el capitalismo había fallecido de muerte natural y una sociedad orientada a la tecnocracia los salvaría. Los ingenieros,

---

3. Thorstein Veblen, *Engineers and the Price System*, BW Huebsch, Nueva York, 1921, pp. 120-121.

científicos y técnicos que operarían esta utopía tecnocrática eliminarían todo el despilfarro y la corrupción, la gente sólo tendría que trabajar veinte horas a la semana y todo el mundo tendría un puesto de trabajo. ¡La abundancia estaría en todas partes![4]

Parecía que había llegado el momento de los tecnócratas. La carnicería de millones de personas que murieron en la guerra mundial no era suficiente, pero sin duda el presidente de Estados Unidos, Franklin Roosevelt, podía ser convencido de participar en semejante plan.

Roosevelt adoptó algunas de sus ideas, como la suspensión del patrón oro, la confiscación del oro de los ciudadanos privados y la nacionalización de ciertas industrias, pero no quería entregar el poder a los tecnócratas. Como explica Wood:

> En cualquier caso, se demostró que la democracia estadounidense no estaba dispuesta a aceptar la tecnocracia, y fue repudiada de manera rotunda por todas estas razones:
>
> - La soberanía nacional y la forma constitucional de gobierno no eran prescindibles.
> - Nadie estaba dispuesto a renunciar a la propiedad privada ni a la posibilidad de acumular riqueza privada.
> - Las aparentes similitudes entre Tecnocracia S.A. y el fascismo nazi eran aborrecibles para la mayoría de los estadounidenses.
> - Las grandiosas promesas de la tecnocracia fueron vistas como una especie de «almuerzo gratis» y hacia el final de la Gran Depresión, todos sabían por experiencia que tal cosa no existía.[5]

---

4. Patrick Wood, *Technocracy Risin,* Coherent Publishing, Mesa, Arizona, 2016, p. 22.
5. Ibíd., p. 30.

Según Wood, los tecnócratas no se salieron con la suya durante la Gran Depresión o la Segunda Guerra Mundial. Sin embargo, tras la derrota de la Alemania nazi, algunos de sus mejores científicos e ingenieros llegaron a Estados Unidos a través de un programa de la CIA llamado «Operación Paperclip», que se infiltró en nuestras industrias farmacéutica, de defensa y espacial, liderado sobre todo por el excientífico nazi Werner Von Braun, diseñador de cohetes, a quien se le atribuye ampliamente la supervisión del programa estadounidense para llevar a un hombre a la Luna.

Los tecnócratas no ganaron la batalla por la opinión pública, pero incluso los tecnócratas nazis pudieron encontrar un hogar en la industria y el trabajo gubernamental estadounidenses.

El monstruo de la tecnocracia dormitaba en la nación estadounidense, esperando la oportunidad de levantarse y tomar el poder.

* * *

Patrick Wood tuvo la amabilidad de concederme una entrevista, ya que lleva más de cuarenta años dando conferencias sobre los peligros de la tecnocracia. Es un hombre alto, de aspecto distinguido, con abundante pelo blanco y barba muy corta, que suele vestir traje y corbata y que recuerda a un distinguido profesor universitario.

Eso no debería sorprendernos demasiado, teniendo en cuenta que su más estrecho colaborador en esta investigación fue el doctor Anthony Sutton, exprofesor de Economía de la Universidad de Stanford y miembro del Instituto Hoover para la Guerra, la Paz y la Revolución. Sus colegas se referían a Sutton en broma como la «aspiradora Hoover», debido a su voraz apetito por los detalles.[6]

El interés de Wood en la tecnocracia comenzó poco después de las elecciones presidenciales de 1976 de Jimmy Carter y su vicepresidente, Walter Mondale.

---

6. Ibíd., p. 46.

Como joven analista financiero y escritor, seguí con atención la primera ronda de nombramientos de Carter para los puestos más altos de su gabinete y otros puestos importantes. Después de todo, Carter había hecho una gran campaña de propaganda en la que decía que era un «*outsider* del *establishment*» con pocos contactos en Washington. ¿A quién traería a la mesa? A medida que la lista de designados se acumulaba, me fijé en que varios eran miembros de la Comisión Trilateral, fuera lo que fuera, y mi curiosidad se despertó de inmediato. Después de buscar y examinar cuidadosamente una lista de miembros de la Comisión Trilateral, y ver más de una docena de designados trilaterales, se hizo evidente de inmediato que se estaba gestando algún tipo de golpe maestro, pero ¿cuál?[7]

En nuestra entrevista comencé pidiéndole que explicara el papel desempeñado por Zbigniew Brzezinski, el mecenas de Carter; Henry Kissinger, asesor de Seguridad Nacional y secretario de Estado del presidente Nixon; así como la contribución de David Rockefeller, quien parecía ser el motor financiero detrás de los orígenes modernos de esta tecnocracia. También le pregunté sobre a Comisión Trilateral y su posterior evolución hasta convertirse en el Foro Económico Mundial creado por Klaus Schwab y su denominación de cuarta revolución industrial, o Gran Reinicio.

Empecemos por la Comisión Trilateral, fundada en 1973. Ése fue el comienzo de la globalización moderna. Lo que ocurrió en los años anteriores a 1973 fue en gran medida un fracaso. Y la élite mundial lo sabía. Por eso se embarcó en una nueva misión con la Comisión Trilateral, para, en esencia, eludir la soberanía nacional en todo el mundo. Y crear lo que llamaron «un Nuevo Orden Económico Internacional». Ésas fueron sus órdenes de marcha.

Fue creada por David Rockefeller, presidente del Chase Manhattan Bank y de la dinastía petrolera Rockefeller. El otro fundador

7. Ibíd., p. 45.

fue un politólogo de la Universidad de Columbia llamado Zbigniew Brzezinski. Ambos fundaron la Comisión Trilateral.

La importancia de que Brzezinski estuviera en la Universidad de Columbia es que él sabía lo que era la tecnocracia porque allí fue donde se desarrolló a principios de los años treinta. Brzezinski escribió un libro titulado *Between Two Ages: America's Role in the Technetronic Era* [«Entre dos eras: el papel de Estados Unidos en la era tecnotrónica»]. Ese libro predijo la era tecnotrónica en la que vivimos hoy. Y también le hizo ganarse el cariño de David Rockefeller, que buscaba una forma de extender su poder monopólico capturando los recursos del mundo.[8]

Los contornos de la historia que contó Patrick Wood eran claros y fáciles de seguir. Ese ideal de tecnocracia, un mundo dirigido por ingenieros y científicos, se desarrolló esencialmente a fines del siglo XIX y encontró un hogar académico en la Universidad de Columbia en la década de 1930. La filosofía no influyó en Franklin Roosevelt, pero sí en Adolf Hitler, quien no dependía de políticos, sino de científicos e ingenieros para dirigir su Tercer Reich.

Brzezinski desarrolló aún más estas ideas en su libro, que llamó la atención de David Rockefeller. Los tecnócratas vieron entonces una oportunidad de renovar su filosofía y, en pocos años, habían conseguido la presidencia con la elección de Jimmy Carter y su nuevo asesor de Seguridad Nacional, Zbigniew Brzezinski.

Creo que es importante entender que la tecnocracia no puede ser llamada con precisión comunismo o democracia. Se entiende mejor como un monopolio del poder, ejercido conjuntamente por las grandes empresas y el gran Gobierno.

Y, sinceramente, aunque el gran Gobierno pueda tener el control, el verdadero poder reside en la fortaleza financiera de las grandes empresas.

Los antiguos magnates ladrones, como los Rockefeller, no estaban interesados en un mercado libre y dinámico. No les gustaban los

8. Entrevista telefónica a Patrick Wood, 4 de mayo de 2022.

sindicatos y su mundo perfecto era la ciudad empresarial, donde los residentes poseían poco y dependían de la empresa para prácticamente todo.

Los barones ladrones estaban interesados en un mercado cerrado, un monopolio o lo que de cara al público podrían parecer como relativamente pocos actores, cuando en verdad, el mismo grupo de individuos poderosos controlaba todas las entidades.

Wood continuó con su explicación de la formación de la Comisión Trilateral, el papel del presidente Jimmy Carter, la participación de las Naciones Unidas y el surgimiento de China como laboratorio experimental para este ideal tecnocrático:

> Los dos [Rockefeller y Brzezinski] fundaron la Comisión Trilateral, ese «Nuevo Orden Económico Internacional», y de inmediato pasaron el testigo a las Naciones Unidas. En 1974, las Naciones Unidas aprobaron una resolución llamada «El establecimiento de un nuevo orden económico internacional» con sus términos, y se presentó a las Naciones Unidas.
>
> A partir de 1973 sucedieron muchas cosas, en particular con China. En 1976, Jimmy Carter fue elegido y Zbigniew Brzezinski se convirtió en su asesor de Seguridad Nacional, y tanto Carter como su vicepresidente [Walter Mondale] eran miembros de la Comisión Trilateral. Brzezinski es a quien se le atribuye haber traído a Deng Xiaoping a Estados Unidos para agasajarlo y reincorporarlo al mundo de la economía mundial. En los libros de texto se reconoce ampliamente que Brzezinski fue el cerebro que impulsó la introducción de China en el escenario mundial.
>
> Henry Kissinger también tuvo mucho que ver en ello, ya que fue miembro fundador de la Comisión Trilateral.[9]

Según Wood, los miembros de la Comisión Trilateral tenían suficientes contactos entre la élite de la política exterior como para esperar de manera razonable que se los colocara en los puestos más

---

9. Ibíd.

altos del Gobierno, independientemente de que hubiera una administración republicana o demócrata en el poder. El presidente Nixon, republicano, tenía a Henry Kissinger como asesor de Seguridad Nacional, y el demócrata Jimmy Carter tenía a Zbigniew Brzezinski como confidente y asesor de Seguridad Nacional.

Los tecnócratas finalmente llegaron al centro del poder estadounidense en la década de 1970, después de más de cuarenta años de esfuerzo, y pudieron comenzar a poner sus planes en acción, empezando por un caso de prueba para sus ambiciones.

¿Su elección?

No eligieron Estados Unidos, donde sabían que se encontrarían con una oposición previsible, sino China, como explicó Wood:

> China se parecía a Corea del Norte hoy en día. No tenía un sistema económico, había hambre, no tenía industria y era una cultura horrible y opresiva. Sin embargo, era una pizarra en blanco para hacer todo lo que la gente de Rockefeller quería que se hiciera. Cuando Zbigniew Brzezinski se apoderó de Deng Xiaoping, Brzezinski no le enseñó a China la economía de libre mercado o el capitalismo. Le enseñó la tecnocracia. Ésa es una de las razones por las que el ascenso de China ha sido tan espectacular. Han sobresalido en el uso de esa tecnología, la han explotado, la han expandido y la han exportado al mundo. China es el modelo de tecnocracia. Han perfeccionado la vigilancia, la inteligencia artificial, el uso de puntajes de crédito social para mantener a sus ciudadanos a raya y han ejercido presión sobre la población, obligándola a hacer lo que quieren. Si no cumplen de un modo voluntario, simplemente les disparan. Ésa es básicamente la historia de China y cómo llegó a donde está hoy.[10]

La presentación de Wood de la historia fue tan sucinta y me proporcionó una perspectiva tan diferente con la que ver el ascenso de China, que por un momento me desorientó. ¿Había existido una

10. Ibíd.

relación tan estrecha entre el Partido Comunista Chino y los tecnócratas desde los años setenta? ¿Una parte significativa de nuestro *establishment* de política exterior estaba trabajando con el Partido Comunista Chino desde fines de los años setenta?

Sin embargo, en la actualidad existe un texto disponible para el público del primer intercambio entre Zbigniew Brzezinski y Deng Xiaoping, del 21 de mayo de 1978, en el sitio web del Instituto Estados Unidos-China. Parece que Brzezinski estaba tan interesado en normalizar la relación con China que no le importaba vender al pueblo de Taiwán ni ocultar lo que estaba haciendo al público estadounidense.

> **Brzezinski:** En cuanto a las conversaciones sobre la normalización, que confiamos en que comenzarán en junio, me gustaría sugerir que se mantengan confidenciales y que no se haga publicidad previa de ellas. Creo que continuar esas conversaciones en el contexto de la confidencialidad haría más probable su éxito y minimizaría algunas de las complicaciones políticas que, en un momento u otro, serán inevitables en nuestro propio país. Aunque mi visita aquí no tiene como objetivo negociar la normalización, me gustaría pensar que es un paso adelante y no un paso atrás. Sólo queremos avanzar, y espero que interpreten esta visita de esa manera.
>
> Partimos de la premisa que ya hemos aceptado antes: que sólo hay una China, no una China y media, ni dos Chinas, ni China y Taiwán. Para nosotros sólo hay una China. También creemos que los tres puntos clave proporcionan el marco para definir nuestra relación básica. Hay ciertas dificultades básicas que nosotros mismos tenemos que superar, pero, aunque esas dificultades nos incumban precisamente porque existe una relación entre nosotros, hay que ser conscientes de ellas y ser sensibles a ellas.
>
> La dificultad fundamental es cómo entenderá el pueblo estadounidense la naturaleza de este período de transición histórica en nuestras relaciones con el pueblo de Taiwán tras la normalización. Durante ese período de transición histórica, las dificultades inter-

> nas en Estados Unidos se reducirían en gran medida si nuestra esperanza y expectativa de que la solución interna y puramente interna de los problemas chinos fuera tal que fuera pacífica y que nuestras propias esperanzas a este respecto no se vieran específicamente contradichas.[11]

No hace falta ser un diplomático para entender cuándo te están traicionando. Brzezinski claramente estaba echando a Taiwán por la borda en favor de China. Y, a cambio, Brzezinski parecía estar rogando a los chinos que no hicieran nada que pudiera alarmar de manera indebida al cauteloso público estadounidense. Parece que ambas partes comprendían el trato que estaban haciendo. Al leer el relato, es difícil escapar a la sensación de que Brzezinski actuaba como el diplomático de una nación subordinada, mientras que a China se la trataba como la nación dominante, tal vez incluso como la vencedora de una gran guerra.

Brzezinski siguió siendo amigo de los líderes del Partido Comunista Chino durante toda su vida y cuando murió en junio de 2017 fue recordado con cariño en las páginas del *China Daily* en un artículo de opinión titulado «Brzezinski and His Insightful Wisdom Will Be Missed» («Brzezinski y su perspicaz sabiduría serán extrañados»). Aquí hay una muestra de lo que escribieron:

> El fallecimiento de Zbigniew Brzezinski la semana pasada fue una sorpresa, ya que hace poco más de un mes todavía hacía apariciones públicas y comentarios sobre la cuestión de la península de Corea. La semana pasada, muchos de mis amigos periodistas chinos que lo habían entrevistado o habían asistido a sus conferencias recordaron en WeChat Moments sus buenos recuerdos del gran estratega.

---

11. «Zbigniew Brzezinski Meeting with Deng Xiaoping, May 21, 1978», University of Southern California – Annenberg School, U.S. China Institute. Acceso el 12 de mayo de 2020, www.china.usc.edu/zbigniew-brzezinski-meeting-deng-xiaoping-may-21-1978

> Para muchos de nosotros, Brzezinski era un hombre sabio y con un gran conocimiento del mundo y de China. Como asesor de Seguridad Nacional de Estados Unidos durante la Administración de Jimmy Carter, Brzezinski desempeñó un papel clave en la normalización de las relaciones diplomáticas entre Estados Unidos y la República Popular China en 1979.
>
> Para mi generación, Brzezinski fue uno de los muchos políticos estadounidenses sabios que conocían a los chinos. Entre ellos se encontraban el exsecretario de Estado estadounidense Henry Kissinger y el exasesor de Seguridad Nacional estadounidense Brent Scowcroft.[12]

Cuando el Partido Comunista chino te elogia, me pregunto si serás bienvenido por san Pedro cuando llegues a las Puertas del Cielo. No creo que vayas a un buen lugar con nubes esponjosas y ángeles tocando la lira.

Lo más probable es que pases la eternidad en un clima mucho más cálido.

Wood continuó con la historia de cómo los tecnócratas, una vez establecidos en el Gobierno, descubrieron cómo permanecer en posiciones poderosas:

> Los primeros miembros de la Comisión Trilateral nos dijeron en repetidas ocasiones que no estaban interesados en una toma política del control. Y, sin embargo, durante el Gobierno de Carter, Carter y Mondale eran miembros, Brzezinski era miembro y, en un momento dado, todos los miembros del gabinete de Carter, excepto uno, eran miembros de la Comisión Trilateral. Parecía que todo iba a salir bien.
>
> Por otro lado, dicen que no les interesa una toma política del poder, sino crear un Nuevo Orden Económico Internacional.

---

12. Chen Weihua, «Brzezinski and His Insightful Wisdom Will Be Missed», 6 de junio de 2017, *China Daily*, www.chinadaily.com.cn/opinion/2017-06/03/content_29601876.htm

> Pero lo que descubrimos fue que Estados Unidos representaba el hombre fuerte que generaba políticas en la economía global, y cualquiera que pudiera poner sus manos en el motor de la economía podría controlar el planeta entero. Y eso es exactamente lo que hicieron a partir de 1976.[13]

La narración de Patrick Wood se ajusta a los hechos conocidos sobre la Comisión Trilateral inicial y la entrada de China en la comunidad económica global. No se trataba de empleados gubernamentales de bajo nivel, sino de los funcionarios de más alto rango de nuestro Gobierno, y estaban poniendo en práctica planes que nunca habían discutido con el pueblo estadounidense.

Sin embargo, tuvieron que trabajar despacio, ya que no contaban con el apoyo de los votantes para muchas de esas iniciativas. Tendrían que estar presentes en todas las administraciones presidenciales futuras. Como detalló Wood sobre las distintas administraciones:

> Estos tecnócratas han representado a la izquierda y a la derecha, a los liberales y a los conservadores, porque las etiquetas políticas no significan nada para ellos. Operaron a través de la Administración Reagan, George H. W. Bush fue miembro de la Comisión Trilateral, luego tuvieron a Bill Clinton y a Al Gore, ambos miembros de la Comisión Trilateral. Trajeron a su gobierno a muchos miembros de la Comisión Trilateral. Luego, con George W. Bush, estaba Dick Cheney, que era un miembro poderoso de la Comisión Trilateral. Luego llegó Obama, que estaba completamente rodeado en su comunidad de inteligencia por miembros de la Comisión Trilateral. Completamente rodeado.
>
> Lo mismo ocurrió, tal vez en menor medida, en la Administración Trump, y ahora tenemos la administración Biden.[14]

13. Entrevista telefónica con Patrick Wood, 4 de mayo de 2022.
14. Ibíd.

En la entrevista, Wood contó una curiosa historia sobre cómo Henry Kissinger simplemente se presentó en la Casa Blanca y tuvo al menos dos reuniones no programadas con el presidente Trump. Esto es muy irregular, ya que se supone que las reuniones deben programarse y figurar en la agenda diaria, y sin embargo da testimonio de la influencia continua de Kissinger más de cuarenta años después de que dejara la Casa Blanca, a pesar de no poder poner un pie en varios países del mundo que lo han designado como criminal de guerra por sus acciones durante la guerra de Vietnam.

En lo que puede haber sido una coincidencia o no, una de estas ocasiones fue justo después de que Trump despidiera al director del FBI, James Comey. Como informó Chris Cillizza, de la CNN:

> El grupo de prensa de la Casa Blanca ha sido convocado al despacho oval justo antes del mediodía, hora del este, para lo que esperaban que fuera una sesión de fotos entre Trump y el ministro de Asuntos Exteriores ruso, Sergei Lavrov, ya que los dos hombres tenían previsto reunirse hoy temprano.
>
> Pero no ha sido a Lavrov a quien han encontrado sentado junto al presidente, sino a Henry Kissinger, más conocido por su papel como secretario de Estado del presidente Nixon.
>
> Los periodistas le han preguntado a Trump sobre el despido del director del FBI, James Comey. Trump ha respondido, brevemente, que Comey simplemente «no estaba haciendo un buen trabajo». Al parecer, Trump no se había dado cuenta de que las últimas 16 horas habían estado dominadas por comparaciones entre la «Masacre del sábado por la noche» de Nixon (cuando despidió al fiscal independiente que investigaba el escándalo Watergate) y la decisión de Trump de deshacerse de Comey.[15]

15. Chris Cillizza, «And then Henry Kissinger Walks In… 24 Hours in the Donald Trump Circus», CNN, 11 de mayo de 2017.

Cillizza, de la CNN, afirmó que la inesperada aparición de Kissinger era otro ejemplo del circo de Trump, un torbellino de incompetencia, a un paso o dos del desastre. Y, sin embargo, dado lo que estaba sucediendo con Trump y el exdirector del FBI, que había sido despedido apenas veinticuatro horas antes, era plausible otra interpretación, basada en las décadas de trabajo de Patrick Wood.

Trump estaba demostrando su independencia al despedir al director del FBI, Comey, y tal vez Kissinger fue a lanzar una amenaza de los globalistas. Kissinger puede haber pensado que sería una reunión secreta, pero Trump le dio la vuelta a la situación al invitar a la prensa para una oportunidad fotográfica. Kissinger, que ya tenía más de noventa años, no pudo escabullirse rápidamente, sino que se mantuvo sentado en su silla con el aspecto de un pequeño troll arrugado mientras llegaba la prensa.

Te desafío a que mires esa foto y llegues a otra conclusión.

Henry Kissinger y Donald Trump durante la visita inesperada de Kissinger a la Casa Blanca. (Foto oficial de la Casa Blanca, de Shealah Craighead; consultada en Wikimedia Commons).

Trump terminó su mandato (¿quizá sólo el primero?) tan combativo como cuando comenzó, aunque no hizo mucho para dañar a los globalistas o detener su marcha hacia un estado tecnocrático.

* * *

Le pedí a Patrick Wood que explicara cómo la Comisión Trilateral influyó en el Foro Económico Mundial y en el Gran Reinicio y, como siempre, tuvo una respuesta clara y concisa:

> En los primeros tiempos de la Comisión Trilateral, eran muy reticentes a hablar en público de sus planes. Lo hacían de vez en cuando, pero les propinamos una paliza tan brutal que decidieron no volver a dar la cara. Mantenían un cierto secretismo sobre sus planes y operaciones. Hasta David Rockefeller, en sus memorias, admitió que mantenían un gran secretismo sobre sus reuniones y planes.
>
> En comparación, el Foro Económico Mundial está formado por el mismo tipo de personas que la Comisión Trilateral, pero tiene una membresía mucho más amplia. Tiene los medios de comunicación, abogados, políticos y directores ejecutivos de grandes empresas. Era el mismo tipo de personas que en la Comisión Trilateral. Tiene una membresía mucho más amplia y mucho más numerosa, pero sigue siendo la misma mezcla de personas que en la Comisión Trilateral.
>
> Sin embargo, el Foro Económico Mundial es completamente abierto respecto de sus planes. Tiene un extenso sitio web con toneladas y toneladas de artículos en los que uno podría perderse. En los artículos declaran con exactitud cuáles son sus planes. También es importante señalar que el Foro Económico Mundial está tan estrechamente vinculado a las Naciones Unidas que puede resultar difícil ver en qué difieren los dos grupos.[16]

16. Entrevista telefónica a Patrick Wood, 4 de mayo de 2022.

Woods describe el camino que han seguido muchos grupos revolucionarios, desde los comunistas de Rusia y China hasta los fascistas de Italia y los nazis de Alemania. Si sabes que el público no va a apoyar tu mensaje, mientes sobre tus planes finales. Convences a la gente buena de que se rinda o se quede callada mientras llevas a cabo tus planes.

Le pregunté a Wood si era correcto decir que Klaus Schwab y el Foro Económico Mundial estaban utilizando cuestiones como el «desarrollo sostenible», el «cambio climático» y el «racismo y las cuestiones de género» como una manera de dividir a las personas para volverlas más vulnerables a los planes de los globalistas. Estuvo de acuerdo en que era una táctica que utilizaban, pero dijo que también era una estrategia para evitar que la gente analizara demasiado de cerca sus planes:

> El Foro Económico Mundial tiene como objetivo completar los planes del Nuevo Orden Económico Internacional y de la Comisión Trilateral. De eso se trata el Gran Reinicio. Se ha estado gestando durante cuarenta y cinco o cincuenta años. El Gran Reinicio es el Nuevo Orden Económico Internacional. Es la tecnocracia de los años treinta recalentada. Es un sistema basado en los recursos en el que ellos controlarán todos los recursos y tú y yo no poseeremos nada. De hecho, Klaus Schwab incluso lo dice. Puedes buscarlo en Internet.[17]

A veces, la comprensión de un tema depende del momento en que entres en la conversación. Si hubieras entrado en la conversación en los últimos diez años, podrías pensar que todo empezó con Klaus Schwab, el Foro Económico Mundial y la cuarta revolución industrial. Sin embargo, sería una verdadera equivocación. Si te centraras sólo en el trabajo de la Comisión Trilateral, te fijarías en Henry Kissinger, David Rockefeller, Zbigniew Brzezinski y en los primeros años de la década de 1970. Sin embargo, no verías los

---

17. Ibíd.

vínculos que se remontan a la década de 1930 y a la Universidad de Columbia. Por eso, a menudo resulta tan esclarecedor hablar con un experto como Patrick Wood. Un experto puede ofrecer una perspectiva histórica profunda de un tema que de otro modo no entenderías.

Es probable que una de las partes más sorprendentes de mi entrevista con Patrick Wood fuera cuando habló de lo poco conscientes que eran muchos de los primeros miembros de la Comisión Trilateral de la impopularidad de sus ideas entre el público. Wood recuerda:

> Los miembros de la Comisión Trilateral tenían una actitud paternalista con respecto al resto del mundo. Pensaban que, como eran los más brillantes, los que tenían doctorados y ese tipo de cosas, tenían ventaja sobre los demás a la hora de decidir qué era bueno y qué era malo. Nos topamos una y otra vez con esa actitud, en la que decían algo así como: «Bueno, lo que estamos haciendo es por el bien de todos. Es por el bien mundial. Así que, ¿por qué alguien se opondría a ello?».
>
> Nos ofendimos y se lo dijimos, pero no podían entender por qué nos molestaban sus planes de ayudar al mundo. Era una locura. Todavía me cuesta creerlo.
>
> En realidad, éste es el corazón de lo que yo llamo «cientificismo». El cientificismo presenta a la ciencia como un dios. Es una especie de extensión del humanismo, en cierto modo. Presenta la ciencia como un dios que no puede hacer nada malo. Y rechazan cualquier otro tipo de restricción moral, ética o bíblica. No importa. Todo esto es una tontería para ellos.
>
> Y creen que el dios de la ciencia es el único camino para descubrir la naturaleza del hombre y del universo. Esto les permite llegar a algunas ideas muy extrañas sobre que su camino es el único sensato. Y todos los demás, con una idea diferente, son unos chiflados.[18]

18. Ibíd.

Considero que los comentarios de Patrick Wood son extremadamente útiles para explicar la mentalidad de estos globalistas/tecnócratas. Realmente creen lo que dicen. Piensan que el resto somos idiotas que necesitamos que nos salven. Rechazan todas las demás fuentes de moralidad, ya sean religiosas, éticas o morales. Es correcto llamarlos materialistas, pero incluso el materialista más ardiente puede vivir una vida ética si respeta los derechos de los demás tanto como respeta sus propios derechos.

En cierto modo, es bastante triste, ya que se podría decir que estos globalistas tienen un «agujero con forma de Dios» en el alma, donde solía estar Dios, y tratan con desesperación de llenar este vacío con el dios del cientificismo. No se implican en las complejidades morales y espirituales de la vida y, por lo tanto, se parecen más a un general que dirige una batalla lejos del frente, siempre ciego a lo que sucede en la punta de la lanza, donde se determina el éxito o el fracaso. Viven una vida aséptica, carente de alegría o sufrimiento, y pasan por este mundo con poco o ningún desarrollo espiritual.

El siguiente tema que abordé en mi conversación con Wood fue mi frustración por algo que no pude encontrar en los escritos de Klaus Schwab o los globalistas. Sus escritos hablaban abundantemente de «comunicación, colaboración y un conjunto común de valores», pero contenían poca información sobre lo que les sucedería a quienes, después de un período de «comunicación», simplemente no estuvieran de acuerdo con su «conjunto de valores común». Le pregunté a Wood si podía indicarme alguna fuente que explicara cómo planeaban los globalistas tratar con los disidentes y ésta fue su respuesta:

> Ciertamente, podemos ver la evidencia anecdótica de eso con todas las personas que han sido canceladas, expulsadas, destituidas, humilladas y, en algunos casos, probablemente asesinadas. El patrón ha sido muy claro. Cualquiera que no esté de acuerdo con su narrativa corre el riesgo de ser eliminado de la escena.
>
> Es algo parecido a lo que hace China. En China, lo llaman «hacer desaparecer» a personas. En Occidente no han llegado tan lejos

> como para matar específicamente a alguien. Pero «hacer desaparecer» personas es el nombre del juego. Vemos esto en la comunidad médica. Por ejemplo, la Declaración de Great Barrington [opuesta a los confinamientos por la COVID-19, las regulaciones sobre el uso de mascarillas y las órdenes de vacunación] tenía un par de cientos de miles de firmas, de las cuales unas tres mil eran de científicos y profesionales médicos de alto nivel. Cada una de esas personas fue cancelada por la cultura de la censura.
>
> Y no fue un error. Fue una campaña intencionada para aplastar a cualquiera que tuviera una narrativa alternativa a la COVID-19. Y vemos esto en todos los principales medios de comunicación, redes sociales y en muchas grandes corporaciones que censuran a personas que no les gustan por una razón u otra.[19]

Me resultó difícil estar en desacuerdo con nada de lo que afirmaba Wood. Cualquiera que preste atención a los medios de comunicación comprenderá que, en los últimos años, en especial desde la aparición de la COVID-19, ha habido nada menos que un ataque a la libertad de expresión. La vieja respuesta a la cuestión del discurso que la gente cree que es erróneo es más un discurso para contrarrestar lo que se cree que es falso.

La respuesta al mal discurso es el buen discurso y confiar en que las personas puedan distinguir la diferencia.

Este principio ya no parece ser parte del sistema operativo de nuestra civilización.

En cambio, se atacaron los motivos del orador, por lo general con algunas de las acusaciones más atroces que se pueden hacer hoy en día, y se eliminó a esa persona del debate con el argumento de que muchos consideraban objetables sus comentarios o que ese tipo de discurso creaba un riesgo significativo de daño público. Si perdemos la libertad de expresión, perdemos nuestra capacidad de pensar y sólo podemos seguir a ciegas los dictados de quienes creen que tienen en mente velar por nuestros intereses.

---

19. Ibíd.

Una de las últimas cuestiones que quería que Patrick Wood abordara era algo que me preocupa desde hace mucho tiempo. Debido a nuestra tradición de libertad de expresión en Occidente, así como a la autonomía individual, tenemos un sistema operativo diferente al de un individuo en China o Rusia, que tienen una larga historia de acobardarse ante los dictados del último gobernante autoritario. Aunque ha habido muertes sospechosas de disidentes en Occidente, estoy de acuerdo en que se han presentado pocas pruebas contundentes que demuestren que esto es un patrón utilizado por los poderosos en nuestra sociedad.

Le pregunté a Patrick si estaba de acuerdo en que en Occidente sería difícil imponernos esos cambios, pero que si de algún modo lograban que la gente aceptara sus planes o que permaneciera en silencio, eso aumentaría enormemente sus posibilidades de éxito.

En otras palabras, no podrían tener éxito por la fuerza.

Sin embargo, podían lograrlo mediante subterfugios u obteniendo de algún modo nuestro consentimiento, como la vieja superstición de que un vampiro no podía entrar en una casa sin la invitación del propietario. Necesitábamos invitar, o al menos consentir, la entrada del vampiro del globalismo en nuestra casa. Wood detalló un cambio específico en la estrategia de los globalistas que se produjo alrededor de 1974:

> Richard Gardner, miembro fundador de la Comisión Trilateral y profesor, escribió en 1974 un artículo en la revista *Foreign Affairs* titulado «The Hard Road to World Order» [El duro camino hacia el orden mundial]. Se puede encontrar en Internet; lo han escaneado. Lo que dijo, y ésta es una cita textual, fue: «Parecerá una gran confusión, pero una maniobra que evite la soberanía nacional, erosionándola pieza por pieza, logrará mucho más que el anticuado asalto frontal».
>
> El juego cambió en 1973 con la formación de la Comisión Trilateral. Antes de eso, se había utilizado el tradicional ataque frontal. Luego, Gardner dijo que era necesario eludir la soberanía nacional. Y eso es exactamente lo que han hecho durante los últi-

> mos cuarenta y cinco o cincuenta años, minar con mil cortes, pieza por pieza, erosionar la soberanía nacional.
>
> Probablemente el mejor ejemplo actual es la Unión Europea [UE]. La UE ha asumido prácticamente todas las funciones de los países que preside. Se puede decir, por un lado, que todavía hay un Gobierno nacional en España, Suiza y Alemania. Sí, lo hay. Pero ¿tienen hoy el mismo poder que tenían, digamos, hace treinta años? No, por supuesto que no.
>
> La UE está tomando ahora todas las decisiones políticas importantes para Europa en nombre de esos países. Éste ha sido el procedimiento operativo estándar de la tecnocracia: socavar la soberanía nacional y, después, eliminar por completo la estructura política. Ése ha sido un objetivo desde la década de 1930.[20]

Si se considera a los globalistas como a cualquier otro movimiento revolucionario, resulta fácil entender sus tácticas. Un ataque frontal a las instituciones gubernamentales no tenía muchas probabilidades de conducir al éxito. En cambio, para ellos era importante trabajar de manera gradual. Los globalistas, sobre todo, son pacientes.

Al finalizar nuestra entrevista, Wood me sugirió tres cosas. En primer lugar, me propuso que releyera *Un mundo feliz,* escrito por Aldous Huxley en 1933, el mismo año en que la tecnocracia se estableció en la Universidad de Columbia. «En *Un mundo feliz* no hay estructura política –me dijo Wood–. El mundo está dirigido por científicos e ingenieros. El libro fue un ataque directo a la tecnocracia, así que te sugiero que lo vuelvas a leer para ver qué cosas han sucedido y qué puede suceder en el futuro».

En segundo lugar, me sugirió que simplemente visitara el sitio web del Foro Económico Mundial y leyera sus artículos. «Todo está a la vista de todos», dijo.

En tercer lugar, me sugirió que leyera la obra del académico israelí Yuval Hariri, probablemente el asesor más importante de Klaus

---

20. Ibíd.

Schwab: «Si quieres entender a Klaus Schwab, tienes que entender a Yuval Hariri. Tiene algunas ideas bastante extrañas. Se centra en el transhumanismo y la singularidad. Su último libro se llama *Homo Deus,* que significa que el hombre es ahora Dios. Te da una buena idea de la humildad del hombre».

Prometí hacer todo eso, pero antes tenía otras preguntas. Quería saber más sobre el libro de David Rockefeller, en el que analiza la Comisión Trilateral en sus inicios, y el libro *Between Two Ages,* que fue el primero en llamar la atención del anciano multimillonario sobre el profesor de la Universidad de Columbia Zbigniew Brzezinski.

* * *

En 2002, cuando tenía ochenta y siete años, David Rockefeller publicó su autobiografía de 517 páginas, *Memoirs*. El capítulo 27 se titula «Proud Internationalist» («Internacionalista orgulloso») y detalla algunas de sus actividades en ese ámbito. Después de comenzar con un día de su vida (23 de octubre de 1995), en el que conoció a varios amigos en el quincuagésimo aniversario de las Naciones Unidas, entre ellos a Fidel Castro, Rockefeller se dirigió a sus críticos:

> Durante más de un siglo, los radicales ideológicos de ambos extremos del espectro político han aprovechado incidentes muy publicitados, como mi encuentro con Castro, para atacar a la familia Rockefeller por la influencia desmesurada que, según afirman, ejercemos sobre las instituciones políticas y económicas estadounidenses. Algunos incluso creen que formamos parte de una camarilla secreta que trabaja en contra de los intereses de Estados Unidos, y tildan a mi familia y a mí de «internacionalistas» y miembros de una conspiración mundial para construir una estructura política y económica global más integrada: un solo mundo, por así decirlo. Si ésa es la acusación, soy culpable y estoy orgulloso de ello.[21]

21. David Rockefeller, *Memoirs*, Random House, Nueva York, 2002, p. 405.

Es un párrafo audaz que logra varias cosas. En primer lugar, se presenta como centrista al afirmar que lo atacan «radicales ideológicos de ambos extremos del espectro político». Menciona las afirmaciones de quienes aseguran que forma parte de un grupo de internacionalistas. Y en lugar de negar estas afirmaciones, confiesa con orgullo que es partidario de una «estructura política y económica global integrada, un solo mundo, por así decirlo». Es un enfoque que desarma.

Y, sin embargo, también se dedica a demonizar a sus enemigos. Aunque se puede pensar que la etiqueta de «populista» es un nuevo insulto esgrimido por la izquierda, resulta un poco sorprendente leer la virulencia con la que Rockefeller utiliza la etiqueta de populista contra sus enemigos de derechas o izquierdas, en 2002:

> El enfoque anti-Rockefeller de estas posiciones políticas, por lo demás incompatibles, debe mucho al populismo. Los «populistas» creen en conspiraciones, y una de las más duraderas es la de que un grupo secreto de banqueros y capitalistas internacionales y sus secuaces controlan la economía mundial. Por mi nombre y mi prominencia como director del Chase durante muchos años, me he ganado la distinción de «conspirador en jefe» por parte de algunas de estas personas.[22]

Imaginemos que ponemos a David Rockefeller en el banquillo de los testigos en un tribunal y lo interrogamos. Es el director de uno de los bancos más grandes del mundo y amonesta a sus críticos de izquierdas y derechas, que cuestionan cómo Rockefeller y sus compañeros ricos están manipulando la economía mundial. Si no estuviéramos deslumbrados por la riqueza de Rockefeller, ¿lo aceptaríamos como una persona creíble para descartar la afirmación de que los banqueros ricos controlan gran parte del mundo? No, no lo haríamos.

---

22. Ibíd.

Rockefeller utilizó un enfoque muy similar al desestimar con ligereza a sus críticos cuando habló de la creación de la Comisión Trilateral. Escribió lo siguiente:

> Ninguna organización en la que haya desempeñado un papel fundador ha atraído tanto escrutinio y atención pública como la Comisión Trilateral. Pat Robertson ha insistido en que la Trilateral está tratando de crear un gobierno mundial y afirma que surge «de las profundidades de algo maligno». Mi hijo Richard, cuando era estudiante en Harvard en la década de 1970, me dijo que sus amigos asumían que la Trilateral era parte de una conspiración nefasta.[23]

Si tenemos una interpretación diferente de lo que dice Rockefeller, él admite que presumiblemente algunos de los estudiantes más inteligentes del país, los de la Universidad de Harvard, no confiaban en la Comisión Trilateral. Pero Rockefeller proporcionó información sobre la fundación de la Comisión Trilateral y admite que fue idea suya:

> La idea de crear una organización que incluyera a representantes de América del Norte, Europa y Japón –los tres centros del capitalismo democrático– surgió de mi constatación, a principios de los años setenta, de que las relaciones de poder en el mundo habían cambiado radicalmente. Estados Unidos, aunque todavía era dominante, había declinado relativamente en términos de su poder económico a medida que Europa Occidental y Japón se recuperaban de la devastación de la Segunda Guerra Mundial y entraban en un período de espectacular crecimiento y expansión económica. Como resultado, la cortesía que caracterizó las relaciones entre estas regiones durante más de dos décadas se había deteriorado de manera alarmante, y yo creía que era necesario hacer algo.[24]

---

23. Ibíd., p. 415.
24. Ibíd., p. 416.

Cuando se trata de la propia pluma de Rockefeller, es fácil entender por qué algunos populistas podrían llamarlo «conspirador en jefe». En su mente, él era sin duda el fundador. Sin embargo, si uno ha de creer el relato de Rockefeller sobre lo que sucedió después, es como si su simple plan caritativo lo hubiera llevado accidentalmente a los vientos de la historia:

> Ampliamos nuestra red de afiliados y reclutamos a dirigentes sindicales, directores ejecutivos de empresas, demócratas y republicanos destacados, así como a académicos distinguidos, presidentes de universidades y directores de organizaciones sin fines de lucro que trabajan en el extranjero. Reunimos a quienes, a nuestro juicio, eran las mejores mentes de Estados Unidos. Los europeos y los japoneses reunieron delegaciones de distinción comparable.[25]

¿Cómo podría alguien oponerse a que uno de los hombres más ricos del mundo reuniera a las personas más poderosas e influyentes de Estados Unidos, Europa Occidental y Japón a principios de los años setenta? Por supuesto, los ricos y poderosos siempre se reúnen de ese modo porque quieren hacer un enorme bien a la gente común. La mera idea de que esas reuniones pudieran tener como objetivo conservar o aumentar su poder en un mundo cada vez más democrático debería estar prohibida en todos los medios de comunicación.

Y fue ciertamente una completa coincidencia que entre ese primer grupo de políticos estadounidenses invitados a la Comisión Trilateral hubiera uno que luego se llevaría el premio máximo:

> La inclusión en ese primer grupo de un oscuro gobernador demócrata de Georgia, James Earl Carter, tuvo una consecuencia imprevista. Una semana después de la primera reunión del comité ejecutivo de Trilateral en Washington, en diciembre de 1975, el gobernador Carter anunció que buscaría la nominación demócrata para

25. Ibíd., p. 417.

presidente de los Estados Unidos. Debo confesar que en ese momento pensé que tenía muy pocas posibilidades de éxito. Sin embargo, para mi gran asombro, no sólo ganó la nominación demócrata, sino que derrotó al presidente Gerald Ford en las elecciones de noviembre.[26]

Ahora bien, aunque James Earl Carter era «un oscuro gobernador demócrata de Georgia», ¿qué pudo haberlo convertido en un recluta tan atractivo para la Comisión Trilateral? ¿Podría ser que se había formado en la Marina como ingeniero nuclear, lo que lo convertía en un acólito ideal para esta nueva religión del cientificismo en la que los ingenieros y los científicos serían los nuevos sumos sacerdotes? El desfile de buenas noticias para los miembros de la recién formada Comisión Trilateral no dejaba de llegar. Como contaba Rockefeller:

> La campaña de Carter fue sutilmente contra Washington y el *establishment*, y prometió traer nuevas caras e ideas al Gobierno. Hubo una gran sorpresa, entonces, cuando eligió a quince miembros de la Trilateral, muchos de los cuales habían trabajado en Gobiernos anteriores, para su equipo, incluyendo al vicepresidente Walter Mondale, al secretario de Estado Cyrus Vance, al secretario de Defensa Harold Brown, al secretario del Tesoro Michael Blumenthal y a Zbigniew Brzezinski como asesor de Seguridad Nacional. En su autobiografía de 1975, *Why Not the Best?*, Carter escribió que «ser miembro de esta comisión me ha proporcionado una espléndida oportunidad de aprendizaje, y muchos de los demás miembros me han ayudado en el estudio de asuntos exteriores».[27]

Eso debe de haber establecido un récord político histórico desde que se creó su organización en 1973 hasta que ganó la presidencia en 1976 y llenó el gabinete con sus compañeros. Y aunque algunos

26. Ibíd.
27. Ibíd., pp. 417-418.

que conocen su historia sin duda recordarán que Carter enseguida se vio empantanado en varios problemas, como la crisis de los rehenes iraníes, la inflación galopante y la escasez de gasolina, ni siquiera un nuevo presidente del partido opositor parecía poder liberarse de la Comisión Trilateral. Rockefeller escribió:

> En la campaña de las primarias presidenciales de 1980, por ejemplo, uno de los partidarios de Ronald Reagan publicó un anuncio que decía: «La gente que les trajo a Jimmy Carter ahora quiere que voten por George Bush», y destacaba la pertenencia de ambos a la Trilateral. No estoy seguro de cuántos votos se modificaron con este anuncio, pero así es la naturaleza de la política en una sociedad democrática. Sin embargo, debo señalar que el presidente Reagan terminó por comprender el valor de la Trilateral e invitó a todos los miembros a una recepción en la Casa Blanca en abril de 1984.[28]

Cuando leo ese párrafo, me da una sensación de tristeza, pues parece demostrar que Reagan también tuvo que ceder ante el poder de los globalistas. Tal vez sólo quería mantener cerca a sus enemigos. Tal vez se trataba simplemente de retener el poder, el defecto común de la mayoría de los líderes políticos.

Le daré la última palabra a David Rockefeller, del final de su capítulo «Proud Internationalist» («Internacionalista orgulloso»):

> Estas organizaciones reflejan mi creencia en el principio del «compromiso constructivo». Como oficial de inteligencia durante la Segunda Guerra Mundial, aprendí que mi eficacia dependía de mi capacidad para desarrollar una red de personas con información fiable e influencia.
>
> Algunos pueden pensar que esta técnica es cínica y manipuladora. No estoy de acuerdo. Este enfoque me permitió conocer personas que me resultaron útiles para alcanzar mis metas y me dio la

28. Ibíd., p. 418.

oportunidad de entablar amistades duraderas que han enriquecido enormemente mi vida.[29]

Dejaré a tu criterio decidir si ese pasaje te reconforta en la creencia de que los ricos y poderosos velan por tus intereses, o si te produce un terror absoluto y delirante.

* * *

Rockefeller proporcionó el músculo financiero para la Comisión Trilateral, pero el poder intelectual provino del exprofesor de la Universidad de Columbia Zbigniew Brzezinski y su libro de 1970 *Between Two Ages: America's Role in the Technetronic Era*. Sólo había diecinueve copias usadas de la versión original de tapa dura disponibles en Amazon, así que me gasté 49,50 dólares en comprar una de las pocas copias que quedaban. Patrick Wood me había dado un buen consejo cuando me dijo que debería comprar un ejemplar, ya que abría una ventana clara hacia la mentalidad globalista.

Al igual que Schwab después de él, Brzezinski dedicó gran parte de la primera parte del libro a recitar la historia y el rápido ritmo del cambio. Existe una técnica que los persuasores utilizan para ganarse su aceptación. Comienzan por decirte cosas con las que ya estás de acuerdo y, una vez que se ha establecido la confianza, tratan de llevarte con mucha delicadeza a su posición. Así es como Brzezinski inicia su libro:

> La paradoja de nuestro tiempo es que la humanidad se está volviendo simultáneamente más unificada y más fragmentada. Ése es el impulso principal del cambio contemporáneo. El tiempo y el espacio se han comprimido tanto que la política global manifiesta una tendencia hacia formas de cooperación más amplias y entrelazadas, así como hacia la disolución de las lealtades institucionales e ideológicas establecidas. La humanidad se está volviendo más integral y

29. Ibíd.

> cohesionada al mismo tiempo que se están ampliando las diferencias en las condiciones de las sociedades separadas. En estas circunstancias, la proximidad, en lugar de promover la unidad, da lugar a tensiones provocadas por una nueva sensación de congestión global.[30]

Como introducción de un libro de un profesor de la Universidad de Columbia, no está mal. Es un poco extraño, pero plantea una dualidad entre la unidad y la división. Nos sentimos emocionados y, al mismo tiempo, ansiosos. Más o menos como se siente la mayoría de las personas la mayor parte del tiempo.

Sin embargo, sólo cuando Brzezinski llega a la «Parte IV: La transición estadounidense» (aproximadamente doscientas páginas) comienza a sentar las bases para su nueva revolución. Caracteriza nuestra guerra con Inglaterra como la primera revolución estadounidense, la Guerra Civil como la segunda revolución estadounidense y el período posterior a la Segunda Guerra Mundial como la tercera revolución estadounidense. Y Brzezinski comienza a utilizar el mismo tipo de hipérbole extática y entusiasta del tipo «¿No es genial la tecnología?» que Klaus Schwab utilizará décadas después:

> La tercera revolución estadounidense es aún más difícil de definir, porque ahora nos encontramos en medio de ella y, por lo tanto, no podemos estar seguros de su resultado. Sin embargo, en un aspecto es más fácil de identificar que la segunda, porque su impacto y su efecto están más concentrados en el tiempo. La tercera revolución comenzó a cobrar impulso después de la Segunda Guerra Mundial, con la explosión masiva de la educación superior y la creciente aceptación de la primacía social de la educación; con la unión del poder nacional y la ciencia moderna coronada por el aprovechamiento de la energía nuclear y el Gobierno federal emergiendo como un importante patrocinador de la investigación científica; con el nacimiento repentino de las comunicaciones continentales rápidas, que

30. Zbigniew Brzezinski, *Between Two Ages: America's Role in the Technetronic Era*, Westport, Connecticut, Greenwood Press, 1970, p. 1.

> abarcaron desde los sistemas de autopistas más modernos y desarrollados del mundo, pasando por el rápido transporte aéreo de pasajeros, hasta un sistema telefónico transcontinental instantáneo excepcionalmente eficaz y, por fin, una intimidad televisiva de alcance nacional; con la transformación de las técnicas de gestión producida por la aparición de los ordenadores y otros dispositivos electrónicos que conquistan la complejidad, la distancia e incluso la difusión de la autoridad; y con el desvanecimiento de la industria como la fuente más importante de empleo para los estadounidenses.[31]

¿Puedes creer que todo ese fragmento de texto contiene sólo tres oraciones? Una buena regla general es que cuando las personas utilizan oraciones largas y elaboradas es que quieren abrumarte.

Permíteme analizar el argumento de Brzezinski.

Cada vez hay más gente que va a la universidad: ¡necesitamos un nuevo sistema político!

El gran Gobierno financia la gran ciencia: ¡necesitamos un nuevo sistema político!

Tenemos energía nuclear: ¡necesitamos un nuevo sistema político!

Tenemos teléfonos: ¡necesitamos un nuevo sistema político!

Tenemos autopistas: ¡necesitamos un nuevo sistema político!

Tenemos televisión: ¡necesitamos un nuevo sistema político!

Tenemos ordenadores: ¡necesitamos un nuevo sistema político!

Fácilmente podría haber dicho: tenemos más sabores de helado que sólo chocolate y vainilla, así que necesitamos un nuevo sistema político.

Como siempre, al final esos avatares del cambio no pueden evitar decirte a quién aman y quién desearían que simplemente desapareciera:

> En el proceso, crea tres Américas en una. Está la nueva América emergente simbolizada por los nuevos complejos de aprendizaje, investigación y desarrollo que vinculan a las instituciones de educa-

31. Ibíd., pp. 199-200.

> ción superior con la sociedad y crean oportunidades sin precedentes para la innovación y la experimentación, además de despertar un mayor interés en las bellas artes y la cultura, como lo evidencian los nuevos museos y centros de arte. La América tecnotrónica está en los laboratorios de electrónica y centros de aprendizaje a lo largo de la Ruta 128 que rodea Boston, está en los conglomerados académico-científicos alrededor de Los Ángeles y San Francisco, y está en las nuevas industrias de frontera. La clase media suburbana gravita cada vez más hacia esta América, aunque con frecuencia se resiente de su cientificismo y anhela con nostalgia más comunidad y estabilidad.[32]

En los párrafos siguientes, Brzezinski analiza las otras dos Américas, los trabajadores de las fábricas y «la primera América, la América preindustrial de los aparceros y los trabajadores migrantes del delta del Misisipi y de los mineros obsoletos de los Apalaches, cuyos ingresos han caído por debajo del promedio estadounidense».[33]

De lo que sigue se desprende claramente que a Brzezinski no le gustan los trabajadores de las fábricas ni la gente que vive en zonas rurales. Sus personas preferidas son aquellas que rinden culto a las instituciones de «educación superior», aprecian las «bellas artes y la cultura» y anhelan formar parte de algún «conglomerado académico-científico», preferentemente en las ciudades de San Francisco, Los Ángeles o Boston.

Sin embargo, sería un error asociar a Brzezinski con la izquierda socialista radical, que querría tener más control sobre los recursos. Brzezinski no confía en el Gobierno, pero, por lo que parece, confía en los ricos, en concreto en los tecnócratas:

> Cada vez se considera más al Gobierno, como expresión de la voluntad nacional, incapaz de dirigir y coordinar eficazmente el cambio nacional. Parece no articular objetivos nacionales ni desarrollar un sentido de dirección nacional. Esta sensación de incertidumbre

32. Ibíd., p. 200.
33. Ibíd., pp. 200-201.

> sobre el propósito nacional también se ve magnificada por el desvanecimiento de la élite política establecida que ha guiado a la nación desde la Segunda Guerra Mundial. Compuesta principalmente por hombres provenientes de la Costa Este y conectados con círculos legales, corporativos y financieros de alto nivel, la élite política proporcionó una sensación de continuidad dentro del marco de un consenso liberal pragmático sobre la naturaleza y el carácter de la sociedad industrial moderna.[34]

Brzezinski le está diciendo al público que el problema son los hombres ricos y poderosos de la Costa Este. Sin embargo, su respuesta posterior sería reemplazarlos POR gente como Henry Kissinger, David Rockefeller, Zbigniew Brzezinski y George H. W. Bush, todos hombres ricos y poderosos de la Costa Este.

Y como vivimos en una democracia, donde el uso de la fuerza bruta es por lo general mal visto por la población, Brzezinski es claro sobre cómo deben ser utilizados los medios de comunicación por los globalistas:

> El cortejo a la prensa y a los medios de comunicación es un complemento necesario del cortejo a las masas, ya que éstas no sólo reciben la influencia de la apelación directa, sino también a través de la intermediación de una «imagen», que en parte es construida por los propios medios. La deseabilidad de esta imagen hace que sea más importante defender lo inmediatamente popular y lo que está de moda, en lugar de formular objetivos más amplios centrando la atención en cuestiones filosóficas básicas sobre el significado de una sociedad moderna.[35]

Los globalistas nos están diciendo directamente cuánto necesitan utilizar los medios para influir en el público. Es aún mejor si puedes vincular tu persuasión a algún tipo de «imagen». Por lo tanto, no es

34. Ibíd., p. 215.
35. Ibíd., p. 216.

que estemos en desacuerdo sobre si las vacunas están siendo monitorizadas de manera segura, sino que aquellos que piensan que hay algunas preocupaciones de seguridad que se están pasando por alto son «anticientíficos». Si no estás de acuerdo con algún programa gubernamental, entonces eso significa que eres un «terrorista de derechas».

Brzezinski parece sugerir cómo se desarrollaría su plan:

> Más directamente vinculada al impacto de la tecnología, implica la aparición gradual de una sociedad más controlada y dirigida. Una sociedad de ese tipo estaría dominada por una élite cuyo derecho al poder político se basaría en un conocimiento científico supuestamente superior. Libre de las restricciones de los valores liberales tradicionales, esta élite no dudaría en lograr sus fines políticos utilizando las últimas técnicas modernas para influir en el comportamiento público y mantener a la sociedad bajo estrecha vigilancia y control.[36]

Debo señalar que estos globalistas no comprenden que no parecen poder convencer al público y que necesitan utilizar «técnicas modernas para influir en el comportamiento público y mantener a la sociedad bajo estrecha vigilancia y control». Esta gente busca siempre controlar a los demás. Es como un estado patológico, el equivalente a un fanático religioso que siempre cree que el fin del mundo está a la vuelta de la esquina:

> Los avances tecnológicos hacen que sea seguro que la sociedad moderna requiera cada vez más planificación. La gestión deliberada del futuro estadounidense se generalizará y el planificador acabará desplazando al abogado como legislador y manipulador social clave. Esto pondrá mayor énfasis en la definición de objetivos y, por la misma razón, en una preocupación más consciente por los fines sociales.[37]

---

36. Ibíd., pp. 252-253.
37. Ibíd., p. 260.

Brzezinski quiere que el ingeniero y el científico desplacen al abogado y al juez. ¿Cómo que necesitamos tribunales y elecciones? ¡Tenemos fines científicos y sociales! Y si el mensaje no te ha quedado del todo claro, Brzezinski ata todos los cabos sueltos al final de su libro:

> En resumen: aunque el objetivo de crear una comunidad de naciones desarrolladas es menos ambicioso que el de un Gobierno mundial, es más alcanzable. Es más ambicioso que el concepto de una comunidad atlántica, pero históricamente más pertinente para la nueva revolución espacial. Aunque es consciente de las divisiones actuales entre las naciones comunistas y no comunistas, intenta crear un nuevo marco para los asuntos internacionales no explotando esas divisiones, sino más bien esforzándose por preservar y crear oportunidades para una reconciliación futura.[38]

Brzezinski parece estar realmente decepcionado por no poder conseguir su Gobierno mundial con tanta rapidez como quería. Aun así, no quiere que estemos tristes. Seguirá siendo más grande que esa otra comunidad atlántica. Creo que está hablando de la OTAN (Organización del Tratado del Atlántico Norte). ¿Qué otra gran organización atlántica existía en 1970? Y se esfuerza mucho para que los comunistas no se sientan excluidos.

Brzezinski quiere que los comunistas sepan que habrá una «reconciliación» entre las naciones comunistas y no comunistas cuando sean absorbidas por los globalistas. En opinión de los globalistas, su modelo es la mejor combinación de ambas palabras: capitalismo eficiente con cero libertad política.

Comprarán tu alma y tu silencio con sus maravillas tecnológicas. Es como si hubiéramos regresado a los tiempos de Mussolini y Hitler, así que al menos harán que los trenes lleguen a tiempo. ¡Todo lo viejo es nuevo otra vez!

¿Qué podría salir mal con su plan de privar de derechos al resto de la población que no tenemos un doctorado?

---

38. Ibíd., p. 308.

* * *

Una de las personas que no se sintió atraída por los globalistas de la Comisión Trilateral en la década de 1970 fue el senador estadounidense Barry Goldwater, quien se hizo famoso al competir contra el presidente Lyndon Johnson en 1964 por la presidencia y perdió de manera aplastante.

Sin embargo, el tiempo no ha sido benévolo con Johnson, de quien hoy en día casi universalmente creen los historiadores que fue un político corrupto[39] y un mentiroso de inmensas proporciones sobre nuestro progreso en la guerra de Vietnam.[40] Por el contrario, el juicio histórico del senador Barry Goldwater sólo ha mejorado con el paso del tiempo, e incluso sus oponentes políticos reconocen la honestidad e integridad del hombre.[41] Como Goldwater escribió en sus memorias de 1979:

> En mi opinión, la Comisión Trilateral representa un esfuerzo hábil y coordinado para tomar el control y consolidar los cuatro centros de poder: político, monetario, intelectual y eclesiástico. Todo esto debe hacerse en aras de crear una comunidad mundial más pacífica y más productiva. A lo largo de mi vida pública y en estas páginas, me he abstenido de juzgar los motivos de otros hombres. No tengo la misma vacilación a la hora de juzgar su sabiduría y los resultados de las acciones que han tomado.[42]

---

39. Martin Tolchin, «How Johnson Won Election He'd Lost», *The New York Times,* 11 de febrero de 1990, www.nytimes.com/1990/02/11/us/howjohnson-won-election-he-d-lost.html
40. Daniel Ellsberg, «Lying About Vietnam», *The New York Times,* 29 de junio de 2001, www.nytimes.com/2001/06/29/opinion/lying-about-vietnam.html
41. B. Drummond Ayres, Jr., «Goldwater is Honored as a Man of Principle», *The New York Times,* 4 de junio de 1998, www.nytimes.com/2001/06/29/opinion/lying-about-vietnam.html
42. Barry Goldwater, *With No Apologies: The Personal and Political Memoirs of United States Senator Barry M. Goldwater*, William Morrow & Company, Nueva York, 1979, p. 284.

Goldwater consideraba que los trilateralistas constituían una amenaza existencial para la división de poderes en Estados Unidos, que nos había mantenido libres durante más de doscientos años. Le preocupaba en especial un informe presentado en la reunión plenaria de la Comisión Trilateral, celebrada los días 30 y 31 de mayo de 1975 en Kioto (Japón), en el que se detallaban sus planes para una economía centralizada, un control político centralizado a través del Congreso y un programa para reducir las expectativas laborales de los graduados universitarios. En otras palabras, aumentar la miseria para todos. A Goldwater también le preocupaba que:

> El informe también sugirió que sería útil imponer restricciones previas a la prensa y reestructurar las leyes de difamación para controlar el poder de la prensa. Me parece que he sufrido tanto como cualquier hombre en la vida pública a causa de una prensa abusiva, pero siento una sensación de picazón e incomodidad en la base de la columna cuando alguien sugiere que el Gobierno debería controlar las noticias.[43]

Goldwater fue atacado en los medios de comunicación con tanta fiereza como cualquiera de su época. Sin embargo, comprendió la importancia de una prensa libre, incluso cuando no era justa. El sistema tiene la capacidad de corregirse a sí mismo, y el cambio de opinión sobre Goldwater y Johnson es un testimonio de ello. Pero Goldwater no se quedó con sus críticas:

> Todo el enfoque trilateral es estrictamente económico. No se reconoce la condición política. Se confía totalmente en el materialismo. La Comisión hace hincapié en la necesidad de eliminar las barreras artificiales al comercio mundial (aranceles, derechos de exportación, cuotas), objetivo que apoyo con firmeza. Lo que propone sustituir es una economía internacional gestionada y controlada por grupos monetarios internacionales a través del mecanismo de

43. Ibíd.

> los conglomerados internacionales de empresas manufactureras y comerciales.[44]

Se puede apreciar claramente la inteligencia de los globalistas. Muchos conservadores aplaudirían la eliminación de las barreras comerciales, pero el problema es qué las reemplazaría. En esencia, la diferencia entre los globalistas y los conservadores es la libertad. ¿Confiamos en la «mano oculta» del mercado abierto o creemos que la «gente inteligente» tiene que elegir a los ganadores y a los perdedores? Goldwater concluye diciéndonos cómo nos tratarían los globalistas de la Comisión Trilateral y sus herederos:

> Las poblaciones son tratadas como meros productores y consumidores. No se ha intentado explicar por qué los pueblos del mundo occidental disfrutan de abundancia económica. A la libertad –espiritual, política y económica– se le niega toda importancia en la construcción trilateral del próximo siglo.[45]

Han pasado más de cuarenta años desde la advertencia de Goldwater, y sin embargo parece como si hubiera escrito esas palabras ayer mismo. La libertad es atacada de maneras que eran inimaginables hace apenas unos pocos años. Eso no es un accidente. Es parte de un plan establecido desde hace mucho tiempo.

Esto no tiene nada que ver con el bien social, ayudar a los niños o salvar a las ballenas.

Es una batalla por el control del futuro de todos, y es de vital importancia que entendamos al enemigo que acecha en las sombras.

---

44. Ibíd.
45. Ibíd., p. 285.

CAPÍTULO 4

Entonces llegó la COVID-19

Cuanto más estudio a los globalistas, más concluyo que actúan de forma muy parecida a ese molesto vendedor de coches usados que dice cualquier cosa para evitar que te vayas sin comprar.

Es la Primera Guerra Mundial; necesitamos el globalismo.

Es la Gran Depresión; necesitamos el globalismo.

Es la Segunda Guerra Mundial; necesitamos el globalismo.

Es la Guerra Fría; necesitamos el globalismo.

Es la década de 1970 y, con el orden de la Segunda Guerra Mundial desmoronándose, necesitamos el globalismo.

Es 2001 y hay una guerra contra el terrorismo; necesitamos el globalismo.

Es 2016 y la tecnología está cambiando las cosas; necesitamos el globalismo.

Es 2020 y tenemos la COVID-19; necesitamos el globalismo.

Sin embargo, antes de llegar a la respuesta de Klaus Schwab y del Foro Económico Mundial, necesito dejar algunas cosas en claro.

En mi opinión, la narrativa dominante sobre el SARS-CoV-2 y la COVID-19 está llena de tantas mentiras que resulta difícil detallarlas todas. Permíteme repasar algunas de las cosas en las que creo.

Creo que la COVID-19 fue un ataque planificado contra la civilización por parte de los globalistas, y lo transmitieron claramente mediante su ejercicio llamado Evento 201. El sitio web del Centro para la Seguridad Sanitaria describió la reunión:

> El Centro de Seguridad Sanitaria de la Universidad Johns Hopkins, en colaboración con el Foro Económico Mundial y la Fundación Bill y Melinda Gates, organizó el Evento 201, un ejercicio de alto nivel sobre pandemias, el 18 de octubre de 2019 en Nueva York. El ejercicio ilustró áreas en las que serán necesarias las alianzas público-privadas durante la respuesta a una pandemia grave para disminuir las consecuencias económicas y sociales a gran escala.[1]

Me gustaría que recordaras que, desde mi punto de vista, siempre que oigo la expresión «colaboración público-privada», de inmediato la traduzco por la palabra «fascismo». Pero no estoy diciendo que tengas que aceptar mi traducción.

Simplemente prueba mi traducción y verás cuánto explica lo que sucedió después.

Uno de los grandes temas de debate de los participantes del Evento 201 fue cómo hacer frente a la difusión de información errónea y las estrategias para combatir la libertad de expresión. Se habló de los confinamientos y del rápido desarrollo de nuevas vacunas, en lugar de terapias que atenúen de una manera rápida las graves consecuencias de esta nueva infección viral.

Es sorprendente, ¿verdad?, si tenemos en cuenta cómo se desarrollaron los meses siguientes del año 2020.

Pero supongamos por un momento que el SARS-CoV-2 no fue un acto intencional, sino más bien negligente. Los científicos estaban experimentando con virus de murciélagos, pensando que algún día podrían causar un problema en los humanos, y una de sus creaciones se escapó del laboratorio.

¿Asumirían la responsabilidad?

¡Diablos, no! Mentirían descaradamente al respecto.

---

1. «Event 201», Johns Hopkins Center for Health Security. Acceso 20 de mayo de 2022, www.centerforhealthsecurity.org/event201/

El único problema fue que, en 2016, en un artículo en *Nature*, anunciaron al mundo de un modo triunfal que habían logrado que esos coronavirus de murciélago pudieran infectar a los humanos. El título del artículo era «Engineered Bat Virus Stirs Debate Over Risky Research». (Un virus de murciélago modificado genera debate sobre una investigación de riesgo). Leamos algunos párrafos, ¿de acuerdo?

> Un experimento que creó una versión híbrida de un coronavirus de murciélago –relacionado con el virus que causa el SARS (síndrome respiratorio agudo severo)– ha desencadenado un renovado debate sobre si vale la pena correr los riesgos de diseñar variantes de laboratorio de virus con posible potencial pandémico.
>
> En un artículo publicado en *Nature Medicine* el 9 de noviembre, los científicos investigaron un virus llamado SHC014, que se encuentra en murciélagos de herradura en China. Los investigadores crearon un virus quimérico, compuesto por proteínas de superficie de SHC014 y la estructura de un virus del SARS que había sido adaptado para crecer en ratones e imitar la enfermedad humana. La quimera infectó células de las vías respiratorias humanas, lo que demuestra que la proteína de superficie de SHC014 tiene la estructura necesaria para unirse a un receptor clave en las células e infectarlas. También causó enfermedad en ratones, pero no los mató.[2]

Ahí tenemos, si no una prueba irrefutable, al menos una cantidad significativa de humo. Los científicos estaban intentando injertar las proteínas de superficie de un virus de murciélagos de herradura, SHC014, y la «columna vertebral de un virus del SARS» y tuvieron éxito. El virus pudo entonces infectar las células de las vías respiratorias humanas. Sin embargo, esto generó algunas preocupaciones importantes entre los científicos:

---

2. Declan Butler, «Engineered Bat Virus Stirs Debate Over Risky Research», *Nature Medicine,* 12 de noviembre de 2015, www.nature.com/articles/nature.2015.18787.pdf

Pero otros virólogos se preguntan si esta información obtenida del experimento justifica el riesgo potencial. Aunque es difícil evaluar el alcance del riesgo, Simon Wain-Hobson, virólogo del Instituto Pasteur de París, señala que los investigadores han creado un virus que «crece extraordinariamente bien» en las células humanas. «Si este virus escapara, nadie podría predecir su trayectoria», afirma.

Este argumento es, en esencia, una repetición del debate sobre si se debe permitir la investigación de laboratorio que aumenta la virulencia, la facilidad de propagación o la gama de huéspedes de patógenos peligrosos, lo que se conoce como investigación de «ganancia de función». En octubre de 2014, el Gobierno de Estados Unidos impuso una moratoria a la financiación federal de ese tipo de investigación sobre los virus que causan el SARS, la gripe y el MERS (síndrome respiratorio de Oriente Medio, una enfermedad mortal causada por un virus que pasa esporádicamente de los camellos a las personas).[3]

Para decirlo claramente, los científicos que trabajaban en este campo estaban tan aterrorizados de que sus virus diseñados en el marco de investigaciones de «ganancia de función» escaparan del laboratorio que en octubre de 2014 emitieron una moratoria sobre esta investigación.

¿Y nuestro principal funcionario de salud pública en materia de COVID-19, el doctor Anthony Fauci, «siguió la ciencia» en cuanto al origen probable del virus, como les dijo de manera repetida a los estadounidenses que hicieran? La evidencia sugiere que no lo hizo. Del *New York Post* del 2 de junio de 2021:

> El doctor Anthony Fauci fue advertido de que el coronavirus posiblemente había sido «diseñado» y parecía tomarse en serio los informes al respecto, al mismo tiempo que minimizaba en público la noción de que el virus se había creado en un laboratorio, según sus correos electrónicos.

---

3. Ibíd.

> Mientras tanto, Fauci, el principal experto de Estados Unidos en enfermedades infecciosas, también recibió un «agradecimiento personal» por respaldar la teoría del «origen natural» del director de una organización sin fines de lucro que utilizó una subvención gubernamental de 3,4 millones de dólares para financiar la investigación en el laboratorio chino sospechoso de crear el virus, según muestran los correos electrónicos.[4]

¿Es una coincidencia que el doctor Anthony Fauci, el principal especialista en enfermedades infecciosas de nuestro país, mintiera sobre los posibles orígenes de este virus y que las organizaciones más poderosas del mundo, incluida la Universidad Johns Hopkins, el Foro Económico Mundial de Klaus Schwab y la Fundación Bill y Melinda Gates trabajaran juntos en el Evento 201, que imaginó exactamente ese escenario?

Posiblemente, pero digamos que no he podido demostrar completamente mi afirmación.

Vayamos más allá en la lista de «errores» cometidos por el doctor Fauci.

A continuación, está la cuestión de cómo responder al virus. Y, una vez más, el doctor Fauci parece bastante decidido a no implicarse en un toma y daca científico, sino a actuar de maneras más acordes con un régimen autoritario de científicos.

La primera regla de un autoritario es silenciar a la oposición, como parece que hicieron Fauci y el director de los Institutos Nacionales de Salud, el doctor Francis Collins. De hecho, las acusaciones contra estos dos hombres fueron tan flagrantes que el Consejo Editorial del *The Wall Street Journal* se sintió obligado a escribir un artículo de opinión sobre el tema el 21 de diciembre de 2021:

---

4. Samuel Chamberlain, Mark Moore, y Bruce Golding, «Fauci Was Warned that COVID-19 May Have Been "Engineered", Emails Show», 2 de junio de 2021, *New York Post*, www.nypost.com/2021/06/02/fauci-was-warned-that-covid-may-have-been-engineered-emails/

> En público, Anthony Fauci y Francis Collins instaron a los estadounidenses a «seguir la ciencia». En privado, los dos santos funcionarios de salud pública conspiraron para acallar las opiniones discrepantes de los principales científicos. Ésa es la inquietante pero justa conclusión de los correos electrónicos obtenidos recientemente a través de la Ley de Libertad de Información por el Instituto Estadounidense de Investigación Económica.
>
> La historia se desarrolló en octubre de 2020, después de la publicación de la Declaración de Great Barrington, una declaración de Martin Kulldorff, de Harvard; Sunetra Gupta, de Oxford; y Jay Bhattacharya, de Stanford, contra los confinamientos generalizados por la pandemia. Estaban a favor de una política de lo que llamaron «protección focalizada» de las poblaciones de alto riesgo, como los ancianos o las personas con afecciones médicas. Miles de científicos firmaron las declaraciones, si pudieron tener acceso a ellas.[5]

Éste es un escenario que haría salivar a cualquier buen globalista. Anthony Fauci y Francis Collins están en la cima de la pirámide de la salud pública de Estados Unidos y distribuyen miles de millones de dólares federales entre sus investigadores y proyectos favoritos. En la mente del globalista típico, ésa es una receta para el éxito.

Pero incluso en la ciencia prevalecen los impulsos democráticos y de libre pensamiento. No todas las personas de alto nivel en el campo de la ciencia se adherirán al consenso. De hecho, los mejores científicos suelen ser aquellos que cuestionan sin piedad la narrativa y los supuestos predominantes. Y si son lo suficientemente valientes como para arriesgarse, como hicieron Kuldorff, de Harvard; Gupta, de Oxford; y Bhattacharya, de Stanford, causarán algún trastorno.

---

5. The Editorial Board, «How Fauci and Collins Shut Down COVID Debate», 21 de diciembre de 2021, *Wall Street Journal*, www.wsj.com/ articles/fauci-collins-emails-great-barrington-declaration-covid-pandemic-lockdown-11640129116

En momentos como éste es cuando se puede responder a la pregunta: ¿qué harán los globalistas con quienes no están de acuerdo con ellos? ¿La respuesta? Intentarán derribarlos. Como informó el artículo del *The Wall Street Journal:*

> Eso no fue del agrado del consenso sobre el confinamiento impuesto por los funcionarios de salud pública y la prensa. El doctor Collins, director de los Institutos Nacionales de Salud hasta el domingo, envió un correo electrónico el 8 de octubre de 2020 al doctor Fauci, director del Instituto Nacional de Alergias y Enfermedades Infecciosas.
>
> «Esta propuesta de los tres epidemiólogos marginales [...] parece estar recibiendo mucha atención, e incluso la firma del ganador del Premio Nobel Mike Leavitt de Stanford. Es necesario que se publique un rápido y devastador desmantelamiento de sus premisas», escribió el doctor Collins. «¿Está en marcha?».[6]

Resulta difícil leer este artículo de opinión del *The Wall Street Journal* y no tener la impresión de que estos supuestos científicos no son en absoluto diferentes de los capos de la mafia o de los asaltantes corporativos que utilizan tácticas deshonestas para acabar con la competencia. En el siglo XIX, cuando hubo una disputa sobre a quién se le debía dar crédito por la teoría de la selección natural, a Charles Darwin o a Alfred Russel Wallace, la Sociedad Linneana celebró un debate público en Londres, Inglaterra, el 1 de julio de 1858, para resolver la cuestión.

¿Habría sido tan difícil en 2020 que estos científicos debatieran sobre la cuestión de los confinamientos y otras medidas de salud pública en una videollamada pública de tres horas por Zoom? Millones de personas habrían sintonizado ese debate y todos habríamos estado mejor informados. El artículo de opinión del *The Wall Street Journal* continuó con su crítica:

---

6. Ibíd.

> Estos investigadores no eran marginales, ni tampoco lo era su oposición a la cuarentena de la sociedad. Pero en medio del pánico por el virus, estas dos voces de la ciencia utilizaron su autoridad para estigmatizar a los disidentes y aplastar el debate. Una semana después de su correo electrónico, el doctor Collins habló con *The Washington Post* sobre la Declaración de Great Barrington. «Éste es un componente marginal de la epidemiología –dijo–. Ésta no es ciencia convencional. Es peligrosa». Su mensaje se difundió y la estrategia alternativa fue descartada en la mayoría de los distritos.[7]

Este esfuerzo de Collins y Fauci puede parecer desconcertante para la persona promedio, pero cuando lo miras a través de la lente del globalismo y la tecnocracia, la idea de que los científicos, ingenieros y gerentes están en la mejor posición para tomar decisiones importantes en la sociedad, todo se vuelve claro.

No creen en el debate libre y abierto porque no confían en que se tome la decisión correcta. Esto queda muy claro en una extraña declaración que hizo el doctor Fauci cuando se vio atacado por algunos valientes republicanos y medios de comunicación:

> En la cadena CBS, el doctor Fauci dijo que los republicanos que lo critican «en realidad están criticando a la ciencia, porque yo represento a la ciencia. Eso es peligroso». Él no es la «ciencia». Y también es peligroso que los funcionarios científicos se movilicen para reprimir la disidencia, sin la cual es fácil cometer errores trágicos. Un debate científico sobre la política pandémica era y sigue siendo de interés público, en especial durante una plaga que ocurre una vez cada siglo.
>
> [...] En lugar de intentar manipular la opinión pública, el trabajo de los funcionarios de salud es ofrecer su mejor asesoramiento científico. No deberían actuar como políticos o censores, y cuando lo hacen, desperdician la confianza del público.[8]

7. Ibíd.
8. Ibíd.

Son artículos como éste del *The Wall Street Journal* los que confirman mi creencia de que con la COVID-19 estaba ocurriendo mucho más de lo que nos habían hecho creer. Fauci y Collins se diferencian poco de los generales que mintieron sobre nuestros avances en Vietnam, Irak y Afganistán.

Para mayor claridad, permíteme contarte lo que considero que son las explicaciones más probables de lo que sucedió durante la crisis de la COVID-19.

Considero que el escenario más probable es que los globalistas hayan liberado la COVID-19 a propósito para aterrorizarnos y hacer que aceptemos su gobierno autoritario, con vacunas peligrosas que matarían o mutilarían a una gran parte de la población, lo que requeriría mayor apoyo gubernamental.

Considero que el segundo escenario más probable es que hubo un escape accidental de este patógeno del Instituto de Virología de Wuhan, y los globalistas lo vieron como una oportunidad para implementar sus largamente acariciados planes de gobernanza global.

Considero que el escenario menos probable es que se haya tratado de algún modo de un brote natural en Wuhan, China (sobre todo porque los murciélagos portadores del precursor de este virus vivían a cientos de kilómetros de distancia) y que las autoridades y los globalistas estaban tomando las medidas que tomaron porque genuinamente creían que estaban justificadas por la naturaleza sin precedentes de la emergencia.

En lo que sigue no defenderé el primer o el segundo escenario, aunque creo que cualquiera de ellos es la explicación más probable. Cuando las personas cometen horrendas violaciones de la confianza pública, como ocurrió durante la guerra de Vietnam, Irak y Afganistán, pueden pasar décadas antes de que la mayoría de la población vea la verdad con claridad.

A nadie le gusta creer que ha sido traicionado por sus líderes.

Las personas no creen tantas mentiras de nuestra clase dirigente porque sean estúpidas, sino porque son buenas personas que se levantan y llevan a cabo el trabajo duro de la sociedad con honor y dignidad. No pueden imaginarse lo que piensan quienes no hacen lo mismo.

Se requiere una cantidad abrumadora de evidencias para aceptar finalmente que ciertas personas son malvadas.

Por lo tanto, no voy a abordar la cuestión de si el SARS-CoV-2 fue un organismo creado por el hombre, liberado de manera intencionada o por accidente.

Voy a tratar la crisis de la COVID-19 como un acto de Dios, como un terremoto o una inundación, y mostrar que incluso bajo esta generosa interpretación, los globalistas han adoptado un plan aterrador para el futuro de la humanidad.

* * *

Los confinamientos en nuestro país comenzaron en marzo de 2020, pero el 9 de julio de 2020, Klaus Schwab (con un nuevo coautor, Terry Malleret) publicó un nuevo libro, *COVID-19: El Gran Reinicio,* buscando con desesperación una manera de renovar su agenda globalista.

La «cuarta revolución industrial» nunca despegó como una idea pegadiza, por lo que tal vez «el Gran Reinicio» tuviera más suerte.

Sin embargo, Klaus Schwab no pudo evitar su tendencia a caer en la fanfarronería literaria: «¿No es genial la tecnología que nos ofrecen las personas muy inteligentes?». ¿Y he mencionado que necesitamos un nuevo sistema político para manejar todos estos cambios? Empecemos con la alegre introducción:

> En el momento de escribir estas líneas (junio de 2020), la pandemia sigue empeorando a nivel mundial. Muchos de nosotros nos preguntamos cuándo volverán las cosas a la normalidad. Nada volverá jamás a la sensación de normalidad «rota» que prevalecía antes de la crisis, porque la pandemia del coronavirus marca un punto de inflexión fundamental en nuestra trayectoria global. Algunos analistas la llaman una gran bifurcación, otros se refieren a una profun-

da crisis de proporciones «bíblicas», pero la esencia sigue siendo la misma: el mundo tal como lo conocíamos en los primeros meses de 2020 ya no existe, se disolvió en el contexto de la pandemia.[9]

Han pasado más de dos años desde que Schwab escribió este artículo y quiero que pienses en cómo, según él, el mundo ha cambiado para siempre. Déjame preguntarte: ¿sigues casado con la misma persona? ¿Aún necesitas sacar a pasear a tus perros y vaciar el arenero del gato? Es probable que gran parte de tu vida parezca igual, salvo por las personas locas que llevan mascarillas mientras conducen solas en sus coches, o por la gasolina cara y la inflación en los supermercados.

Pero eso no es por culpa de la COVID-19.

Son problemas creados por el hombre, provocados por malas decisiones en el nivel más alto de nuestro Gobierno, y no es necesario ser un insurgente para creerlo.

Schwab ni siquiera afirma que el mundo anterior a la pandemia era bueno, como lo demuestran frases sarcásticas como «Nada volverá jamás a la sensación de normalidad "rota" que prevalecía antes de la crisis». ¿Puede alguien que no esté clínicamente loco decirme qué quiere decir esa frase? ¿Pensabas que la época anterior a la pandemia era normal, pero en realidad estaba «rota»? ¿Es como el viejo chiste de que no existen cosas como la «inteligencia militar», la «ética empresarial» o las «gambas gigantes»?

El libro está dividido en tres secciones, la primera de las cuales se titula «Macro Reset». Verás, no bastaba con que fuera un simple «Reset», o incluso un «Gran Reset». ¡Tenía que ser un «Macro Reset» para captar realmente tu atención! ¿Ves con qué habilidad te están manipulando personas muy inteligentes?

¿Y quién viene a salvar el día? No es una sola persona, es el Gran Gobierno. ¡Qué sorpresa!

---

9. Klaus Schwab y Terry Mallert, *COVID-19: El Gran Reinicio*, Forum Publishing, World Economic Forum, 2020.

> En palabras de John Micklethwait y Adrian Woolridge: «La pandemia de la COVID-19 ha hecho que el Gobierno vuelva a ser importante. No sólo poderoso (observemos a esas empresas otrora poderosas que piden ayuda), sino también vital: es de enorme importancia que tu país tenga un buen servicio de salud, burócratas competentes y finanzas sólidas. Un buen Gobierno es la diferencia entre vivir y morir».
>
> Una de las grandes lecciones de los últimos cinco siglos en Europa y América es ésta: las crisis agudas contribuyen a aumentar el poder del Estado. Siempre ha sido así y no hay razón para que sea diferente con la COVID-19.[10]

Espera un minuto, ¿puedes creer que Klaus Schwab esté diciendo que, en cada crisis aguda de los últimos cinco siglos en Europa o América, fueron los Gobiernos los que aportaron la solución? A esta gente no le gustan las acciones ni los logros individuales. Su odio por los individuos fuertes literalmente les rezuma por los poros. ¿Qué te parece esta frase: «observemos a esas empresas otrora poderosas que piden ayuda»? ¿Te parece algo que diría una persona psicológicamente equilibrada?

Y, sólo por mi bien, ¿alguien puede señalarme un solo país en la historia del mundo del que se pueda decir que haya tenido «burócratas competentes»? A mí me parece que la mejor vida se logra si se evita al máximo a cualquier burócrata gubernamental. Prefiero enviar un paquete con UPS en lugar de con una oficina postal de Estados Unidos cualquier día de la semana, aunque me cueste un poco más. La eficiencia importa y no deberíamos quejarnos si tenemos que pagar un poco más por ello.

La intención de Schwab al escribir estos libros parece ser hacerte sentir impotente y que ruegues que te coloquen su cadena de autoridad alrededor del cuello para que puedas ser utilizado como un animal de tiro. Piensa en lo optimista y animado que te sientes después de leer este pasaje:

10. Ibíd., p. 89.

> Si ninguna potencia puede imponer el orden, nuestro mundo sufrirá un «déficit de orden global». A menos que las naciones y las organizaciones internacionales logren encontrar soluciones para colaborar mejor a nivel global, corremos el riesgo de entrar en una «era de entropía» en la que el repliegue, la fragmentación, la ira y el parroquialismo definirán cada vez más nuestro panorama global, haciéndolo menos inteligible y más desordenado. La crisis de la pandemia ha expuesto y exacerbado este triste estado de cosas. La magnitud y las consecuencias del *shock* que ha infligido son tales que *ya no se puede descartar ningún escenario extremo.* (Cursiva añadida por el autor).[11]

Tuvo que escribir dos libros y medio, pero Schwab, en medio de la crisis de la COVID-19, expuso su plan para lidiar con los disidentes.

«No se puede descartar ningún escenario extremo». ¿Cuáles podrían ser esos escenarios extremos?

¿Eliminar las voces de oposición en las redes sociales? ¿Eliminar la lista de correo electrónico de una persona?

¿Se le puede impedir a una persona el acceso a servicios de pago financiero? ¿Se le pueden negar servicios bancarios a una persona debido a sus creencias políticas?

¿Utilizar agencias policiales, como el FBI o el IRS, para acosar a los disidentes?

¿La creación de campos de detención para quienes nieguen los mandatos de salud o simplemente protesten contra los planes del Gobierno?

¿La ejecución masiva de quienes desafían las órdenes del Gobierno?

¿Te parece que alguna de estas hipótesis es demasiado extrema? El propio Schwab escribió que «no se puede descartar ningún escenario extremo».

Cuando las personas te cuentan sus planes, te sugiero que escuches lo que te dicen. No puedo presumir de la más mínima buena voluntad cuando Schwab escribe que «ya no se puede descartar nin-

11. Ibíd., p. 105.

gún escenario extremo». Es como contratar a un empleado que te dice que lo han despedido de sus trabajos anteriores porque todos sus jefes eran unos idiotas, o empezar a salir con una mujer que te dice que nunca ha logrado ser monógama. Cuando llegue el final, no deberías sorprenderte tanto.

Sin embargo, como una rana que se hierve lentamente hasta morir en una olla con agua a fuego lento, es posible que no te des cuenta del calor creciente de la tiranía global hasta que sea demasiado tarde. Por eso, es probable que necesites que Schwab te lo ponga todo en perspectiva:

> La gobernanza global se define comúnmente como el proceso de cooperación entre actores transnacionales destinado a dar respuestas a los problemas globales (aquellos que afectan a más de un Estado o región). Abarca la totalidad de instituciones, políticas, normas, procedimientos e iniciativas mediante las cuales los Estados nacionales intentan dar más previsibilidad y estabilidad a sus respuestas a los desafíos transnacionales. Esta definición deja en claro que cualquier esfuerzo global sobre cualquier tema o preocupación global está destinado a ser ineficaz sin la cooperación de los Gobiernos nacionales y su capacidad para actuar y legislar en pos de sus objetivos.[12]

Soy escéptico, pero no veo que Schwab ponga límites a lo que los Gobiernos pueden hacer con sus ciudadanos, ni a la presión que deben ejercer sobre la gente común las «instituciones, políticas, normas, procedimientos e iniciativas». Sus planes suenan como un contrato de las grandes tecnológicas que se acepta o se rechaza cuando se quiere un nuevo teléfono, un ordenador o una aplicación.

El mejor escenario si los desafías es que podrías terminar sin conexión a Internet, sin teléfono, sin cuenta bancaria o sin trabajo.

La historia nos enseña cuál es el peor escenario para quienes desafían el control autoritario: terminan en la cárcel, brutalmente torturados y, a menudo, muertos.

12. Ibíd., p. 115.

A continuación, os mostraré con exactitud cómo Klaus Schwab y sus compinches están implantando un sistema así.

Quieren hacerte creer que es por tu propio bien, o por el de los niños, o para salvar a las tortugas marinas.

Ellos saben más que tú porque son inteligentes.

* * *

¿Y a quién eligió Schwab para elogiar en la crisis de la COVID-19? No a los disidentes científicos, como los que firmaron la Declaración de Great Barrington, que nunca habrían enviado a los ancianos con el virus de vuelta a las residencias; los mismos disidentes que habrían tomado la decisión de permitir el uso de medicamentos como la hidroxicloroquina y la ivermectina, dada su historia de décadas de uso seguro, probablemente salvando las vidas de cientos de miles de personas en Estados Unidos y millones en todo el mundo.

No. Eso no pasó.

Klaus Schwab consideró oportuno elogiar a los chinos. Sí, los mismos comunistas chinos que con toda probabilidad crearon el virus y luego permitieron su propagación al bloquear los viajes internos desde Wuhan, al tiempo que permitían su propagación al resto del mundo. Los mismos comunistas chinos cuya apertura al mundo fue liderada por los globalistas Henry Kissinger y Zbigniew Brzezinski. Kissinger y Brzezinski consideraron oportuno enseñar a los chinos cómo establecer una economía dirigida por científicos, ingenieros y gerentes, al mismo tiempo que privaban a sus ciudadanos de cualquier libertad política. Los ciudadanos chinos podían tener una barriga gorda y un coche caro, pero más les valía tener la cabeza vacía cuando se trataba de criticar a sus líderes.

Del libro de Schwab *COVID- 19: El Gran Reinicio:*

> Todo esto llevó a Kishore Mahbubani, un influyente analista de la rivalidad entre Estados Unidos y China, a afirmar que la COVID-19 ha invertido los papeles de ambos países en lo que respecta a la gestión de los desastres y el apoyo a los demás. Si bien en el pasado

> Estados Unidos siempre fue el primero en llegar con ayuda allí donde se necesitaba asistencia (como el 26 de diciembre de 2004, cuando un gran tsunami azotó Indonesia), ese papel ahora le corresponde a China, afirma. En marzo de 2020, China envió a Italia 31 toneladas de equipos médicos (respiradores, mascarillas y trajes de protección) que la UE no pudo proporcionar... Mahbubani dice que son sus decisiones [de China y Estados Unidos] las que determinarán quién ganará la contienda de la rivalidad y que se basarán en «el frío cálculo de la razón para elaborar análisis de costo-beneficio de lo que tanto Estados Unidos como China tienen para ofrecerles».[13]

¿Suena como si Schwab estuviera enamorado de China? A mí me parece que sí. Como ya han dicho otros, los globalistas aman a China. Les ha permitido poner en práctica sus ideas a gran escala sin tener en cuenta los derechos humanos. Al igual que nuestros Padres Fundadores, creo que nuestros derechos son una herencia de Dios, que nos ama por encima de todas las cosas, y el intento de crear una sociedad carente de tales derechos me parece verdaderamente del diablo. Ojalá no tuviera que recurrir a un lenguaje tan extremo. Pero si no lo hiciera, te estaría mintiendo. Te digo lo que pienso. No somos sólo lo físico.

Todos nosotros tenemos que responder por nuestras acciones en este mundo. Somos espíritu, y el intento de negar esa realidad es el camino al sufrimiento y al infierno. Mirad la historia y decidme que estoy equivocado. Los fascistas de Italia, los nazis de Alemania y los comunistas de la Unión Soviética trataron de restringir los derechos de las personas y colocaron al Gobierno como su dios.

Cuando los ideólogos toman el poder y te dicen que deben hacer cosas terribles «de manera temporal», las atrocidades se acumulan.

Es tan predecible como la ley de la gravedad.

Como lo expresó Schwab en su comentario sobre cómo la pandemia, en la que millones de personas murieron de un modo inne-

---

13. Ibíd., p. 123.

cesario en todo el mundo, debería ser vista como una oportunidad por quienes se preocupan por el cambio climático:

> Algunos dirigentes y tomadores de decisiones que ya estaban en primera línea de la lucha contra el cambio climático tal vez quieran aprovechar el impacto producido por la pandemia para infligir cambios ambientales más amplios y duraderos. En efecto, harán un «buen uso» de la pandemia al no permitir que la crisis se desperdicie. [Una famosa declaración atribuida al alcalde de Chicago y jefe de Gabinete de Obama, Rahm Emanuel]. La exhortación de diferentes dirigentes, desde el príncipe de Gales hasta Andrew Cuomo, a «reconstruir mejor» va en esa dirección.[14]

Como ya he dicho antes, la respuesta a cualquier pregunta que tengan estos globalistas parece ser más globalismo. ¿Hay una pandemia? ¿Qué tal si la gestionan mal y luego afirman que necesitan un Gobierno más poderoso para la próxima? Esta gente es realmente desvergonzada.

Es probable que Schwab tampoco se diera cuenta de que el gobernador de Nueva York, Andrew Cuomo, renunciaría avergonzado el 24 de agosto de 2021, bajo una nube de acusaciones de agresión sexual, posiblemente echando por tierra cualquier posibilidad que tuviera de convertirse en presidente de Estados Unidos en 2024 o 2028. Tal vez Schwab esté apostando a que el príncipe Carlos se convierta en rey de Inglaterra, donde probablemente será el rey menos popular en la historia inglesa.

A veces me pregunto si Klaus Schwab se enfada porque no puede encontrar buenos secuaces. Ése es el problema universal de la mayoría de los villanos a lo largo de la historia. Parece que la idiotez es sólo parte del sistema operativo típico del globalista promedio.

Pero no hay de qué preocuparse. Como a cualquier buen supervillano, a los globalistas no les gusta darles vueltas a los fracasos pasados, sino que siempre esperan con ansias la próxima arma maravi-

14. Ibíd., p. 145.

llosa, como un láser que haga estallar la Luna o, en el mundo real, la vigilancia digital, para finalmente lograr ese control tan deseado sobre la humanidad:

> Ahora que las tecnologías de la información y la comunicación permean casi todos los aspectos de nuestra vida y formas de participación social, cualquier experiencia digital que tengamos puede convertirse en un «producto» diseñado para monitorear y anticipar nuestro comportamiento. El riesgo de distopía surge de esta observación [...]. En el ámbito académico, encuentra su expresión en la investigación realizada por académicos como Shoshana Zuboff. Su libro *La era del capitalismo de la vigilancia* advierte sobre la reinvención de los clientes como fuentes de datos, con el «capitalismo de la vigilancia» transformando nuestra economía, política, sociedad y nuestras propias vidas al producir asimetrías profundamente antidemocráticas del conocimiento y el poder que se acumula con el conocimiento.[15]

En términos sencillos, eso significa que cuando el Gobierno lo sabe todo sobre ti, estás a su merced. Eso se llama «asimetría del conocimiento». En un mundo mejor, tú sabes todo sobre el Gobierno, pero él sabe poco sobre ti. A Klaus Schwab no le gusta ese mundo y lo deja en claro. Probablemente no sea una sorpresa que Schwab haya recurrido a su académico globalista favorito, Yuval Noah Harari, para justificar esta nueva herramienta. Cita de manera extensa el argumento de Harari:

> La tecnología de vigilancia se está desarrollando a una velocidad vertiginosa, y lo que hace diez años parecía ciencia ficción hoy es cosa del pasado. Como experimento mental, pensemos en un gobierno hipotético que exige que todos los ciudadanos lleven una pulsera biométrica que controle la temperatura corporal y el ritmo cardíaco las 24 horas del día. Los datos resultantes son almacenados

15. Ibíd., p. 167.

> y analizados por algoritmos gubernamentales. Los algoritmos sabrán que estás enfermo incluso antes de que tú lo sepas, y también sabrán dónde has estado y con quién te has reunido. Las cadenas de infección podrían acortarse de manera drástica, e incluso cortarse por completo.[16]

Para ser justos con el artículo de Harari de marzo de 2020, él continúa detallando el peligro de un sistema de este tipo en manos de un Gobierno que también podría monitorizar tu entusiasmo en un mitin político o mientras miras ciertos programas, pero la discusión no parece ir más allá.

A modo de observación, debo señalar un patrón que he notado en el trabajo de Schwab: parece reconocer los argumentos de la otra parte, pero nunca los aborda realmente. Me parece muy parecido a ese jefe que pretende reconocer las quejas de sus empleados, pero nunca lucha contra la alta dirección por sus decisiones.

En el caso de Schwab, sin embargo, él sólo se hace pasar por el gerente. En realidad, su objetivo es ser el jefe.

Él quiere ser quien se queje porque te han despedido, pero en realidad es él quien tomó la decisión.

* * *

Otro ejemplo de cómo Schwab y sus aliados globalistas intentan enfrentar a ambos bandos entre sí aparece en la siguiente sección sobre los Gobiernos y las empresas. En esta sección, intenta sonar como un conservador:

> Por todas las razones que se explicaron en el primer capítulo, la COVID-19 ha reescrito muchas de las reglas del juego entre los sectores público y privado. En la era pospandémica, las empresas

16. Yuval Noah Harari, «The World After Coronavirus», 20 de marzo de 2020, *Financial Times*, www.ft.com/content/19d90308-6858-11ea-a3c9-1fe6fedcca75

> estarán sujetas a una interferencia gubernamental mucho mayor que en el pasado. La mayor intrusión benévola (o no) de los Gobiernos en la vida de las empresas y en la gestión de sus negocios dependerá de cada país y de cada sector, por lo que adoptará muchas formas diferentes.[17]

Puede que esto parezca la primera frase de un orador conservador, pero no lo es. Es la táctica inicial de un fascista. Es cierto que Schwab quiere utilizar al Gobierno durante un tiempo para lograr sus objetivos, pero luego lo tirará por la borda cuando sus amigos corporativos puedan implementar plenamente sus planes.

Y justo en ese momento, Schwab presenta su nueva idea: el capitalismo de las partes interesadas. Parecerá que quiere ser más democrático, pero no es así. Es sólo un truco para que sus amigos tengan más poder:

> La pandemia se produjo en un momento en el que muchas cuestiones diferentes, desde el activismo en materia de cambio climático y las crecientes desigualdades hasta la diversidad de género y los escándalos del movimiento #MeToo, ya habían empezado a generar conciencia y a acentuar la importancia del capitalismo de las partes interesadas y las consideraciones ambientales, sociales y de gobernanza (ESG, por sus siglas en inglés) en el mundo interdependiente de hoy. Ya sea que se apoye abiertamente o no, nadie puede negar que el propósito fundamental de las empresas ya no puede ser simplemente la búsqueda desenfrenada de beneficios económicos; ahora les corresponde servir a todas sus partes interesadas, no sólo a quienes poseen acciones.[18]

¿Recuerdas cuando he dicho que los globalistas utilizarán cualquier tema para promover sus planes? Están la COVID-19, el cam-

---

17. Klaus Schwab y Terry Mallert, *COVID-19: El Gran Reinicio,* Forum Publishing, World Economic Forum, 2020.
18. Ibíd., p. 186.

bio climático, la desigualdad, la diversidad de género y ahora el movimiento #MeToo, todo parte del plan globalista para crear el máximo caos y miedo, para poder implementar mejor su agenda autoritaria.

La cuestión realmente no importa porque la respuesta es siempre la misma: globalismo.

En el mundo de los globalistas, el patrón es siempre el mismo: el poder del grupo, inevitablemente liderado por Schwab y sus compinches, debe anular al individuo. Esto es de una sección del libro de Schwab sobre la COVID-19 acerca de la necesidad de que todos experimentemos un reinicio individual:

> Los psicólogos nos dicen que el cierre cognitivo a menudo exige pensar en blanco y negro y en soluciones simplistas, un terreno propicio para los teóricos de la conspiración y la propagación de rumores, noticias falsas, falsedades y otras ideas perniciosas. En un contexto así, buscamos liderazgo, autoridad y claridad, lo que significa que la cuestión de en quién confiar (dentro de nuestra comunidad inmediata y entre nuestros líderes) se vuelve crítica. En consecuencia, también lo es la cuestión contraria de en quién desconfiamos.[19]

A pesar de toda su supuesta brillantez, es sorprendente lo poco que parecen querer estos globalistas participar en cualquier tipo de debate intelectual. Simplemente quieren impedir que se produzca cualquier debate. La única cuestión parece ser quién tiene la autoridad para hablar. Después de eso, se supone que debemos creer las palabras que salen de su boca como si estuviéramos escuchando la voz de Dios.

Cuando se inicia una relación con un maltratador doméstico, el comportamiento puede ser muy diferente al de cuando la relación ya está muy avanzada. Las personas no se implican en relaciones abusivas porque quieran que les hagan daño, sino porque están

19. Ibíd., p. 215.

convencidas. La nueva persona es encantadora, atenta, apasionada, detalles que pueden haber parecido faltantes en la vida de la otra persona.

Pero una vez que la relación se establece, una vez que hay algún tipo de compromiso, el abuso puede comenzar. Los actos abusivos no serán vistos como algo común, sino como una anomalía.

«Oh, eso pasó porque no había dormido mucho la noche anterior».

O «Esa pelea no habría sucedido si ese otro tipo no me hubiera estado mirando».

Sin embargo, las acciones te dicen la verdad. Schwab intenta persuadirte y espera que te unas a él:

> La profunda crisis provocada por la pandemia nos ha dado muchas oportunidades para reflexionar sobre cómo funcionan nuestras economías y sociedades y las formas en que no lo hacen. El veredicto parece claro: necesitamos cambiar; debemos cambiar. Pero ¿podemos hacerlo? ¿Aprenderemos de los errores del pasado? ¿Abrirá la pandemia la puerta a un futuro mejor? ¿Pondremos orden en nuestra casa global? En pocas palabras, ¿pondremos en marcha el Gran Reinicio?[20]

¿Qué nos está dando Schwab, aparte de una llamada a la acción sin sustancia detrás? Suena cálido y acogedor, y sin embargo es exasperantemente vago. Al menos, cuando los predicadores de la televisión te sueltan ese discurso, con mucha amabilidad te dan un número de teléfono al que llamar para que puedas comprometer tu dinero.

Pero hay que tener en cuenta cómo piensa Schwab llegar a ese buen lugar. No quiero que olvidemos ni un segundo la frase en la que escribió: «ya no se puede descartar ningún escenario extremo».

Con esa cita fresca en tu mente, quiero que consideres el siguiente pasaje de la conclusión de *COVID-19: El Gran Reinicio:*

---

20. Ibíd., p. 244.

> El requisito indispensable para un reinicio adecuado es una mayor colaboración y cooperación dentro de los países y entre ellos. La cooperación –una «capacidad cognitiva supremamente humana» que puso a nuestra especie en su trayectoria única y extraordinaria– puede resumirse como una «intencionalidad compartida» de actuar juntos en pos de un objetivo común. Sencillamente, no podemos progresar sin ella.[21]

Cuando leo ese pasaje, me invade el miedo. Ésta es la clave. Quieren tu cooperación, igual que el vampiro de la leyenda necesita una invitación para cruzar el umbral de una casa. Los globalistas quieren que los invites a tu vida.

Los globalistas siguen centrándose en las palabras «colaboración y cooperación» porque no quieren que pensemos en quienes plantean preguntas, los disidentes. A los globalistas no les gustan los individuos ni los logros individuales porque les impiden tomar el control tras una fachada de «toda la gente quiere este resultado». Basta con recordar nuestros años de secundaria y lo que los adultos nos decían sobre evitar la presión de los compañeros para participar en actividades que podrían ser perjudiciales para nosotros o para los demás, como participar en carreras de coche a 200 kilómetros por hora.

Seguro que has sucumbido a la presión del grupo en varias ocasiones, pero tu yo más sabio y mayor se pregunta: «¿Cómo diablos sobreviví hasta la edad adulta?». Probablemente por eso los niños más rebeldes se convierten en los padres más estrictos, porque saben lo fácil que es hacer cosas estúpidas. Esto es lo que escribió Schwab en la última página de su libro sobre la COVID-19, para asegurarse de que, si no estás de acuerdo con él, te des cuenta de que no eres uno de los chicos populares de la escuela:

> Esas expresiones de esperanza individual están respaldadas por una multitud de encuestas que concluyen que deseamos colectivamente

21. Ibíd., p. 248.

> un cambio. Van desde una encuesta en el Reino Unido que muestra que una mayoría de las personas quieren alterar de manera fundamental la economía a medida que se recupera, en contraste con una cuarta parte que desea que vuelva a ser como era, hasta encuestas internacionales que concluyen que una gran mayoría de los ciudadanos de todo el mundo quieren que la recuperación económica tras el coronavirus dé prioridad al cambio climático y apoye una recuperación verde. En todo el mundo proliferan los movimientos que exigen un «futuro mejor» y piden un cambio hacia un sistema económico que priorice nuestro bienestar colectivo por encima del mero crecimiento del PIB.[22]

¿Lo entiendes? Todo el mundo exige un mundo mejor. Ponte en marcha. No quieres quedarte atrás. Puede que te obliguen a comerte el almuerzo solo en la cafetería de la escuela secundaria.

Pero ya sabes que eso nunca es así cuando los sabelotodos intentan dirigir una escuela. Eso es porque están los drogadictos, los fanáticos de los coches y los deportistas, y no pueden soportar a los aduladores, al consejo estudiantil, a los chicos perfectos que lloran si no obtienen el ciento por ciento en todos los exámenes. Por eso los globalistas persiguen a la gente disruptiva, como Dave Chapelle, Ricky Gervais o Elon Musk. No pueden soportar que nadie se burle de ellos.

Si eso sucede, Klaus Schwab y sus matones, bajo el lema de «ya no se puede descartar ningún escenario extremo», probablemente te llevarán detrás del gimnasio y te golpearán brutalmente, o algo peor.

* * *

¿Pensabas que el alivio de la crisis de la COVID-19 disminuiría los planes maníacos de los globalistas?

El Foro Económico Mundial de Davos se canceló en 2021 y se celebró de manera virtual en enero de 2022, pero en mayo de 2022

22. Ibíd., p. 250.

decidieron que era seguro volver a reunirse en persona. Así lo retrataron los medios:

> El FEM 2022 se reunirá en primavera en lugar de enero, cuando tradicionalmente se celebra, por primera vez, después de haber sido pospuesto en múltiples ocasiones por la COVID-19.
>
> Además de la novedad que supone el cambio de estación, el FEM se reúne en un momento crucial.
>
> En sus 50 años de historia, el FEM nunca se ha enfrentado a problemas globales tan sin precedentes como a los que se enfrenta ahora en 2022, mientras el mundo se recupera de una pandemia global, lucha por contener el impacto devastador de la crisis climática y navega por una tormenta geopolítica tras la invasión de Ucrania.[23]

Para los globalistas, siempre faltan cinco segundos para la medianoche en el reloj del fin del mundo, y son los únicos que pueden salvarnos. Si te preguntas qué podría ocurrir en una reunión típica del Foro Económico Mundial en Davos, veamos lo que sucedió en 2022.

El 18 de mayo, Klaus Schwab dio una charla a periodistas interesados en saber qué habría en la agenda de los globalistas:

> «En un mundo cada vez más fragmentado, más dividido y donde muchas de las organizaciones multilaterales tradicionales tienden a volverse disfuncionales o al menos desconfiadas, una plataforma global basada en una cooperación informal, basada en la confianza y orientada a la acción será cada vez más relevante, más importante que antes», declaró Schwab.

23. David Walsh, «Davos 2022: What to Expect from the World Economic Forum's Most Consequential Meeting in 50 Years», 23 de mayo de 2022, *Euronews*, www.euronews.com/next/2022/05/22/davos-2022-what-to-expect-from-the-world-economic-forum-s-most-consequential-meeting-in-50

> Más de cincuenta jefes de Estado y de Gobierno asistirán a la reunión la próxima semana, entre ellos el secretario general de la OTAN, Jens Stoltenberg, el canciller alemán Olaf Schloz y Ursula von der Leyen, presidenta de la Comisión Europea, enumera el FEM.[24]

Puede que Schwab haya querido presentar una imagen cálida y acogedora ante el resto del mundo, pero no perdió tiempo en dejarle saber a la gente que, si no se comportaban, estaba dispuesto a usar un puño de hierro.

Schwab advirtió que cualquiera que intente trivializar el evento o secuestrar sus mensajes clave, incluido el a menudo mencionado Gran Reinicio, será tratado con desprecio.

Las voces contrarias simplemente no serán toleradas.

«El ambiente en el que se desarrollará Davos será acogedor, pero también de la máxima seriedad –confió–. Por lo tanto, no hay lugar para los grupos marginales frívolos que buscan distraer y desviar la atención. Y los condeno de todo corazón, en particular a aquellos que no tienen nada que ver con el Foro Económico Mundial, la comunidad, y simplemente vienen a Davos a secuestrar nuestra marca».[25]

Es un poco desalentador darse cuenta de que más de cincuenta jefes de Estado, así como muchos otros altos funcionarios gubernamentales y altos cargos de la industria, asistieron a un evento tan hostil a la libertad de expresión.

Pero Davos 2022 no iba a limitar su desaprobación de la libertad de expresión a los comentarios de su valiente líder. Muchos de los participantes parecían ansiosos por seguir la agenda antilibertad de expresión de Schwab, como la comisionada de seguridad electrónica de Australia, Julie Inman Grant:

---

24. Simon Kent, «Eve of Destruction: Klaus Schwab Pledges the World Can Find Salvation at Davos 2022», 19 de mayo de 2022, *Breitbart*, www.breitbart.com/politics/2022/05/19/eve-of-destruction-klaus-schwab-pledges-the-world-can-find-salvation-at-davos-2022/

25. Ibíd.

El lunes, al hablar ante el panel del FEM, la comisionada Julie Inman Grant habló de la necesidad de repensar varios derechos, incluido el derecho a la libertad de expresión.

«Nos encontramos en un lugar donde tenemos una creciente polarización, y todo parece binario, cuando no es necesario que sea así», dijo Inman Grant.

«Por eso creo que vamos a tener que pensar en recalibrar toda una gama de derechos humanos que se están jugando en línea, desde la libertad de expresión hasta estar libre de violencia en línea», agregó.[26]

El actual Gobierno australiano parece estar comprometido con una «recalibración» de la libertad de expresión. Se trata de una idea aterradora, ya que sabemos que significa que intentarán prohibir o limitar cualquier expresión que afecte a su poder político. No cabe duda de que eso es exactamente lo que están buscando.

Si uno se pregunta si éste es el plan real, sólo hay que considerar lo que le ocurrió al periodista Jack Posobiec, uno de los críticos con Davos más eficaces y populares:

Oficiales suizos fuertemente armados, en apariencia pertenecientes a la fuerza policial Ordnungsdienst, supuestamente «cachearon» y detuvieron al presentador de *Human Events Daily* y colaborador de *Turning Point USA*, Jack Posobiec, el lunes por la tarde.

Los oficiales, que también le dijeron a la periodista independiente Savannah Hernández que no los filmara, afirmaron que tienen derecho a no ser filmados en Suiza, a pesar de que no parece haber una ley federal que prohíba a las personas filmar a la policía.[27]

---

26. Joshua Klein, «Australia's eSafety Commissioner Calls for "Recalibration" of Human Rights, Free Speech», 24 de mayo de 2022, *Breitbart*, www.breitbart.com/politics/2022/05/24/world-economic-forum-australias-esafety-commissioner-calls-for-recalibration-of-human-rights-free-speech/amp/
27. Kurt Zindulka, «"Watch: World Economic Forum Police" Detain American Conservative Journalist Jack Posobiec at Davos», 24 de mayo de 2022, *Breitbart*, www.breitbart.com/europe/2022/05/24/watch-world-economic-forum- police-detain-american-conservative-journalist-jack-posobiec/amp/

Esto es típico de los globalistas, que no parecen permitir que un detalle tan insignificante como la falta de una ley les impida ejercer su voluntad. Aparentemente, ellos existen por encima de cualquier ley nacional.

Si se desea una opinión más autorizada, basta con esperar a la charla de Susan Wojciki, la directora ejecutiva de YouTube (ahora propiedad de Google). El artículo de la revista *Fortune* comienza con esto:

> Es un momento precario para los directores ejecutivos de empresas tecnológicas cuyas compañías tienen que hacer malabarismos con la desinformación, la libertad de expresión y las exigencias de los empleados para que adopten una postura sobre cuestiones globales y nacionales. Para la directora ejecutiva de YouTube, Susan Wojciki, esas responsabilidades se suman a sus esfuerzos por hacer crecer la empresa ante nuevos competidores que compiten por el tiempo en pantalla, la guerra en Ucrania y una crisis económica que muchos predicen que se convertirá en una recesión.[28]

Pobre Susan Wojciki. Puede resultar muy difícil ser el «amo del universo» cuando los campesinos no aprecian lo que uno hace.

Wojciki intenta explicar amablemente su pensamiento a la multitud en Davos y a los bárbaros más allá de las puertas:

> «Hay varias formas distintas de abordar este tema –afirmó–. La primera sería desde el punto de vista de las políticas. Analizaríamos el contenido que consideráramos que viola nuestras políticas».
>
> Si analizamos la COVID, sugirió, YouTube ideó diez políticas diferentes que la plataforma dijo que se considerarían infringidas, como decir que la COVID provino de algo distinto a un virus. Wojciki dijo que YouTube vio a personas atacando equipos 5G por-

28. Dan Reilly, «YouTube CEO Susan Wojciki Weighs in on Misinformation at Davos», 24 de mayo de 2022, *Fortune*, www. fortune.com/2022/05/24/ youtube-ceo-susan-wojcicki-world-economic-forum-davos/

que pensaban que estaban causando COVID. Ése sería un ejemplo de contenido que se eliminaría.

El segundo punto de vista, continuó, sería el de buscar información fidedigna y contrastada. «Si se trata de un tema delicado como las noticias, la salud o la ciencia, nos aseguraremos de que lo que recomendamos provenga de un editor de confianza, reconocido y fiable».[29]

Es verdaderamente notable que, en esta época en la que tenemos la población más educada de nuestra historia, estas grandes empresas tecnológicas crean que deben recurrir a semejante censura. La vieja idea de que las buenas ideas triunfan sobre las malas en el mercado del pensamiento ha sido reemplazada por una desconfianza en el debate serio. La nueva respuesta parece ser «confiar en los expertos», aunque sean ellos los que podrían haber causado el problema o los que se están beneficiando de la crisis.

Además de destruir la práctica centenaria de la libertad de expresión y dar poder a los dictadores para controlar la información, en Davos se introdujeron varias innovaciones, como su propio rastreador de huella de carbono personal, presentado por los iluminados amos comunistas de China:

> En su intervención en la ponencia «Perspectivas estratégicas: consumo responsable» del Foro Económico Mundial en Davos, el presidente del Grupo Alibaba, J. Michael Evans, afirmó que su empresa introducirá más sistemas de vigilancia en China para marcar el comienzo de un futuro más ecológico. «Estamos desarrollando mediante la tecnología la capacidad de los consumidores para medir su propia huella de carbono [...], dónde viajan, cómo viajan, qué comen, qué consumen en la plataforma», afirmó Evans[...].
>
> Evans no reveló si los datos se compartirían con el Gobierno, sin embargo, como todas las corporaciones chinas, Alibaba está

29. Ibíd.

obligada por ley a proporcionar datos al PCCh, como se informó que fue presionada para hacerlo en enero del año pasado.[30]

Imagínatelo. China tiene otra manera de vigilar a sus ciudadanos. Como ya hemos comentado, China ha sido el laboratorio experimental de los globalistas durante décadas. ¿Cuánto tiempo pasará antes de que los demócratas de Estados Unidos exijan que todos tengamos esos rastreadores? Imagino que no mucho. Tal vez dos o tres años.

Pero, aunque quizá te interese el ataque a la libertad de expresión o la vigilancia de tu huella de carbono, es posible que te preguntes: «¿Qué estará haciendo George Soros en estos días?». Bueno, aunque tiene noventa y un años, decidió presentarse en el Foro Económico Mundial de Davos en 2022 para dar su opinión:

> El multimillonario George Soros advirtió que la invasión rusa de Ucrania ha sacudido a Europa y podría ser el comienzo de otra guerra mundial.
>
> «Otros asuntos que conciernen a toda la humanidad (la lucha contra las pandemias y el cambio climático, evitar la guerra nuclear, mantener las instituciones globales) han tenido que quedar en segundo plano ante esa lucha», dijo Soros, de 91 años, el martes en el Foro Económico Mundial en Davos, Suiza. «Por eso digo que nuestra civilización podría no sobrevivir».[31]

¿No es bueno saber que si tú o yo decimos con solemnidad «La civilización puede no sobreviva», los medios nos atacarán por llamar a nuestros oyentes a organizar una insurrección? Pero si tú eres

---

30. Kurt Zindulka, «Green Social Credit: "Individual Carbon Footprint Tracker" Pushed by China's Alibaba at World Economic Forum», 24 de mayo de 2022, *Breitbart*, www.breitbart.com/europe/2022/05/24/wef-individual-carbon-footprint-tracker-pushed-by-chinas-alibaba-at-davos/amp/
31. Brian Chappata, «Soros Warns "Civilization May Not Survive" Putin's War», 24 de mayo de 2022, *Bloomberg*, www.bloomberg.com/news/articles/2022-05-24/george-soros-warns-civilization-may-not-survive-putin-s-war

George Soros y tienes miles de millones de dólares, cuando dices exactamente lo mismo se te trata como a un sabio.

Sin embargo, las predicciones de Soros suelen ser tan erróneas que uno podría verse tentado a apostar en contra de todo lo que dice. En 2020, esto fue lo que advirtió Soros:

> Soros ya ha utilizado el escenario del Foro Económico Mundial para lanzar duras críticas. En la última reunión, en enero de 2020, sugirió sin pruebas que Facebook Inc. podría estar conspirando para ayudar a reelegir a Donald Trump, quien perdió la presidencia de Estados Unidos ese mismo año.[32]

Si eso es de lo que se quejaba Soros en 2020, es probable que crea que la civilización tiene un futuro muy brillante. Escucho a Soros y lo traduzco de inmediato como lo contrario.

¿Y qué reunión globalista no estaría completa sin Bill Gates hablando sobre las vacunas?

> Una asociación entre la farmacéutica estadounidense Pfizer y la Fundación Bill y Melinda Gates para acelerar el desarrollo de vacunas para prevenir enfermedades que causan mortalidad neonatal también impulsaría los esfuerzos para crear una vacuna de alta tecnología contra la malaria, dijo Bill Gates en el Foro Económico Mundial en Davos el miércoles.
>
> Pfizer y la fundación también trabajarán con Ruanda, Malawi y otros países africanos para aumentar el acceso a todos los medicamentos y vacunas de la compañía para sus poblaciones.
>
> «Tenemos el sueño de vencer a la malaria y hablaremos con las grandes compañías de ARNm, incluida Pfizer, sobre esto [...], podríamos usar esa plataforma de ARNm para crear una vacuna realmente poderosa contra la malaria», dijo el señor Gates.[33]

---

32. Ibíd.
33. Mustafa Alrawi, «Davos 2022: Bill Gates says Pfizer Partnership Will Support Malaria mRNA Vaccine "Dream"», 25 de mayo de 2022, *The National News*,

Sí, a Bill Gates le encantan las vacunas y es un participante entusiasta del Foro Económico Mundial, donde puede codearse con otras personas ricas y poderosas del mundo.

Sería mucho más fácil no llamar a Klaus Schwab y a sus amigos de todo el mundo una camarilla globalista malvada que intenta cambiar a la humanidad si dejaran de actuar como tal. Pero parece que no pueden evitar decirle a la gente exactamente lo que son. Así se informó sobre el discurso de apertura de Schwab en el Foro Económico Mundial el 23 de mayo de 2022:

> A juzgar por los testimonios entregados el primer día en la famosa estación de esquí suiza, Schwab considera que su organización está a la vanguardia en la tarea de dar forma al mundo del mañana.
>
> Lamentablemente, no se ha consultado ni invitado a nadie ajeno al evento a unirse a las 2500 personas trasladadas desde todas partes del mundo para estar presentes.
>
> Schwab se apresuró a elogiar a los que se reunieron ante él en su discurso de bienvenida.
>
> «El futuro no es algo que ocurre por sí solo. El futuro lo construimos nosotros, una comunidad poderosa como la que está aquí presente. Tenemos los medios para mejorar el estado del mundo».[34]

Éste es el juego al que juegan Klaus Schwab y sus compinches. No quieren que critiques sus métodos, pero luego van por ahí alardeando de sus planes para cambiar el mundo y de su fuerza.

Pero recordad lo que dicen de quienes se interponen en su camino: «ya no se puede descartar ningún escenario extremo».

Es hora de que finalmente veamos a los globalistas tal como son y lo que quieren hacer, detrás de todas sus cortinas de humo y espejos.

---

www.thenationalnews.com/business/2022/05/25/davos-2022-bill-gates-says-pfizer-partnership-will-support-malaria-mrna-vaccine-dream/

34. Simon Kent, «Watch – Klaus Schwab Lauds Davos Elites: "The Future is Built by Us"», 24 de mayo de 2022, *Breitbart*, www.breitbart.com/europe/2022/05/24/watch-klaus-schwab-lauds-davos-elites-the-future-is-built-by-us/

CAPÍTULO 5

Yuval Noah Harari: un Robocop para el Imperio

No cabe duda de que a Klaus Schwab le encanta citar al académico y escritor israelí Yuval Noah Harari. El doctor Patrick Wood me dijo que debería considerar a Harari «el cerebro de Klaus Schwab»[1] y muchos afirman que es el principal asesor de Schwab.[2]

Harari es más conocido por sus *best-sellers,* de los que se han vendido millones de ejemplares y que parecen encontrar gran aceptación entre las personas más poderosas del mundo. En la portada de la versión de bolsillo de su libro *Sapiens* aparece un aval de Bill Gates que dice: «Recomendaría *Sapiens* a cualquiera que esté interesado en la historia y el futuro de nuestra especie».

Gates también brindó su amable respaldo a *21 lecciones para el siglo XXI,* al escribir: «Ofrece un marco útil para procesar las noticias y pensar en los desafíos a los que nos enfrentamos».

Así se describe a Harari en su página para el Foro Económico Mundial de Klaus Schwab:

---

1. Entrevista telefónica a Patrick Wood, 4 de mayo de 2022.
2. Leo Hohmann, «Who Influencesthe Influencers? Meet Klaus Schwab's Top Adviser», 15 de marzo de 2022, www.leohohmann.com/2022/03/15/who-influences-the-influencers-meet-klaus-schwabs-chief-adviser/

> Historiador, filósofo y autor de los *best-sellers Sapiens. De animales a dioses: Una breve historia de la humanidad*, *Homo Deus: Breve historia del mañana* y *21 lecciones para el siglo XXI*. Cofundador de Sapienship, una organización multidisciplinaria que aboga por la responsabilidad global cuya misión es aclarar la conversación pública, apoyar la búsqueda de soluciones y centrar la atención en los desafíos más importantes que enfrenta el mundo hoy (disrupción tecnológica, colapso ecológico y la amenaza nuclear). 2002, PhD, Universidad de Oxford, profesor del Departamento de Historia, Universidad Hebrea de Jerusalén. Se han vendido más de 20 millones de copias de sus libros en todo el mundo. La investigación se centra en cuestiones macrohistóricas como: ¿cuál es la relación entre la historia y la biología?; ¿cuál es la diferencia esencial entre el *Homo sapiens* y otros animales?; ¿hay justicia en la historia?[3]

No cabe duda de que Harari es inteligente, pero ¿qué hay de su criterio? ¿Es sabio en su manera de abordar las cosas? Karl Marx era, sin duda, un hombre de gran inteligencia, y su crítica del capitalismo del siglo XIX todavía nos parece que contiene una gran verdad. Y, sin embargo, el comunismo ha sido responsable de un sufrimiento incalculable en todo el mundo.

Al igual que Marx, Harari busca rehacer la sociedad, y propone una reinterpretación única de la historia, que se ajuste mejor a sus objetivos. Se ha dicho que, si controlas el pasado, puedes controlar el futuro. La primera tarea que tiene ante sí Harari es convencerte de que tu comprensión del pasado es errónea, y una vez que te convenza de ello, será mucho más fácil llevarte hacia el futuro que desea.

Cuando a Schwab y a sus colegas globalistas les gusta hablar con la gente, no empiezan con sus planes. Les gusta arrullarte y hacerte sentir maravillado contándote un montón de cosas que tal vez no sepas. Y, dando crédito a quien lo merece, Harari es un coleccionista de primera clase de información oculta e interesante. Sin embar-

---

3. «Yuval Noah Harari», World Economic Forum. Acceso 25 de mayo de 2022, www.weforum.org/people/yuval-noah-harari

go, es su interpretación la que resulta problemática, y sospecho que incluso sus colegas historiadores probablemente estén horrorizados por su tendencia a las generalizaciones radicales.

En opinión de Harari, parecería que la mayor herramienta de que disponen los globalistas es la historia, la narrativa o la mitología que sustenta a una sociedad. En su libro *Sapiens,* aborda la cuestión de cómo colaboró la gente para construir las pirámides de Egipto. Escribe sobre los problemas que surgen cuando la tecnología permite que una población deje de ser cazadora-recolectora y viva en aldeas o ciudades:

> El mero hecho de que se pueda alimentar a mil personas en la misma ciudad o a un millón de personas en el mismo reino no garantiza que puedan ponerse de acuerdo sobre cómo dividir la tierra y el agua, cómo resolver disputas y conflictos y cómo actuar en tiempos de sequía o de guerra. Y si no se puede llegar a un acuerdo, las luchas se extienden, incluso si las despensas están abarrotadas. No fue la escasez de alimentos lo que causó la mayoría de las guerras y revoluciones de la historia. La Revolución Francesa fue encabezada por abogados adinerados, no por campesinos hambrientos. La República romana alcanzó el apogeo de su poder en el siglo I a. C., cuando las flotas repletas de tesoros de todo el Mediterráneo enriquecieron a los romanos más allá de los sueños más descabellados de sus antepasados. Sin embargo, fue en ese momento de máxima opulencia cuando el orden político romano se derrumbó en una serie de guerras civiles mortíferas.[4]

Para el lector típico (entre los que me incluyo), parece un párrafo fascinante y reflexivo. Harari plantea una posibilidad interesante: que las revoluciones suelen empezar en épocas de relativa prosperidad.

Esta idea merece una mayor exploración.

---

4. Yuval Noah Harari, *Sapiens: A Brief History of Humankind*, Vintage, Penguin, Random House, Londres, 2011, pp. 114-115. *(Sapiens. De animales a dioses: Breve historia de la humanidad).*

Pero en lugar de explorar las posibilidades, Harari quiere darte su respuesta y hacer que te la creas. De hecho, no parece un académico interesado en explorar posibilidades, sino un propagandista de un cierto punto de vista, que quiere convencerte de que te unas a su alegre banda:

> El problema que se esconde detrás de estas calamidades es que los seres humanos evolucionaron durante millones de años en pequeños grupos de unas pocas docenas de individuos. Los pocos milenios que separan la Revolución Agrícola de la aparición de las ciudades, los reinos y los imperios no fueron suficientes para permitir que se desarrollara un instinto de cooperación masiva.
>
> A pesar de la falta de estos instintos biológicos, durante la era de la recolección de alimentos, cientos de personas pudieron cooperar gracias a sus mitos compartidos. Sin embargo, esta cooperación fue débil y limitada.[5]

En mi opinión, aquí es donde Harari empieza a descarrilarse. O, si se quiere adoptar una visión menos caritativa, aquí es donde revela cómo quiere lavarnos el cerebro. ¿Cree Harari de verdad que la Revolución Francesa y la caída de la República romana se debieron a un fracaso de la cooperación de las masas y que si estas culturas hubieran tenido un mito compartido habrían sobrevivido a sus desafíos? Eso parece un enorme salto de lógica, que la mayoría de los historiadores tradicionales cuestionarían de manera enérgica. En este sentido, es interesante leer los elogios de la crítica a Harari y ver cuán pocos de sus respaldos provienen de historiadores académicos.

De hecho, parece provenir en su mayoría de las filas de la élite que podría encontrarse en una reunión del Foro Económico Mundial en Davos, Suiza.

* * *

5. Ibíd., p. 115.

Harari abre la puerta a la pregunta de cómo cooperaban las personas cuando eran miembros de una comunidad de cazadores-recolectores. Afirma que esto se debe a que tenían «mitos compartidos». ¿No consideró la posibilidad de que, si no cooperaban, probablemente perecerían? La típica comunidad de cazadores-recolectores a menudo vivía al borde de la supervivencia.

En este contexto, coincido con Harari en que en estas comunidades la toma de decisiones era probablemente «laxa y limitada». Supongamos simplemente que eso es verdad. Vuelvo a la parábola que dio inicio a este libro, la parábola de Thaag y Uther, el líder y el pensador.

Imaginemos que nuestro pequeño grupo vive en un poblado temporal durante la última Edad de Hielo, cuando se corre la voz de que se ha visto un tigre dientes de sable rondando por las afueras. Los informes dicen que el gato parece estar delgado y desnutrido.

Thaag quiere entrar en acción de inmediato y dice: «Debe de ser un gato viejo que no puede cazar para alimentarse con normalidad, y por eso se acerca a la aldea. Juntemos a algunos hombres y matémoslo».

Pero Uther tiene una idea diferente. «Puede ser una madre con sus cachorros. Tal vez esté delgada porque ha estado alimentando a sus crías. Si es una madre, necesitaremos más que unos pocos guerreros. Reunamos a un grupo para observar, luego podemos decidir qué debemos hacer».

Una vez más, el diálogo entre los líderes y los pensadores de la tribu da como resultado un plan mejor y más seguro. Se podría argumentar que la filosofía con la que se fundó Estados Unidos respeta la sabiduría de la cooperación «laxa y limitada» de una tribu típica de cazadores-recolectores. La mejor formulación que he oído sobre el concepto de Estados Unidos es que responde a la fórmula «la mayoría gobierna, pero las minorías tienen derechos». Hay ciertas tareas en las que es esencial tomar medidas, como la construcción de carreteras, los impuestos, la educación de los jóvenes o la existencia de un ejército (aunque hemos decidido que un ejército voluntario es preferible al reclutamiento obligatorio), pero en la mayoría de las cosas dejamos que la gente tome sus propias decisiones.

Harari acepta la idea de que fue una cooperación «laxa y limitada» la que permitió el éxito de las tribus de cazadores-recolectores, que se establecieron en aldeas, luego en ciudades, y fundaron naciones. El componente que falta en el análisis de Harari es que no parece considerar la posibilidad de que haya sido el ascenso de personas como él, aquellos que creen que saben más que otros, lo que ha causado tantos conflictos a medida que grupos de personas comenzaron a vivir en comunidades cada vez más grandes.

Harari sostiene que, a medida que los grupos de personas se fueron haciendo más grandes, lo único que los mantenía unidos era una especie de mito compartido. Seamos sinceros acerca de lo que Harari quiere decir cuando menciona la palabra «mito». En su opinión, «mitos» es simplemente otra palabra para «mentiras», y sin embargo él cree que son invenciones socialmente útiles.

Creo que la comprensión de cómo define Harari las palabras es lo que deja claro qué mundo tiránico y distópico quiere crear. Así es como rechaza la Declaración de Independencia:

> Su Declaración de Independencia proclamó principios universales y eternos de justicia que, como los de Hammurabi, estaban inspirados por un poder divino. Sin embargo, el principio más importante dictado por el dios americano era algo diferente del principio dictado por los dioses de Babilonia. La Declaración de Independencia de los Estados Unidos afirma que:
>
> Consideramos que estas verdades son evidentes por sí mismas: que todos los hombres son creados iguales; que son dotados por su Creador de ciertos derechos inalienables; que entre éstos están la vida, la libertad y la búsqueda de la felicidad.[6]

El lenguaje de Harari me hace pensar que va a argumentar que los principios de la Revolución estadounidense no se diferencian

---

6. Ibíd., p. 121.

mucho de la de los dioses de Babilonia, que es exactamente lo que termina haciendo, como veremos.

Harari luego comete su crimen más atroz contra la humanidad: nos despoja de todos los derechos que alguna vez creímos poseer:

> Según la ciencia de la biología, las personas no fueron «creadas», sino que evolucionaron y, desde luego, no evolucionaron para ser «iguales». La idea de igualdad está inextricablemente entrelazada con la idea de creación. Los estadounidenses obtuvieron la idea de igualdad del cristianismo, que sostiene que cada persona tiene un alma creada por Dios y que todas las almas son iguales ante Dios. Sin embargo, si no creemos en los mitos cristianos sobre Dios, la creación y las almas, ¿qué significa que todas las almas sean «iguales»? La evolución se basa en la diferencia, no en la igualdad.[7]

En un párrafo como este podemos ver el verdadero peligro que representan Harari y sus compañeros globalistas. Harari parece creer que la idea de la igualdad surgió de alguna visión religiosa mística del cristianismo, en lugar de que los grandes pensadores de su época observaran la condición humana y trataran de averiguar cómo lograr que las personas vivieran juntas de la manera más pacífica posible.

No tengo nada en contra de la idea de que en la civilización occidental gran parte de la defensa de la igualdad surgió de la tradición judeocristiana, pero Harari no parece entender que el concepto de que todas las almas son iguales ante Dios encontraría una amplia aceptación en otras religiones, como el hinduismo, y que el progreso de un alma libre, como en el budismo, es un derecho esencial de todo ser humano.

Harari continúa su implacable ataque a los derechos humanos:

> De la misma manera, en biología no existen tales derechos. Sólo hay órganos, capacidades y características. Los pájaros vuelan no porque tengan derecho a volar, sino porque tienen alas. Y no es cierto que

---

7. Ibíd., p. 122.

> estos órganos, capacidades y características sean «inalienables». Muchos de ellos sufren mutaciones constantes y pueden perderse por completo con el tiempo. El avestruz es un pájaro que ha perdido su capacidad de volar. Por lo tanto, los «derechos inalienables» deberían traducirse por «características mutables».[8]

No creo que sea exagerado decir que es un párrafo que coquetea peligrosamente con la idea de afirmar que la humanidad no tiene una naturaleza esencial.

Harari continúa atacando las ideas de libertad y felicidad (para las cuales no puede encontrar una manera científica de medirlas, por lo que concluye que no existen), antes de ofrecer su propia Declaración de Independencia enmendada desde su visión de la realidad:

> Así que aquí está esa línea de la Declaración de Independencia de los Estados Unidos traducida a términos biológicos.
>
> Consideramos que estas verdades son evidentes: que todos los hombres evolucionaron de manera diferente, que nacen con ciertas características mutables, que entre éstas están la vida y la búsqueda del placer.[9]

En este único pasaje, Harari nos cuenta el plan globalista. Puede que la evolución haya sido el creador original y no Dios, pero los ingenieros, científicos y administradores del Nuevo Orden Mundial se dedicarán ahora a la tarea de recrear al hombre a su propia imagen deseada. Y en realidad no tienen ningún plan para nuestra «libertad» en este nuevo mundo. Harari afirma que cualquier orden que observemos en una sociedad no refleja la realidad ni una forma aceptada de dirigir una sociedad, sino que es sólo un ejemplo de «orden imaginado».

En su opinión, el hombre no tiene un estado natural.

---

8. Ibíd., p. 123.
9. Ibíd.

Por supuesto, habrá una élite que lo entienda, pero para que la sociedad funcione, es necesario que haya una gran cantidad de tontos («creyentes verdaderos») que crean las tonterías que dicen los líderes. Harari lo explica de la siguiente manera:

> Un solo sacerdote suele hacer el trabajo de cien soldados, así que es mucho más barato y eficaz. Además, por muy eficaces que sean las bayonetas, alguien tiene que manejarlas. ¿Por qué los soldados, carceleros, jueces y policías deben mantener un orden imaginario en el que no creen? De todas las actividades colectivas humanas, la más difícil de organizar es la violencia. Decir que un orden social se mantiene mediante una fuerza militar plantea de inmediato la pregunta: ¿qué mantiene el orden militar? Es imposible organizar un ejército únicamente mediante la coerción. Al menos algunos de los comandantes y soldados deben creer verdaderamente en algo, ya sea Dios, el honor, la patria, la hombría o el dinero.[10]

Sin darse cuenta, Harari sostiene que el hombre tiene un estado natural y que, en ese estado natural, los humanos no desean cometer violencia contra otros. Para poder cometer esa violencia, necesitan organizarse en un ejército, dedicado a algún principio.

* * *

Entonces, si todo orden social es sólo «imaginado», ¿cómo lograr que la gente acepte nuestro orden nuevo y mejorado?

Hay que estar constantemente «organizando» a la gente y «educando» a la gente continuamente. Convertirse en un dictador global que impone su voluntad a la población del planeta requiere mucho trabajo. Hay que levantarse temprano y trabajar hasta tarde. En la escuela de dictadores malvados no se habla mucho de eso. Harari lo explica:

10. Ibíd., p. 125.

> También se educa constantemente a la gente. Desde el momento en que nacen, se les recuerda de un modo constante los principios del orden imaginado, que se incorporan a cualquier cosa. Se incorporan a los cuentos de hadas, los dramas, las pinturas, las canciones, la etiqueta, la propaganda política, la arquitectura, las recetas y las modas. Por ejemplo, hoy la gente cree en la igualdad, por lo que está de moda que los niños ricos usen vaqueros, que originalmente eran la vestimenta de la clase trabajadora.[11]

¿Qué te parece Harari ahora? ¿Te sientes cómodo con el hecho de que parece que te está ablandando para que cometas un ataque a la igualdad? Además, quiere que sepas que está dispuesto a ir a la guerra contra todas las cosas en las que crees.

En lugar de la cultura, que Harari parece considerar sospechosa porque defiende el «orden imaginado» de la sociedad, en lugar de la sabiduría acumulada durante siglos, Harari quiere celebrar la burocracia, en una sección que titula sin siquiera una pizca de ironía, «Las maravillas de la burocracia»:

> Para que funcione, las personas que manejan un sistema de archivadores de este tipo deben ser reprogramadas para que dejen de pensar como humanos y empiecen a pensar como empleados y contables. Como todo el mundo, desde la antigüedad hasta hoy, sabe, los empleados y contables piensan de una manera no humana. Piensan como archivadores. No es culpa suya. Si no piensan así, sus archivos se mezclarán y no podrán proporcionar los servicios que su gobierno, empresa u organización requiere. El impacto más importante de la escritura en la historia humana es precisamente éste: ha cambiado de manera gradual la forma en que los humanos piensan y ven el mundo. La libre asociación y el pensamiento holístico han dado paso a la compartimentación y la burocracia.[12]

---

11. Ibíd., p. 127.
12. Ibíd., p. 146.

¿Hay algún contable que pueda estar en desacuerdo con las afirmaciones de Harari? Los contables que he conocido parecen ser, en general, los mejores jueces de la naturaleza humana, porque comprenden que nada revela más sobre una persona que el lugar donde gasta su dinero.

En lugar de estar desconectados de la humanidad, los contables están conectados vitalmente con otros seres humanos. Y me atrevería a decir que la mayoría de las personas que trabajan en una burocracia son dolorosamente conscientes de las pruebas presentadas por generaciones de historiadores de que el horror de la Alemania de Hitler nunca podría haber tenido lugar sin la vista gorda de la mayor parte del estado burocrático alemán. Si te conviertes en contable o burócrata, no significa que pierdas tu humanidad y te conviertas en otra cosa. También diría que la «compartimentación» fue una parte enorme de cómo la nación alemana fue llevada a la barbarie, ya que los burócratas podían irse a casa y dormir por la noche pensando: «No estoy persiguiendo a los judíos. Sólo me estoy asegurando de que se suban a los trenes para ir a sus campos».

En el capítulo titulado «La flecha de la historia», Harari comienza a imaginar cómo se podría crear este orden mundial que lo abarque todo:

> Los comerciantes, los conquistadores y los profetas fueron los primeros que lograron trascender la división evolutiva binaria, «nosotros contra ellos», y prever la unidad potencial de la humanidad. Para los comerciantes, el mundo entero era un mercado único y todos los humanos eran clientes potenciales. Intentaron establecer un orden económico que se aplicara a todos, en todas partes. Para los conquistadores, el mundo entero era un solo imperio y todos los humanos eran súbditos potenciales. Y para los profetas, el mundo entero albergaba una sola verdad y todos los humanos eran creyentes potenciales.[13]

13. Ibíd., p. 191.

Uno casi podría imaginarse a Harari trabajando en su torre de marfil académica y reflexionando: «¿Qué hicieron bien los megalómanos más peligrosos de la historia y cómo pueden mis amigos evitar cometer errores?».

En el capítulo que sigue, «El olor del dinero», Harari parece haber encontrado la respuesta. Los tiranos del pasado simplemente no sobornaban a suficientes personas y, cuando eso no funcionaba, necesitaban ser más brutales. Harari resume el problema en el párrafo final de su capítulo:

> Hoy en día es común creer que el mercado siempre prevalece y que los diques erigidos por reyes, sacerdotes y comunidades no pueden contener las mareas del dinero. Esto es ingenuo. Guerreros brutales, fanáticos religiosos y ciudadanos preocupados han logrado derrotar repetidamente a comerciantes calculadores e incluso reestructurar la economía. Por lo tanto, es imposible entender la unificación de la humanidad como un proceso puramente económico. Para entender cómo miles de culturas aisladas se fusionaron con el tiempo para formar la aldea global de hoy, debemos tener en cuenta el papel del oro y la plata, pero no podemos ignorar el papel igualmente crucial del acero.[14]

Ese párrafo me preocupa profundamente. Parece sugerir que el éxito de cualquier sistema político se basa en el uso de la fuerza, más que en la persuasión. Y en lugar de la persuasión que caracteriza el discurso político en una república, Harari parece preferir la fuerza que se emplea en un imperio.

Si eres fan de *Star Wars,* o incluso un lector casual de historia, te sorprenderá saber que Harari adora los imperios. Busca glorificarlos, a pesar de la brutalidad que hayan podido causar a su pueblo y a otros a quienes consideraba inferiores. En una sección titulada «¿Imperios malvados?», expone su creencia:

14. Ibíd., p. 209.

> La verdad es que el imperio ha sido la forma más común de organización política en el mundo durante los últimos 2500 años. La mayoría de los seres humanos durante estos dos milenios y medio han vivido en imperios. El imperio es también una forma de gobierno muy estable. A la mayoría de los imperios les ha resultado alarmantemente fácil sofocar rebeliones. En general, han sido derrocados sólo por una invasión externa o por una división dentro de la élite gobernante. Por el contrario, los pueblos conquistados no tienen un muy buen historial de liberación de sus señores imperiales. La mayoría han permanecido subyugados durante cientos de años. Por lo general, han sido digeridos lentamente por el imperio conquistador, hasta que sus culturas distintivas se desvanecieron.[15]

Ésta es más o menos la crítica de izquierdas habitual a la civilización occidental, y sin embargo Harari dice que la aniquilación de las culturas nativas fue algo bueno. No tengo rival en la defensa de los valores occidentales tal como se desarrollaron durante la Ilustración.

Pero no estoy tan ciego como para negar los horribles actos históricos perpetrados por los europeos a medida que se extendían por el mundo. Sostengo que esos actos fueron una traición directa a los principios de la Ilustración y que todos deberían condenarlos. El verdadero poder proviene de la persuasión con argumentos racionales, no de la espada. Harari continúa con su adoración a los imperios:

> Resulta tentador dividir la historia en buenos y malos, y entre los malos están todos los imperios, ya que la gran mayoría de los imperios se fundaron sobre la sangre y mantuvieron su poder mediante la opresión y la guerra. Sin embargo, la mayoría de las culturas actuales se basan en legados imperiales. Si los imperios son malos por definición, ¿qué dice eso de nosotros?[16]

15. Ibíd., p. 214.
16. Ibíd., p. 227.

¿Cómo puede haber la más mínima duda sobre los métodos que Harari y sus amigos globalistas utilizarán para hacer realidad su utopía?

No les horrorizan la opresión y la guerra. Consideran que la opresión y la guerra son herramientas útiles que deben utilizarse sin piedad.

* * *

Harari continúa con su desfile de terror, exagerando la amenaza de una guerra nuclear y del cambio climático, aterrorizándote para que pienses que necesitas a alguien que te salve, antes de hacerte saber que él tiene las respuestas. (Pista: implican ingeniería genética, convertirte en un robot y crear un dios de la IA [inteligencia artificial] para gobernar a la humanidad). Ojalá estuviera bromeando. Harari comienza así su argumento:

> Las nuevas tecnologías, como la bioingeniería y la inteligencia artificial, plantean un desafío aún mayor. Como veremos en el último capítulo, estas tecnologías podrían utilizarse para rediseñar no sólo nuestras armas y vehículos, sino incluso nuestros cuerpos y mentes. De hecho, podrían utilizarse para crear tipos de formas de vida completamente nuevos y cambiar el curso futuro de la evolución. ¿Quién decidirá qué hacer con esos poderes divinos de creación?[17]

¿Acaso los globalistas les parecen ahora los científicos locos por excelencia? No sólo los esclavizarán, sino que los rediseñarán alegremente, tal vez con máquinas o edición genética para que se adapten mejor a sus propósitos.

Después de denigrar la «búsqueda de la felicidad» en la Declaración de Independencia de Estados Unidos, justifica sus draconianas medidas imperiales en uno de sus capítulos finales, titulado «Y vivieron felices para siempre».

---

17. Ibíd., pp. 231-232.

Harari señala el asombroso progreso de la humanidad en los últimos quinientos años (que coincide sorprendentemente con el desarrollo de las ideas de libertad personal definidas por la Ilustración) y luego se pregunta si este progreso nos ha hecho más felices. Escribe:

> ¿Qué sucedería si una investigación seria desmintiera estas hipótesis? Si el crecimiento económico y la autosuficiencia no hacen más feliz a la gente, ¿qué beneficio tiene entonces el capitalismo? ¿Qué sucedería si resultase que los súbditos de los grandes imperios son, en general, más felices que los ciudadanos de los Estados independientes y que, por ejemplo, los ghaneses eran más felices bajo el régimen colonial británico que bajo sus propios dictadores? ¿Qué diría eso sobre el proceso de descolonización y el valor de la autodeterminación nacional?[18]

En un pasaje como éste, podemos entender hasta qué punto Harari está dispuesto a caer en la duplicidad. En una sección anterior del libro, afirmaba que la felicidad era un concepto tan difícil de definir que lo mejor que podíamos hacer era medir el placer. Sin embargo, ahora afirma que este nuevo mundo que quiere crear será más feliz, ya que nuestro progreso material no nos ha hecho más felices. Harari explica:

> Esto plantea la posibilidad de que la inmensa mejora de las condiciones materiales en los dos últimos siglos se haya visto contrarrestada por el colapso de la familia y la comunidad. Si así fuera, la persona promedio podría no ser más feliz hoy que en 1800. Incluso la libertad que tanto valoramos puede estar trabajando en nuestra contra. Podemos elegir a nuestros cónyuges, amigos y vecinos, pero ellos pueden elegir abandonarnos. Como el individuo ejerce un poder sin precedentes para decidir su propio camino en la vida, nos resulta aún más difícil asumir compromisos. Vivimos, por lo tanto, en un mundo cada vez más solitario, con comunidades y familias que se desintegran.[19]

---

18. Ibíd., p. 422.
19. Ibíd., p. 428.

Resulta difícil aceptar la idea de que Harari y sus compañeros globalistas están pidiendo de manera activa que se restrinja nuestra libertad, tal como sucede en el aterrador futuro distópico de *El cuento de la criada*. Afirman que no se puede confiar en nosotros en lo que respecta a la libertad. La libertad nos hace débiles e infelices.

Pero Harari luego pasa a explicar cómo va a hacerte más feliz. No es de extrañar que sea convenciéndote de que quieres lo mismo que él. Aquí está la explicación simplista que ofrece Harari. Prepárate para que te coloquen el arnés alrededor del cuello:

> Sin embargo, el hallazgo más importante de todos es que la felicidad no depende realmente de condiciones objetivas de riqueza, salud o incluso comunidad, sino de la correlación entre condiciones objetivas y expectativas subjetivas. Si quieres un carro tirado por bueyes y te lo dan, estás contento. Si quieres un Ferrari nuevo y te dan un Fiat de segunda mano, te sientes desprovisto. Por eso, ganar la lotería tiene, con el tiempo, el mismo impacto en la felicidad de las personas que un debilitante accidente de coche. Cuando las cosas mejoran, las expectativas se disparan y, en consecuencia, incluso mejoras espectaculares en las condiciones objetivas pueden dejarnos insatisfechos.[20]

Harari cita un famoso estudio de 1978, titulado «Lottery Winners and Accident Victims: Is Happiness Relative?» (Ganadores de lotería y víctimas de accidentes: ¿es relativa la felicidad?), que concluyó que los ganadores de la lotería no eran tan felices como se esperaba y que las víctimas de accidentes que habían quedado parapléjicas, después de que hubiera transcurrido un cierto tiempo, declaraban tener niveles de felicidad superiores a los esperados. Esto se explicaba por la idea de expectativa y habituación, y el análisis de Harari se enmarca en la corriente principal del pensamiento tradicional sobre estos hallazgos. Sin embargo, otros han señalado que es posible, incluso probable, una interpretación diferente.

---

20. Ibíd.

Es que nuestra actitud, ya sea optimista o pesimista, acaba predominando, independientemente de las condiciones en las que vivamos. En los últimos años ha surgido toda una industria artesanal de libros que nos dicen que nuestra actitud es lo primero que debemos corregir para tener las mejores posibilidades de alcanzar nuestras metas deseadas. Harari parece incluso coquetear con esa idea:

> Pensemos un momento en nuestra familia y amigos. Conocemos a algunas personas que seguirán siendo relativamente felices, pase lo que pase. Y luego están aquellas que siempre están descontentas, sin importar los regalos que el mundo les ponga a los pies. Tendemos a creer que, si pudiéramos cambiar de lugar de trabajo, casarnos, terminar de escribir esa novela, comprar un coche nuevo o pagar la hipoteca, estaríamos en la cima del mundo. Sin embargo, cuando obtenemos lo que deseamos, no parecemos ser más felices. Comprar coches y escribir novelas no cambian nuestra bioquímica. Pueden animarla por un momento fugaz, pero pronto vuelve a su punto de equilibrio.[21]

Así llegamos a la respuesta de Harari a la pregunta sobre la felicidad humana. No es tu actitud ni nada que puedas desarrollar por tu cuenta. Es tu bioquímica. No te preocupes por comer alimentos saludables, hacer ejercicio, tener relaciones sociales positivas o desarrollar una relación con Dios.

Harari va a solucionarlo todo dándote una pastilla de la felicidad. Será como fumar marihuana cuando eras adolescente porque así era como lidiabas con las cosas o beber alcohol a las diez de la mañana. Pero de alguna manera, el alcohol y otras drogas nunca han sido útiles contra los verdaderos problemas de tu vida. Recuerda, siempre es importante ser una víctima en el mundo de Harari, no alguien que asume la responsabilidad. Harari parece deleitarse en especial con la posibilidad de un mundo drogado, como expresa su

---

21. Ibíd., pp. 433-434.

entusiasmo por el futuro descrito por Aldous Huxley en su novela de ciencia ficción de 1932 *Un mundo feliz:*

> En la novela distópica de Aldous Huxley *Un mundo feliz,* cuya primera edición en inglés se publicó en 1932 en el apogeo de la Gran Depresión, la felicidad es el valor supremo y los fármacos psiquiátricos sustituyen a la policía y al voto como fundamento de la política. Cada día, cada persona toma una dosis de «soma», una droga sintética que hace feliz a la gente sin perjudicar su productividad y eficiencia. El Estado mundial que gobierna el planeta entero nunca se ve amenazado por guerras, revoluciones, huelgas o manifestaciones, porque todas las personas están sumamente satisfechas con sus condiciones actuales, sean las que sean. La visión de Huxley es mucho más inquietante que la de *1984* de George Orwell. El mundo de Huxley parece monstruoso para la mayoría de los lectores, pero es difícil explicar por qué. Todo el mundo es feliz todo el tiempo: ¿qué podría haber de malo en eso?[22]

En realidad, no es difícil explicar por qué el mundo de Huxley parece monstruoso para la mayoría de los lectores. Es porque es monstruoso. La mayoría de las personas no quieren vivir su vida en una neblina de drogas. Quieren estar vivos, no discapacitados.

Quieren sentir los altibajos de la vida.

Eso es lo que da sentido a la existencia.

Harari me recuerda a un monje de la Edad Media obsesionado con la religión que, mientras busca la iluminación del mundo espiritual, se involucra en los mayores actos de brutalidad en el mundo físico. Golpea a una persona por un pensamiento impuro, sin darse cuenta del daño que está haciendo a la creación de Dios. Es el villano que se cree el héroe al iniciar un proceso de la Inquisición. Harari no sólo está cansado de la humanidad, sino que, de hecho, está harto del mundo natural en sí:

22. Ibíd., p. 436.

Hoy, el régimen de selección natural, que tiene 4000 millones de años de antigüedad, se enfrenta a un desafío completamente diferente. En laboratorios de todo el mundo, los científicos están diseñando seres vivos. Rompen las leyes de la selección natural con impunidad, sin que les afecten ni siquiera las características originales de un organismo. Eduardo Kac, un bioartista brasileño, decidió en 2000 crear una nueva obra de arte: un conejo verde fluorescente. Kac se puso en contacto con un laboratorio francés y le ofreció una remuneración por diseñar un conejo radiante, según sus especificaciones. Los científicos franceses tomaron un embrión de conejo común y corriente, implantaron en su ADN un gen tomado de una medusa verde fluorescente y *voilá!* Un conejo verde fluorescente para el señor. Kac llamó al conejo «Alba».[23]

Harari está entusiasmado con este giro de los acontecimientos y lo acoge con la misma reverencia con la que un entusiasta de los ovnis reaccionaría ante un platillo volante que aterrizara en el jardín sur de la Casa Blanca. Para estos globalistas, cada avance científico anunciaba el amanecer de una nueva y emocionante era en la que finalmente triunfarán:

> Después de 4000 millones de años de selección natural, Alba se encuentra en el amanecer de una nueva era cósmica, en la que la vida estará regida por un diseño inteligente. Si esto sucede, toda la historia humana hasta ese momento podría, en retrospectiva, reinterpretarse como un proceso de experimentación y aprendizaje que revolucionó el juego de la vida. Tal proceso debería entenderse desde una perspectiva cósmica de miles de millones de años, en lugar de desde una perspectiva humana de milenios.[24]

Es difícil sentirse más entusiasmado que Harari en ese pasaje. Me sorprende un poco que alguien pueda afirmar que Harari es un his-

23. Ibíd., p. 447.
24. Ibíd.

tomador académico cuando usa frases como «nueva era cósmica» con cara seria. ¿No es su trabajo un poco más apropiado para un libro de autoayuda *new age* que para un campus universitario? Sin embargo, Harari no se va a conformar con que te sientas mejor contigo mismo, con que tengas un aura limpia como el típico fanático *new age*. Tienes que ser bioingeniero. Harari explica:

> En el momento de escribir estas líneas, la sustitución de la selección natural por el diseño inteligente podría producirse de tres maneras: mediante la ingeniería biológica, la ingeniería cíborg (los cíborgs son seres que combinan partes orgánicas con partes no orgánicas) o la ingeniería de la vida inorgánica.[25]

Si por casualidad te sientes un poco preocupado por esta nueva y radical idea de la ingeniería biológica, Harari se apresura a recordarte que no tienes por qué preocuparte. De hecho, ni siquiera debías temer al viejo tipo de ingeniería biológica:

> La ingeniería biológica en sí no es nada nuevo. La gente la ha utilizado durante milenios para modificar su forma y la de otros organismos. Un ejemplo sencillo es la castración. Los humanos han castrado toros durante unos 10 000 años para crear bueyes. Los bueyes son menos agresivos y, por lo tanto, es más fácil entrenarlos para tirar de arados. Los humanos también castraron a sus propios machos jóvenes para crear cantantes soprano con voces encantadoras y eunucos a los que se les podía confiar sin problemas la supervisión del harén del sultán.[26]

A muchos les preocupa perder sus derechos amparados por la Primera y la Segunda Enmienda en este Nuevo Orden Mundial promovido por Klaus Schwab y sus globalistas. Pero tal vez los hombres del Viejo Orden Mundial deberían tener el mismo miedo de

25. Ibíd., p. 448.
26. Ibíd.

perder sus testículos si Schwab y sus secuaces desarrollan un oído para las «voces encantadoras» o deciden que los harenes son una buena idea.

¿Y hasta dónde podría llegar esta ingeniería biológica? Después de hablar sobre cómo se pueden alterar genéticamente los cerdos para convertir el ácido graso omega-6 malo en el ácido graso omega-3 más saludable, Harari nos cuenta el alcance total de su plan:

> La próxima generación de ingeniería genética hará que los cerdos con grasa buena parezcan un juego de niños. Los genetistas han logrado no sólo prolongar la esperanza de vida media de los gusanos, sino también diseñar ratones geniales que muestran una memoria y una capacidad de aprendizaje mucho mejores. Los topillos son roedores pequeños y robustos, parecidos a los ratones, y la mayoría de las variedades de topos son promiscuas. Pero hay una especie en la que los topillos macho y hembra forman relaciones monógamas y duraderas. Los genetistas afirman haber aislado los genes responsables de la monogamia de los topillos. Si la adición de un gen puede convertir a un don Juan de los topillos en un marido leal y cariñoso, ¿estamos lejos de poder diseñar genéticamente no sólo las capacidades individuales de los roedores (y de los humanos), sino también su estructura social?[27]

Imaginemos que el futuro que imagina Harari se hace realidad y que desarrollamos tecnologías extraordinarias para curar enfermedades o aumentar nuestras capacidades. Tal vez la gente pueda correr maratones a los noventa años además de realizar un trabajo que le satisfaga, ya que ofrece una sabiduría sin precedentes a los jóvenes. ¿Crees que tendrás el control de esas decisiones o estarás bajo el yugo de los globalistas, esa gente que piensa que los imperios y una población drogada son una buena idea?

Pero, tal vez, como los globalistas, te dé un poco de asco el mundo físico. Anhelas la elegancia de las máquinas. Quizá quieras con-

27. Ibíd., pp. 450-451.

vertirte en un cíborg, como Arnold Schwarzenegger en las películas de *Terminator,* o el Borg de *Star Trek,* o el policía muerto que volvió a la vida y se equipó con la última tecnología para convertirse en Robocop en la serie de películas que representan un futuro distópico donde el trabajo policial se subcontrata a una corporación malvada que oprime a los ciudadanos. Harari está feliz de mejorar tu sistema:

> Existe otra nueva tecnología que podría cambiar las leyes de la vida: la ingeniería cíborg. Los cíborgs son seres que combinan partes orgánicas e inorgánicas, como un humano con manos biónicas. En cierto sentido, hoy en día casi todos somos biónicos, ya que nuestros sentidos y funciones naturales se complementan con dispositivos como gafas, marcapasos, aparatos ortopédicos e incluso ordenadores y teléfonos móviles (que liberan a nuestro cerebro de parte de su carga de almacenamiento y procesamiento de datos). Estamos a punto de convertirnos en verdaderos cíborgs, de tener características inorgánicas que son inseparables de nuestro cuerpo, características que modifican nuestras habilidades, deseos, personalidades e identidades.[28]

Los enormes saltos de lógica que ha dado Harari son impresionantes. Estoy seguro de que no te habías dado cuenta de que esas gafas para leer te convertían en un cíborg. Aparentemente, no hay mucha diferencia entre las típicas gafas para leer que se compran en una farmacia por diez dólares y tener un chip implantado en la cabeza. Por supuesto, todo empieza con los bichos, pero sabemos que no acabará ahí:

> La Agencia de Proyectos de Investigación Avanzada de Defensa (DARPA por sus siglas en inglés), una agencia de investigación militar estadounidense, está desarrollando cíborgs a partir de insectos. La idea es implantar chips electrónicos, detectores y procesadores

28. Ibíd., p. 453.

> en el cuerpo de una mosca o de una cucaracha, lo que permitirá a un humano o a un operador automático controlar los movimientos del insecto a distancia y absorber y transmitir información. Una mosca de este tipo podría estar sentada en la pared del cuartel general enemigo, escuchar a escondidas las conversaciones más secretas y, si no es atrapada primero por una araña, podría informarnos exactamente de qué estaba planeando el enemigo.[29]

Cuando lees a Harari, a veces te sientes como si fueras el espía británico ficticio Austin Powers, escuchando los planes del Doctor Malvado. Pero en lugar de «tiburones con malditos láseres en sus cabezas», tienes moscas controladas a distancia con microchips en sus cuerpos.

Y no hay que temer nada, los cíborgs acabarán atacando a quienes no se sometan. ¡Serán asimilados!

* * *

Pero lo que más entusiasma a Harari es la posibilidad de una vida no biológica como solución para esos problemáticos seres humanos que pueden ser tan difíciles de organizar en un ejército al que luego se le pueda ordenar que apuñale con bayonetas a gente que no le gusta al Gobierno.

Pero incluso entonces, el ejército podría no seguir sus órdenes a menos que los convenza de que las personas a las que van a apuñalar con bayonetas son realmente malas personas. Como aquellos que podrían afirmar que es necesario volver a contar los votos en una elección. Todos sabemos que pedir la validación de un voto es lo mismo que incitar a una insurrección. Harari explica cómo podríamos deshacernos por completo de los seres humanos:

> La tercera forma de cambiar las leyes de la vida es diseñar seres completamente inorgánicos. Los ejemplos más obvios son los pro-

29. Ibíd. pp. 453-454.

gramas informáticos que pueden experimentar una evolución independiente.

Los recientes avances en el aprendizaje automático ya permiten que los programas informáticos actuales evolucionen por sí solos. Aunque el programa está codificado inicialmente por ingenieros humanos, posteriormente puede adquirir nueva información por sí solo, aprender nuevas habilidades y obtener conocimientos que van más allá de los de sus creadores humanos. Por lo tanto, el programa informático es libre de evolucionar en direcciones que sus creadores nunca podrían haber previsto.[30]

Harari parece un padre orgulloso, ¿no? Es como si hubiera dado a luz a un programa informático. Y si la máquina empieza a comportarse mal, bueno, a diferencia de un ser humano, puedes simplemente apagarla. ¿Qué pasaría si tu portátil también pudiera ser tu cerebro?

Imaginemos otra posibilidad: supongamos que pudiéramos hacer una copia de seguridad de nuestro cerebro en un disco duro portátil y luego ejecutarlo en nuestro ordenador portátil. ¿Sería capaz nuestro ordenador portátil de pensar y sentir como un *sapiens?* Si así fuera, ¿seríamos nosotros o alguien más? ¿Y si los programadores informáticos pudieran crear una mente completamente nueva, pero digital, compuesta de código informático, con sentido de identidad, conciencia y memoria? Si ejecutáramos el programa en nuestro ordenador, ¿sería una persona? Si lo borráramos, ¿podríamos ser acusados de asesinato?[31]

Si crees que Harari simplemente se detendrá en las máquinas inteligentes, estás muy equivocado. Él cree que estas máquinas inteligentes finalmente tomarán el control, un evento que él y muchos otros llaman la «singularidad». En caso de que tengas un poco de dificultad para reunir la energía intelectual para considerar sus pla-

30. Ibíd., p. 457.
31. Ibíd., p. 458.

nes para el suicidio de la raza humana, él amablemente destaca sus métodos genocidas en una sección titulada «La singularidad». De esa sección:

> La mayoría de las tramas de ciencia ficción describen un mundo en el que los *sapiens* (idénticos a nosotros) disfrutan de una tecnología superior, como naves espaciales que alcanzan la velocidad de la luz y pistolas láser. Los dilemas éticos y políticos centrales de estas tramas están tomados de nuestro propio mundo y no hacen más que recrear nuestras tensiones emocionales y sociales en un contexto futurista. Sin embargo, el verdadero potencial de las tecnologías futuras es cambiar al propio *Homo sapiens,* incluidas nuestras emociones y deseos, y no sólo nuestros vehículos y armas. ¿Qué es una nave espacial comparada con un cíborg eternamente joven que no se reproduce y no tiene sexualidad, que puede compartir pensamientos directamente con otros seres, cuyas capacidades de concentración y memoria son mil veces mayores que las nuestras, y que nunca está enfadado ni triste, pero tiene emociones y deseos que no podemos ni siquiera imaginar?[32]

¿Crees que éste es un futuro que podría llegar a ser ampliamente aceptado por el público en general? Harari espera que no te reproduzcas, que nunca tengas relaciones sexuales y que, en cambio, compartas «pensamientos directamente con otros seres» y que nunca estés «enfadado ni triste» y que tengas «emociones y deseos que no podemos ni siquiera imaginar».

¿Suena esto como un futuro humano del que quieres formar parte?

Una vez más, Harari me recuerda a un fanático religioso enloquecido, tan disgustado por la carne que sólo quiere existir en el mundo espiritual. Pero como Harari no reconoce ningún dios ni plano espiritual de existencia, intenta llenar con tecnología el vacío en forma de dios que hay en su alma.

---

32. Ibíd., p. 461.

Sin embargo, para quienes reconocemos la existencia de una realidad espiritual, ésta es una historia vieja y familiar. Es la historia común de quien no reconoce al Creador y, al hacerlo, busca suplantarlo. En las tradiciones religiosas del mundo, quienes siguen este camino corren el riesgo de convertirse en demonios y diablos, las criaturas más horribles de toda la creación.

En el epílogo, «El animal que se convirtió en dios», declara orgullosamente su herejía:

> Hace setenta mil años, el *Homo sapiens* era un animal insignificante que se ocupaba de sus asuntos en un rincón de África. En los milenios siguientes se transformó en el amo de todo el planeta y el terror del ecosistema. Hoy está a punto de convertirse en un dios, dispuesto a adquirir no sólo la eterna juventud, sino también las capacidades divinas de creación y destrucción.[33]

Conocemos el tipo de futuro que Harari imagina para los seres humanos: manipulación genética, mejoras robóticas y vida no orgánica que finalmente nos gobernará.

Pero sabemos quiénes serán los verdaderos gobernantes.

Los globalistas, con Klaus Schwab, o su cerebro descargado, dándonos órdenes a todos desde su portátil.

* * *

En su siguiente libro, *Homo Deus: Una breve historia del mañana,* Harari ofrece más detalles sobre su futuro preferido. La primera parte se titula «El *Homo sapiens* conquista el mundo» y la segunda parte es «El *Homo sapiens* da sentido al mundo», que es básicamente una recapitulación de muchos de los puntos que planteó en *Sapiens.*

La tercera parte, «El *Homo sapiens* pierde el control», es donde Harari realmente se pone en marcha con sus planes futuristas, en un

33. Ibíd., p. 466.

capítulo titulado «La bomba de tiempo en el laboratorio». (Ahora bien, se te puede perdonar si pensaste que el capítulo trataba sobre China y Estados Unidos experimentando con peligrosos virus de murciélagos y cómo uno escapó, causando una pandemia mundial y matando a millones, pero estarías equivocado). En cambio, esto es lo que Harari tenía que decir:

> En 2016, el mundo está dominado por el paquete liberal del individualismo, los derechos humanos, la democracia y el libre mercado. Sin embargo, la ciencia del siglo XXI está socavando los cimientos del orden liberal. Como la ciencia no aborda cuestiones de valor, no puede determinar si los liberales tienen razón al valorar la libertad más que la igualdad, o al individuo más que al colectivo. Sin embargo, como cualquier otra religión, el liberalismo también se basa no sólo en juicios éticos abstractos, sino también en lo que cree que son afirmaciones fácticas. Y estas afirmaciones fácticas simplemente no resisten un escrutinio científico riguroso.[34]

En la visión de Harari, si a uno le gustan el individualismo, los derechos humanos, la democracia y el libre mercado, no es más que un idiota iluso. Todo eso forma parte de un «orden imaginario» y no de un sistema desarrollado por personas brillantes y compasivas a lo largo de los siglos como la forma más eficaz de vivir juntos de una manera que conduzca al mayor bien para el mayor número de personas. Si no crees que Harari esté interesado en derribar todos estos pilares de una sociedad civil, te ofrezco este pasaje:

> Hasta donde sabemos desde el punto de vista científico, el determinismo y el azar se han repartido el pastel entero, sin dejar ni una migaja para la «libertad». La palabra sagrada «libertad» resulta ser, al igual que «alma», un término hueco, carente de cualquier signi-

34. Yuval Noah Harari, *Homo Deus: A Brief History of Tomorrow*, Penguin Random House, Londres, 2016, p. 327.

ficado discernible. El libre albedrío sólo existe en las historias imaginarias que hemos inventado los humanos.[35]

Resulta asombroso que la persona que escribió esas palabras no sea condenada universalmente por todos los supuestos amantes de la libertad. Uno casi se imagina que está leyendo las palabras de un joven Adolf Hitler o de Joseph Stalin, en lugar de los escritos de un académico israelí. Si no existe el libre albedrío, ¿cómo podría alguien ser procesado por violación, asesinato o cualquier otro delito? Ésta es una versión del infierno donde nada está prohibido y todo está permitido.

Después de atacar al liberalismo a lo largo de todo el capítulo, llegando incluso a comparar a los cruzados medievales y a los liberales de hoy como igualmente delirantes, Harari expone lo siguiente:

> Sin embargo, una vez que los conocimientos científicos heréticos se traduzcan a la tecnología cotidiana, a las actividades rutinarias y a las estructuras económicas, será cada vez más difícil sostener este doble juego [creer en la ciencia y en el libre albedrío], y nosotros –o nuestros herederos– probablemente necesitaremos un paquete nuevo de creencias religiosas e instituciones políticas. A principios del tercer milenio, el liberalismo se ve amenazado no por la idea de que «no hay individuos libres», sino más bien por las tecnologías concretas. Estamos a punto de enfrentarnos a una inundación de dispositivos, herramientas y estructuras extremadamente útiles que no tienen en cuenta el libre albedrío de los seres humanos individuales. ¿Sobrevivirán a esta inundación la democracia, el libre mercado y los derechos humanos?[36]

Resulta verdaderamente cómico leer cómo personas como Harari creen que los cambios tecnológicos traerán consigo enormes transformaciones en la sociedad. Estos mismos argumentos los esgrimía Zbigniew Brzezinski en los años setenta.

35. Ibíd., p. 329.
36. Ibíd., p. 355.

¡El orden de la Segunda Guerra Mundial se está desmoronando!

¡Las autopistas ahora unen un lado del país con el otro!

¡La gente puede levantar el teléfono en la Costa Oeste y hablar de inmediato con alguien en la Costa Este!

¡Tenemos aviones que pueden llevar a tu familia a Europa en sólo unas horas!

¡Podrás calentar tu cena en sólo unos minutos en un horno microondas!

Lamentablemente, ninguna de estas maravillas tecnológicas creó las impresionantes transformaciones que los globalistas pensaron que provocarían.

En su capítulo titulado «El gran desacoplamiento», esto es lo que Harari predice para el siglo XXI:

1. Los seres humanos perderán su utilidad económica y militar, por lo que el sistema económico y político dejará de concederles mucho valor.
2. El sistema seguirá encontrando valor en los humanos colectivamente, pero no en individuos únicos.
3. El sistema seguirá encontrando valor en algunos individuos únicos, pero éstos constituirán una nueva élite de superhumanos mejorados, en lugar de la masa de la población.[37]

No se puede decir que Harari no tenga grandes planes. Es sólo que son una locura, los delirios de un dictador en formación. Uno se pregunta cómo podría mantener las relaciones humanas más simples. ¿Le dice a su pareja que no tiene libre albedrío? Me pregunto cómo se siente su pareja, sin embargo, sobre todo por el plan del cíborg eternamente joven, asexuado y sin procreación.

Eso debe de haber provocado al menos algunas discusiones en su relación.

Si has sentido curiosidad por saber a qué se refieren las personas cuando hablan de «transhumanismo», ésta es tu respuesta: serás un

37. Ibíd., p. 356.

organismo biológico con mejoras mecánicas, y esas mejoras se producirán a costa de despojarte de lo más humano que hay en ti.

Después de escribir varias páginas mostrando cómo los seres humanos serán menos valiosos para el «sistema» en los próximos años y los Gobiernos se preocuparán menos por ellos, Harari documenta lo que él ve como la amenaza final al liberalismo:

> La tercera amenaza al liberalismo es que algunas personas seguirán siendo indispensables e indescifrables, pero constituirán una pequeña y privilegiada élite de humanos mejorados. Estos superhombres disfrutarán de capacidades inauditas y una creatividad sin precedentes que les permitirá seguir tomando muchas de las decisiones más importantes del mundo. Realizarán servicios cruciales para el sistema, mientras que el sistema no podría comprenderlos ni manejarlos. Sin embargo, la mayoría de los humanos no serán mejorados y, en consecuencia, se convertirán en una casta inferior dominada tanto por los algoritmos informáticos como por los nuevos superhombres.[38]

Estoy intentando sinceramente resistirme a hacer comparaciones con los nazis en este libro, pero resulta muy difícil cuando estos globalistas empiezan a usar expresiones como «nuevos superhombres».

Harari está enamorado de la idea de que algunas personas gobernarán y otras se convertirán en parte de una «casta inferior». No es muy arriesgado preguntarse si los globalistas podrían decidir en algún momento que esa casta inferior ya no garantiza la supervivencia y necesita ser liquidada. El fervor mesiánico de Harari parece no reconocer límites. Cuando la gente se burla de las afirmaciones de que estos globalistas están estableciendo una nueva religión, tal vez quieran leer lo que dicen en sus libros:

> Es poco probable que las nuevas religiones surjan de las cuevas de Afganistán o de las madrazas de Oriente Medio. Más bien, surgirán

38. Ibíd., p. 403.

de los laboratorios de investigación. Así como el socialismo se apoderó del mundo prometiendo la salvación mediante el vapor y la electricidad, en las próximas décadas nuevas religiones tecnológicas pueden conquistar el mundo prometiendo la salvación mediante algoritmos y genes.

A pesar de todo lo que se dice sobre el islam radical o el fundamentalismo cristiano, el lugar más interesante del mundo desde una perspectiva religiosa no es el Estado Islámico ni el Cinturón Bíblico, sino Silicon Valley. Allí es donde los gurús de la alta tecnología están gestando para nosotros, valientes, nuevas religiones que tienen poco que ver con Dios y todo que ver con la tecnología.[39]

¿Qué hace una persona cuando se da cuenta de que todas las afirmaciones absurdas que se hacen sobre estos globalistas están muy cerca de la verdad? Estos globalistas quieren destronar a Dios en el cielo y colocarse a sí mismos al mando.

Esto no es una hipérbole, sino algo sacado de manera directa de sus propios escritos.

Al final del *Homo Deus,* Harari ofrece sus tres puntos principales:

1. La ciencia converge hacia un dogma global que dice que los organismos son algoritmos y la vida es procesamiento de datos.
2. La inteligencia se está desvinculando de la conciencia.
3. Algoritmos no conscientes, pero altamente inteligentes, podrían pronto conocernos mejor que nosotros mismos.[40]

Homo Deus significa literalmente «el hombre es Dios». Eso es lo que los globalistas promueven. Si hay algo que la religión ha conseguido, es hacer que la gente considere cosas fuera de sí misma. Es la religión la que hizo que las personas se preocuparan por alimentar a los pobres, educar a los jóvenes, sacar a la gente de la esclavitud y

39. Ibíd., p. 409.
40. Ibíd., p. 462.

asegurarse de que todos disfruten de igualdad de oportunidades. En el mejor de los casos, la religión derriba muros, y exige que la gente vea a los demás como hijos de Dios, todos valiosos por igual.

Si aceptamos que todas las personas tienen valor, no podemos sentir el impulso de dañarlas o deshacernos de ellas. Cuanto más abrazan las personas la igualdad y la libertad, más se acercan al orden natural de Dios. Cuando comprendemos los fundamentos filosóficos de la creencia en Dios, resulta claro que estos globalistas son nada menos que una fuerza de oposición a esa creencia.

¿A qué otra cosa llamarías fuerza de oposición a Dios sino a los diablos y a los demonios?

* * *

El tercer libro de la trilogía de Harari se titula *21 lecciones para el siglo* XXI, publicado en 2018, que tiene como primer avalista a Bill Gates, quien escribió: «Soy un gran admirador de todo lo que Harari ha escrito, y su último libro no es una excepción».

Uno se pregunta, si Harari ha escrito todo lo que cree que es importante sobre el pasado de la humanidad en *Sapiens,* y ha cubierto nuestro futuro en *Homo Deus,* ¿qué podría quedar aún por decir?

Considero que *21 lecciones para el siglo* XXI es algo realmente diferente de sus dos libros anteriores. ¿Ha desarrollado Harari una conciencia? ¿Se está alejando de los globalistas? Hay algunas pruebas que respaldan esta creencia.

No tengo intención de repasar las veintiuna lecciones, sino que simplemente me centraré en algunos de los puntos más inquietantes. Como suele hacer, Harari empieza sonando racional, como en este pasaje:

> La verdad y el poder sólo pueden viajar juntos hasta cierto punto. Tarde o temprano, seguirán caminos separados. Si quieres poder, en algún momento tendrás que difundir ficción. Si quieres saber la verdad sobre el mundo, en algún momento tendrás que renunciar

> al poder. Tendrás que admitir cosas (por ejemplo, sobre la fuente de tu poder) que enfadarán a tus aliados, desanimarán a tus seguidores o socavarán la armonía social. A lo largo de la historia, los académicos se han enfrentado a este dilema: ¿servir al poder o a la verdad? ¿Deberían aspirar a unir a la gente haciendo que todos crean la misma historia, o deberían permitir que la gente conozca la verdad incluso al precio de la desunión?[41]

Me resulta difícil encontrarle algún defecto a esa afirmación. Ésa ha sido mi experiencia en varias ocasiones. Decir la verdad a menudo me hace perder poder. Sin embargo, debo señalar el hecho de que algunas de las figuras más populares de la actualidad y con mayor audiencia, como yo, Joe Rogan, Jordan Peterson y Tucker Carlson, somos unos incansables defensores de la verdad. En retrospectiva, debo estar en desacuerdo con Harari en el hecho de que decir la verdad te excluirá para siempre de los pasillos del poder. Tal vez el público tarde un poco más en ponerse al día.

Pero el poder que se obtiene al decir la verdad es más duradero que el poder que se obtiene al decir mentiras.

Es difícil conciliar este pasaje sobre la verdad y el poder con el modo en que, en sus libros anteriores, Harari ha respaldado con entusiasmo la conveniencia de los imperios, la eliminación de los derechos civiles de las personas y la creación de un sistema de castas de superhumanos y no superhumanos que serán gobernados por algoritmos e ingeniería genética.

Y Harari parece deleitarse enormemente con su afirmación de que incluso Disney se une a él en su ataque al libre albedrío:

> Disney ha construido su imperio contando una y otra vez el mismo mito. En innumerables películas de Disney, los héroes se enfrentan a dificultades y peligros, pero finalmente triunfan al encontrar su yo auténtico y seguir sus propias decisiones. *Del revés* desmonta

---

41. Yuval Noah Harari, *21 Lessons for the 21st Century*, Random House, Nueva York, 2018, p. 249.

> brutalmente este mito. Adopta la última visión neurobiológica de los humanos y lleva a los espectadores a un viaje al cerebro de Riley, donde descubren que no tiene un yo auténtico y que nunca toma decisiones libres. Riley es, de hecho, un enorme robot dirigido por una colección de mecanismos bioquímicos conflictivos, que la película personifica en simpáticos personajes de dibujos animados: la amarilla y alegre Alegría, la azul y taciturna Tristeza, el rojo y malhumorado Ira, y así sucesivamente.
>
> [...] Lo verdaderamente sorprendente no es sólo que Disney se atreviera a comercializar una película con un mensaje tan radical, sino que se convirtiera en un éxito mundial. Tal vez lo logró porque *Del revés* es una comedia con un final feliz, y la mayoría de los espectadores podrían haber pasado por alto tanto su significado neurológico como sus siniestras implicaciones.[42]

¿Te parece extraño que un académico dedique tanto tiempo a analizar la trama de una película infantil de Disney? A mí no me parece extraño, porque las historias, en especial las que se cuentan a los niños, son de vital importancia para el futuro de una sociedad. En un momento en que Disney se encuentra bajo un creciente ataque por parte de los padres en 2022 por lo que consideran intentos de romper la familia tradicional, es interesante observar que Harari vio surgir este patrón ya en 2015. ¿Qué otros delitos se pueden perpetrar contra los niños cuando se les enseña que no son responsables de sus acciones y que deben evitar a quienes intentan enseñarles que sí lo son?

De *Del revés* de Disney, Harari vuelve a *Un mundo feliz* de Aldous Huxley, un libro que Harari cree que debería servir como modelo para nuestro mundo:

> En este nuevo y valiente mundo, el Gobierno Mundial utiliza biotecnología avanzada e ingeniería social para asegurarse de que todos estén siempre contentos y que nadie tenga motivos para rebelarse.

42. Ibíd., pp. 257-258.

> Es como si Alegría, Tristeza y los demás personajes del cerebro de Riley se hubieran convertido en agentes leales del Gobierno. Por lo tanto, no hay necesidad de una policía secreta, de los campos de concentración o de un Ministerio del Amor al estilo de *1984* de Orwell. De hecho, el genio de Huxley consiste en demostrar que se puede controlar a las personas con mucha más seguridad a través del amor y el placer que a través del miedo y la violencia.[43]

Harari admira al Gobierno Mundial de *Un mundo feliz*. Creo que es importante que el lector habitual comprenda que los globalistas no quieren crear incidentes visibles de violencia contra sus oponentes.

Sin embargo, visto lo que han escrito, me queda claro que su ideología no tendría ningún problema en cometer actos de violencia en formas que no sean visibles para el público.

Pero entonces Harari pareció tomar un desvío, lo que me hizo preguntarme qué ha cambiado en su pensamiento.

La última sección del libro es una admirable defensa de la búsqueda de la verdad sobre las cosas. Y, sin embargo, también expresa el temor de que tales exploraciones no se produzcan en un futuro próximo:

> Cuando la tecnología fue mejorando, sucedieron dos cosas. En primer lugar, a medida que los cuchillos de sílex se convirtieron en misiles nucleares, desestabilizar el orden social se volvió más peligroso. En segundo lugar, a medida que las pinturas rupestres se convirtieron en emisiones televisivas, se hizo más fácil engañar a la gente. En el futuro, los algoritmos podrían completar este proceso, haciendo que para las personas sea casi imposible observar la realidad sobre sí mismas. Serán los algoritmos los que decidan por nosotros quiénes somos y qué debemos saber sobre nosotros mismos.

43. Ibíd., p. 259.

> Todavía tenemos una opción durante algunos años o décadas. Si hacemos el esfuerzo, aún podemos investigar quiénes somos realmente. Pero si queremos aprovechar esta oportunidad, es mejor que lo hagamos ahora.[44]

Cuando leí este último pasaje detecté un lamento, la desaparición de un mundo al que Harari tiene un cariño inmenso.

Como cristiano, siempre estoy dispuesto a aceptar a un pecador que ha visto el error de sus caminos. Es uno de los superpoderes de ser cristiano. Nos regocijamos por la reconciliación del mayor pecador aún más que por la fidelidad constante del creyente común.

Después de terminar *21 lecciones para el siglo XXI,* hay una larga entrevista con Harari que da aún más respaldo a esta creencia. Si el individuo es tan poco importante como Harari ha dicho en sus libros anteriores, ¿por qué siente la necesidad de compartir tanto sobre sí mismo? A continuación, se incluyen algunas selecciones:

> En el siglo XXI, el precio que pagamos por la ignorancia sobre nosotros mismos aumentará de manera drástica, porque los Gobiernos y las corporaciones están adquiriendo capacidades sin precedentes para hackear y manipular las decisiones humanas. Y las personas más fáciles de manipular son aquellas que creen en el libre albedrío, porque se niegan a reconocer que pueden ser manipuladas.[45]

No estoy de acuerdo con Harari en cuanto a la falta de libre albedrío genuino en las personas, pero sí estoy de acuerdo en que hay mucha manipulación en el entorno mediático actual. De hecho, en esta entrevista Harari reconoce que puede haber libre albedrío, pero dice que gran parte de lo que hacemos no se debe a ese libre albedrío, sino a la manipulación de los medios. Sin embargo, es probable que nuestros desacuerdos sean una cuestión de grado, más que una oposición generalizada.

44. Ibíd., pp. 325-326.
45. Ibíd., p. 328.

Una vez más, cuando Harari analiza los aspectos negativos de Silicon Valley, estoy de acuerdo con gran parte de lo que dice y creo que nuestro desacuerdo radica en lo que creemos que realmente piensan los que están a cargo de Silicon Valley. Pero determinar los motivos de los individuos está plagado de incertidumbre. Hacemos todo lo que podemos, basándonos en la interpretación racional de las palabras. No tengo ningún problema en decir que tanto Harari como yo estamos adivinando cuáles son sus verdaderas intenciones, pero es lo mejor que podemos hacer. Ésta es la respuesta de Harari a la pregunta de si los líderes de Silicon Valley son malvados:

> Mi impresión es que, aunque los dirigentes de Silicon Valley pueden ser ingenuos y a veces hipócritas, rara vez son malvados. Creen sinceramente que sus corporaciones benefician a la humanidad, pero a menudo no son conscientes de las consecuencias económicas, sociales y políticas más amplias de sus acciones, o no les interesan. Parte del problema es que Silicon Valley está dirigido por ingenieros geniales que saben mucho de matemáticas e informática, pero pueden ser bastante ingenuos en lo que respecta a la historia, la filosofía y la política. Por eso los historiadores, filósofos y críticos sociales tienen un papel especialmente importante que desempeñar.[46]

Tal vez estoy interpretando demasiado los comentarios de Harari, pero parece que ha desarrollado una apreciación de las deficiencias de sus dioses de las grandes tecnologías. No son la fuente de toda sabiduría valiosa. Me parece que Harari se acerca peligrosamente a creer que, como no se puede confiar de un modo pleno en nadie, lo mejor que podemos hacer es permitir que todos tengan voz y voto en su futuro y, en la medida de lo posible con una sociedad funcional, permitir que las personas tengan su libertad.

En respuesta a la pregunta sobre qué significa el amor para él, Harari dio una respuesta profundamente emotiva:

46. Ibíd., p. 329.

> Amar es estar conectado. Amar significa liberarse de la obsesión por los pensamientos, emociones y deseos que surgen en mi mente en este momento y, en cambio, escuchar a los demás y ver qué les sucede. Comienza con cosas sencillas, como escuchar a otra persona. Cuando hablas con alguien y te preocupas principalmente por lo que quieres decir, en realidad no puedes escuchar a esa persona. Simplemente estás esperando el momento en que deje de hablar para poder decir por fin algo. Pero cuando dejas ir tus propios pensamientos, puedes escuchar.[47]

Me sorprende sinceramente que la misma persona que escribió sobre un futuro en el que el ser humano ideal sería un «cíborg eternamente joven», asexuado y sin capacidad reproductiva, pudiera tener esos sentimientos.

Este libro se basa en la premisa de que los globalistas creen que saben mejor que la persona promedio cómo manejar su vida. Como se consideran parte de una casta superior de seres humanos, no ven el valor de hablar con nosotros. Se dice que lo opuesto al amor no es el odio, sino la indiferencia. Los globalistas parecen indiferentes a los seres humanos en cuyo nombre supuestamente están diseñando sus planes.

No logro comprender cómo el escritor que escribió tan desapasionadamente sobre la castración de niños pequeños para mejorar su voz o sobre la creación de una clase de eunucos para proteger el harén de un sultán puede expresar tanta ternura en sus relaciones personales.

He comenzado este capítulo caracterizando a Harari como un «Robocop del Imperio», una criatura de carne y metal que sirve a un Gobierno corporativo dictatorial y corrupto. Y creo que he aportado abundantes pruebas para justificar esa caracterización.

Sin embargo, el cristiano también cree que cada santo tiene un pasado y cada pecador un futuro. Por eso rezamos por nuestros enemigos y estamos eternamente atentos a la primera señal de alejamiento del mal y acercamiento al bien.

---

47. Ibíd., p. 332.

Por mucho que crea que actualmente Harari actúa como un «Robocop para el Imperio» que Klaus Schwab y los globalistas desean establecer, veo signos de que su humanidad está emergiendo y su conciencia le preocupa.

La mayor victoria no es destruir a tu enemigo, sino darle la bienvenida cuando se da cuenta del error de sus caminos.

No creo que se haya escrito la última palabra sobre si Yuval Noah Harari es una fuerza del mal o del bien en este mundo.

Viviré con la esperanza de que encuentre el camino de regreso a la luz. Sin embargo, la elección es suya. A diferencia de los globalistas, Dios no nos obliga a hacer nada. Para que nuestras decisiones tengan algún significado, debemos tomarlas de forma voluntaria y sin coerción.

Tomar decisiones voluntarias es uno de los aspectos más importantes de vivir como un ser humano libre y emerger como alguien tranquilo y en paz con el mundo.

CAPÍTULO 6

Probablemente no te enfrentarás a un pelotón de fusilamiento en el Gran Reinicio, pero sí podrías terminar en un gulag digital

Hemos dedicado mucho tiempo a revisar los escritos de Klaus Schwab y de otros globalistas, pero ¿cuál es la evidencia de que estos planes se están poniendo en marcha?

Creo que es importante tener en cuenta que es poco probable que encontremos un correo electrónico de Klaus Schwab dando instrucciones a algún líder mundial, como por ejemplo a Justin Trudeau de Canadá, sobre cómo abordar una situación. Sin embargo, cuando entendemos la filosofía de los globalistas, la pregunta es: ¿podemos encontrar ejemplos que parezcan lo suficientemente coherentes con sus puntos de vista como para que podamos suponer que están implicados en algún nivel?

Creo que podemos encontrar múltiples ejemplos de tales esfuerzos, empezando por el convoy de camiones que rodeó el Parlamento canadiense en enero y febrero de 2022 en protesta por las restricciones por la COVID-19. Así describió las protestas la revista *Fortune:*

La brigada de manifestantes camioneros de Canadá se reunió por primera vez en Ottawa el 28 de enero y ocupó varias calles de la capital del país. La protesta comenzó como oposición a la introducción de un mandato que exige que todos los camioneros transfronterizos se vacunen contra la COVID-19.

Según la Canadian Trucking Alliance, aproximadamente el 90 % de los camioneros canadienses ya estaban vacunados, pero una minoría de camioneros se opuso al nuevo requisito para los conductores que transportan mercancías entre Canadá y Estados Unidos.

A medida que las protestas y su convoy se extendieron por todo Canadá, el foco de la manifestación se amplió para oponerse a todos los mandatos de la era de la pandemia, como los requisitos de uso de mascarillas y los registros de pasaportes de vacunas COVID.[1]

Es posible que hayas seguido las protestas de los camioneros en Canadá, pero tal vez no. Creo que el artículo de *Fortune* hizo un buen trabajo al resumir cómo empezó la protesta. La mayoría de los movimientos de protesta comienzan con un solo tema, como en Estados Unidos con la muerte de George Floyd bajo custodia policial, y luego se desarrollan en un debate sobre algunos temas más amplios, como las prácticas policiales en todo el país y su efecto en las comunidades de color.

Las democracias nacen de la protesta, y eso es lo que les da vitalidad. Como hemos demostrado abundantemente en este libro, a los globalistas no les gustan las protestas, ya que creen que no hay razón para hablar con sus oponentes. ¿Trató Trudeau a los manifestantes de una manera coherente con un enfoque globalista? Tú decides:

Para los manifestantes, el primer mal presagio para su movimiento llegó el 5 de febrero, cuando GoFundMe suspendió la cuenta de

1. Eamon Barret, «Pepper Spray, Tow Trucks, and Bitcoin Seizures: How Canada Finally Ended the Weeks-Long Freedom Convoy Protests in Ottawa», *Fortune*, 21 de febrero de 2022, www.fortune.com/2022/02/21/canada-ottawa-freedom-convoy-protest-ends-truckers-arrest-covid-vaccine-mandate/

recaudación de fondos de Lich después de recibir informes policiales sobre violencia en las protestas y otras actividades ilegales.

«Esta campaña de recaudación de fondos viola nuestros Términos de Servicio (Término 8, que prohíbe la promoción de la violencia o el acoso) y ha sido eliminada de la plataforma», dijo GoFundMe, y agregó que devolvería a los donantes los 8 millones de dólares recaudados.

Sin dejarse intimidar por la pérdida de millones, los organizadores de la protesta simplemente cambiaron sus tácticas de recaudación de fondos. Poco después de que GoFundMe cerrara la cuenta principal del grupo, cuatro partidarios de la protesta, que se hacían llamar HonkHonkHodl, lanzaron una nueva página de recaudación de fondos en el apartado dedicado especialmente a eso en el sitio de criptomonedas Tallycoin.[2]

El artículo continúa informando a los lectores de que la policía federal de Canadá cerró el sitio de criptomonedas y que se detuvieron las transacciones de treinta y cuatro billeteras de criptomonedas. Finalmente, también se congelaron otras 146 billeteras de criptomonedas.[3] El Gobierno de Canadá había restringido, sin el debido proceso, las transacciones financieras de los canadienses respetuosos de la ley. El Gobierno de Trudeau acababa de sentar un precedente peligroso. Pero no habían terminado:

El lunes pasado, el primer ministro de Canadá, Justin Trudeau, asestó el golpe final a la campaña del Convoy de la Libertad e invocó la Ley de Emergencias por primera vez en la historia de Canadá, facultando a la policía a actuar contra los manifestantes.

«No podemos permitir y no permitiremos que continúen las actividades ilegales y peligrosas», dijo Trudeau al invocar la Ley de Emergencias, que otorga a la policía mayor margen de maniobra para imponer multas, encarcelar a manifestantes y remolcar vehículos que bloqueen las carreteras.

2. Ibíd.
3. Ibíd.

> La Ley de Emergencias también obligó a las instituciones financieras a cumplir las órdenes policiales de congelar los fondos asociados a «personas designadas» (en este caso, los manifestantes). Con los fondos bloqueados, el sentimiento público vuelto en su contra y la amenaza inminente de arresto y sanciones financieras, el movimiento de protesta comenzó a perder impulso.[4]

Durante la mayor parte de mi vida, he considerado que Canadá tiene casi los mismos valores que Estados Unidos. Y, sin embargo, lo que Trudeau hizo con los camioneros es atroz, algo que uno esperaría ver en alguna dictadura del tercer mundo.

¿Te imaginas a un presidente estadounidense haciendo algo similar a las protestas contra la guerra o por los derechos civiles de los años sesenta? ¿A las protestas antinucleares de los años ochenta? ¿A las protestas y disturbios del Black Lives Matter de 2020? ¿Puede esto empeorar? Sí, puede. Porque la tecnología, que puede conectar cosas entre sí, hace que sea aún más fácil para el Gobierno clausurarte si no le gusta la forma en que te estás comportando.

Imaginemos un escenario en el que el Gobierno canadiense pudiera desconectar los servicios bancarios móviles de todos los manifestantes de la caravana de camioneros. No investigando quiénes estaban allí y poniéndose en contacto con sus instituciones bancarias, sino simplemente monitorizando el GPS de los móviles de todos los manifestantes pacíficos (como hicieron con los manifestantes del 6 de enero) y desconectando sus servicios bancarios móviles.

Ahora imaginemos que desactivaran todas sus aplicaciones móviles, o que todos estuviéramos conectados a una moneda digital emitida por un banco central y que nos descontaran créditos sociales o retiraran dinero de su moneda digital tokenizada. Imaginemos un mundo en el que se rastrearan todos nuestros movimientos, en el que la inteligencia artificial (IA) analizara nuestras opiniones y pudiéramos ser penalizados instantáneamente por pensar mal.

---

4. Ibíd.

Éste es el mundo que las élites globales quisieran crear con el Gran Reinicio.

Esto no es fantasía.

No se trata de una teoría conspirativa poco realista. La tecnología ya está disponible y ése es el objetivo declarado de los gobiernos globales y del Foro Económico Mundial.

En respuesta a la invasión de Ucrania por parte de Putin, Apple Pay y Google Pay cortaron las finanzas de innumerables ciudadanos rusos comunes. Surgieron fotos virales de colas masivas en el sistema de metro de Moscú que mostraban a miles de ciudadanos incapaces de acceder a sus finanzas, buscando a tientas dinero en efectivo para los billetes de tren. Así se informó en Inglaterra el 28 de febrero de 2022:

> Los rusos ya no pueden usar sus tarjetas bancarias con Google Pay y Apple Pay debido a que nuevas sanciones financieras impuestas afectan al país.
>
> «Apple Pay no funciona en Rusia. Mi banco me envió un mensaje diciendo que los servicios podrían no funcionar debido a cambios en el mercado», dijo un ciudadano ruso a *Metro.co.uk* el domingo.
>
> En 2020, el 29 % de los rusos informó que usaban Google Pay, mientras que el 20 % usaba Apple Pay.[5]

El hecho de no utilizar dinero en efectivo significa que el Gobierno puede simplemente cortar en cualquier momento la posibilidad de existir en sociedad. ¿Nos preguntamos por qué los rusos podrían creer que Estados Unidos está interesado en arruinar su país? Existe una disputa entre los líderes de Rusia y Occidente en torno a la idea de que estamos tratando activamente de dañar a los ciudadanos de Rusia. ¿Cómo se permite algo así?

---

5. Anugraha Sundaravelu, «Russians Cut Off from Apple Pay and Google Pay», *Metro News*, 28 de febrero de 2022, www.metro.co.uk/2022/02/28/russians-cut-off-from-apple-pay-and-google-pay-16187728/

El presidente de la Reserva Federal, Jerome Powell, y el Banco de la Reserva Federal exploraron un dólar digital. De un informe de la CNBC del 20 de enero de 2022 sobre el esfuerzo:

> La Reserva Federal publicó el jueves su tan esperada exploración de un dólar digital, pero no tomó posición sobre la emisión de una moneda digital del banco central.
>
> En cambio, el documento de 40 páginas del banco central explora una plétora de cuestiones y señala que se solicitarán comentarios públicos. El gobernador de la Fed, Leal Brainard, que ha sido nominado como vicepresidente, es el mayor defensor del proyecto, mientras que otros funcionarios han expresado su escepticismo.
>
> «Esperamos interactuar con el público, los representantes electos y una amplia gama de partes interesadas mientras examinamos los aspectos positivos y negativos de una moneda digital del banco central de Estados Unido», dijo Powell en un comunicado.[6]

Ahora bien, este libro adopta una determinada visión sobre cómo los globalistas ejecutarán sus planes, sin mostrar sus cartas, mientras trabajan entre bastidores para llevarlos a cabo. Al leer la declaración de Powell, éste suena como un globalista típico, que utiliza frases como «interactuar con el público, los representantes electos y una amplia gama de partes interesadas», lo que me hace sospechar que están más avanzados en sus esfuerzos de lo que admiten.

China ya ha puesto en marcha un programa piloto para una moneda digital, como se detalla en un artículo de la CNBC del 10 de enero de 2022:

---

6. Jeff Cox, «Fed Releases Long-Awaited Study on a Digital Dollar, But Doesn't Take a Position Yet on Creating One», 20 de enero de 2022, CNBC, www.cnbc.com/2022/01/20/fed-releases-long-awaited-study-on-a-digital-dollar-but-doesnt-take-a-position-yet-on-creating-one.html

> China está intensificando sus esfuerzos para implementar el yuan digital para una población más amplia, a medida que gigantes tecnológicos del país como Alibaba y Tencent se suman a ello [...].
>
> También conocido como e-CNY, está diseñado para reemplazar el efectivo y las monedas que ya están en circulación. No es una criptomoneda como el bitcoin, en parte porque está controlada y emitida por el banco central. El bitcoin es una moneda digital descentralizada que no está respaldada por ningún banco central ni por un administrador único.
>
> El yuan digital de China es una forma de moneda digital del banco central (CBDC) en la que también están trabajando muchos otros bancos centrales de todo el mundo, aunque el banco central chino está muy por delante de sus pares globales.[7]

Esto no es un mundo de fantasía. Ya existe, y las élites están esperando la crisis o los incentivos adecuados para introducir a la gente en el nuevo sistema digital.

Mientras tratamos de darle sentido a la guerra entre Rusia y Ucrania, probablemente sea útil preguntarnos si el presidente de Ucrania, Volodymyr Zelenski parece estar del lado de la libertad o del lado de los globalistas. Si aceptamos la idea de que los globalistas están intentando tomar el control de la tecnología, podríamos sospechar los motivos de Zelenski cuando anunció en febrero de 2020 un esfuerzo para poner el «Estado en un teléfono inteligente». Esto es de una publicación ucraniana:

> El presidente y el primer ministro de Ucrania presentaron el 6 de febrero la aplicación móvil de gobierno electrónico del país Diia (acción), que tiene como objetivo digitalizar todos los servicios gubernamentales y desempeñar un papel central en la gestión del presidente Volodymyr Zelenski.

---

7. Arjun Kharpal, «China is Pushing for Broader Use of Its Digital Currency», 10 de enero de 2022, CNBC, www.cnbc.com/2022/01/11/china-digital-yuan-pboc-to-expand-e-cny-use-but-challenges-remain.html

A finales del invierno, aparecerá en la aplicación un pasaporte digital que permitirá a los usuarios viajar dentro del país, realizar operaciones bancarias y utilizar servicios médicos.[8]

Este esfuerzo de «Estado en un teléfono inteligente» fue liderado por Mykhailo Fedorov, viceprimer ministro y ministro de Transformación Digital de Ucrania, y es también «Young Global Leader» del Foro Económico Mundial, y fue ponente en la sesión «Scaling Up Digital Identity Systems» del Foro Económico Mundial. Así lo describen en su biografía en el Foro Económico Mundial:

> Mykhailo Fedorov es el viceprimer ministro y ministro de Transformación Digital de Ucrania. Es el ministro más joven en la historia de la política ucraniana y, a sus 30 años de edad, ha logrado abrir sus propios negocios y liderar la revolución digital del país. Su proyecto más importante como ministro es el «Estado en un teléfono inteligente», que pretende que, para 2024, el 100 % de los servicios gubernamentales estén disponibles en línea, con un 20 % de servicios prestados automáticamente sin la intervención de un funcionario y un formulario en línea para recibir un paquete de servicios.[9]

En su biografía para el Foro Económico Mundial se afirma que su objetivo más importante es «el Estado en un teléfono inteligente», que pretende que para 2024 el 100 % de todos los servicios gubernamentales estén disponibles en línea (parece inofensivo), y que el 20 % de los servicios se presten automáticamente sin la intervención de un funcionario (parece aterrador). Imagina que nuestro Gobierno retire automáticamente el dinero de tu cuenta o que congele automáticamente tu cuenta en función de tu derecho

8. Roman Tymotsko, «Zelenskyy Administration Launches "State in a Smartphone" App», 14 de febrero de 2020, *The Ukrainian Weekly*, www.ukrweekly.com/uwwp/zelenskyy-administration-launches-state-in-a-smartphone-app/

9. Mykhailo Fedorov, «World Economic Forum – Biography». Acceso 7 de junio de 2022, www.weforum.org/people/mykhailo-fedorov

a protestar pacíficamente, de tus opiniones políticas o de tu huella de carbono.

Durante su presentación en el Foro Económico Mundial en 2021, Fedorov dijo:

> Nuestro objetivo es hacer posible todas las situaciones de la vida con esta identificación digital –dijo Fedorov y agregó–: La pandemia ha acelerado nuestro progreso. En primer lugar, la gente ahora demanda servicios digitales en línea y no tiene otra opción que confiar en la tecnología. Creemos que tenemos que hacer el mejor producto posible, un producto de alta calidad, un producto que sea tan conveniente que una persona pueda romper con sus estereotipos, romper con sus miedos y comenzar a utilizar una aplicación hecha por el Gobierno.[10]

¡Vaya! Estamos hablando de un sistema centralizado totalmente controlado por el Gobierno que no sólo rastrea y sabe todo sobre ti, sino que también puede congelar tu cuenta cuando lo considere oportuno. No sólo eso, sino que estos servicios de identificación digital ucranianos también ofrecerán vacunación, pasaportes electrónicos y certificados de COVID ucranianos.

Ucrania fue pionera en un sistema que los Gobiernos de todo el mundo podían utilizar como modelo para controlar a sus poblaciones.

Si miramos la invasión rusa de Ucrania desde esa perspectiva, ¿parecen tan difíciles de entender las acciones de Putin?

* * *

Imagina que todo tu dinero ya no es dinero, sino un crédito dentro de un sistema digital centralizado administrado por el Gobierno.

---

10. Tim Hinchliffe, «The Fourth Industrial Revolution & the Great Reset: Programming People Like CBDCs with Digital ID», 11 de abril de 2022, *The Sociable*, www.sociable.co/government-and-policy/fourth-industrial-revolution-the-great-reset-programming-people-cbdc-digital-id/

Tiene un número de serie completamente identificable y rastreable.

Podría estar codificado para no permitirte comprar carne, bitcoins, viajes aéreos u oro.

Podría bloquear tu capacidad de comprar una almohada de la empresa de Mike Lindell, MyPillow.

O se te podría bloquear la compra de productos de mi tienda de suplementos en InfoWars.

Ahora, añadamos a esto un documento de identidad digital, un pasaporte de vacunación que caduca si no estás al día con tus dosis de refuerzo y que también rastrea tus movimientos mediante GPS para saber si has estado en reuniones o protestas equivocadas. Puede medir la distancia que has recorrido y si estás cometiendo el pecado capital de las emisiones excesivas de carbono. Si dices, haces, compras, viajas o traduces con la empresa «equivocada», tus créditos pueden ser gravados o congelados. Esto se convierte en una herramienta que queda muy fuera del alcance de la política monetaria; se convierte en un gulag digital.

Por supuesto, todos hemos oído hablar de los gulags, campos de trabajos forzados que se mantuvieron en la Unión Soviética. Estos gulags se convirtieron en prisiones utilizadas para capturar, controlar y esclavizar a los disidentes. ¿Y qué era un disidente? Simplemente una persona que se oponía a la política oficial de un Estado autoritario. Ahora imaginemos que este gulag digital se utilizase en países de todo el mundo, o en Estados Unidos.

En el mundo actual, no necesitan un gulag físico ni un campo de prisioneros. Sólo necesitan implementar el sistema de identificación mundial, los pasaportes de vacunas y la moneda digital del banco central. Una vez que tengan todo esto, pueden encarcelar a quien quieran en un gulag digital.

El acceso a los bancos, restringido.

El acceso a los servicios médicos, cancelado.

Los impuestos, confiscados automáticamente.

Y los «créditos», que antes eran «dinero», son 100 % programables para ser eliminados o congelados si practicas «pensamientos incorrectos». ¿No estás al día con tu duodécima dosis de refuerzo? ¡Cuentas financieras congeladas! ¿Compras demasiada carne o productos de las empresas equivocadas? ¡Congeladas! ¿Asistes a una protesta pacífica que el Gobierno considera problemática? ¡Congeladas!

Claro, fui la primera persona en la historia a la que censuraron y eliminaron por completo de las redes sociales. Claro, fui la primera persona a la que todas las redes sociales, empresas tecnológicas e instituciones financieras eliminaron de sus servicios. Eso fue malo, pero imagínate lo que sucede cuando todo está centralizado en una identificación mundial, un pasaporte de vacunas y una moneda digital de un banco central.

Pero para que esto sea un poco más aterrador, hablemos del Sistema de Puntuación de Crédito Social chino, que sin duda estará vinculado a su dinero digital. Esto es de un artículo de *Business Insider* de diciembre de 2021 sobre ese sistema:

> El Partido Comunista Chino ha estado construyendo durante años un sistema de clasificación moral que monitorizará el comportamiento de su enorme población y los clasificará a todos en función de su «crédito social».
>
> Al igual que las puntuaciones de crédito privadas, la puntuación social de una persona puede subir y bajar dependiendo de su comportamiento.
>
> La metodología exacta es un secreto, pero algunos ejemplos de infracciones incluyen mala conducción, fumar en zonas para no fumadores, comprar demasiados videojuegos y publicar noticias falsas en línea, específicamente sobre ataques terroristas o seguridad aeroportuaria.
>
> Otros posibles delitos punibles incluyen pasar demasiado tiempo jugando videojuegos, gastar dinero en compras frívolas y publicar en las redes sociales.[11]

11. Katie Canales, «China's Social Credit System Ranks Citizens and Punishes Them with Throttled Internet Speeds and Flight Bans if the Communist Party Deems Them Untrustworthy», 24 de diciembre de 2021, *Business Insider*,

En China, estar desacreditado o incluido en una lista negra hace que sea casi imposible conseguir un trabajo, viajar, comprar cosas en las tiendas, conseguir una hipoteca o tener hijos. También puede suceder que la velocidad de tu conexión a Internet se reduzca o que no puedas subirte a un avión. Eso sin mencionar el componente de humillación pública, ya que incluso hay una aplicación que te muestra los nombres y las fotos de todas las personas a tu alrededor que tienen un bajo nivel de créditos sociales o están endeudadas financieramente.[12]

Todo esto se hace a través de datos algorítmicos, que permiten a China monitorizar todo y crear perfiles de los ciudadanos. Hoy en día, no se necesitan cámaras de vigilancia masivas. Tu teléfono es un sistema GPS y todo es identificable y rastreable a través de tu historial financiero e Internet.

No estoy presentando una teoría conspirativa sin fundamento, como les gusta decir a muchos.

Todo esto es real y está sucediendo en tiempo real. Luego, cuando se combinan las características modernas de las grandes empresas tecnológicas, entre Google, las aplicaciones de redes sociales y los grandes bancos, toda la vida puede ser fácilmente calificada y programada a través de un sistema de crédito. No es difícil ver cómo una moneda digital de un banco central de créditos financieros programables se vincularía a un sistema global de identificación mundial, pasaporte de vacunas y puntuación de crédito social.

Ahora pensemos en el hecho de que Justin Trudeau declaró de manera abierta que el Gobierno que más admira es el de China. Esto es de *The Toronto Sun* de febrero de 2011, en relación con el profundo respeto de Trudeau por la forma de gobierno de China:

---

www.businessinsider.com/china-social-credit-system-punishments-and-rewards-explained-2018-4

12. Alexandra Ma, «China reportedly Made an App to Show people if they're Standing Near Someone in Debt – A New part of Its Intrusive "Social Credit" Policy», 2 de enero de 2019, *Business Insider*, www.businessinsider.com/china-app-shows-map-of-people-in-debt-for-social-credit-system-report-2019-1

No debería sorprender que el primer ministro Justin Trudeau diga que necesita más evidencia antes de concluir que el trato horrendo de China a su minoritaria población musulmana uigur es un genocidio, a pesar de haber acordado hace dos años que el trato de Canadá a su población indígena era un genocidio.

Como lo expresó célebremente Maya Angelou: «Cuando las personas te muestran quiénes son, créelas la primera vez».

Aunque hoy en día Trudeau tiene una visión menos idealista de China, en 2013, cuando era líder liberal, le preguntaron durante una «Noche de Damas» de recaudación de fondos para el Partido Liberal qué país admiraba más, además de Canadá.

Respondió: «Tengo un cierto nivel de admiración por China. Su dictadura básica les está permitiendo cambiar su economía en un abrir y cerrar de ojos y decir: "Necesitamos ser ecológicos, queremos empezar a invertir en energía solar"».[13]

Pensemos en el hecho de que países de todo el mundo se apresuran a lanzar sistemas de identificación digital, pasaportes de vacunación y monedas digitales emitidas por bancos centrales. Las élites globales ven esto como una herramienta de control necesaria para conservar el poder total sobre la población y todos los comportamientos sociales.

¿Ves cómo todo esto se relaciona con una billetera digital, que es una fachada para un sistema de calificación crediticia social? Los pasaportes de vacunas son el caballo de Troya de una identificación mundial, integrada con una moneda digital del banco central y un sistema de calificación crediticia social.

Las migas de pan están todas dispuestas, perfectamente ordenadas, en fila.

Pero la cosa se torna aún más distópica si pensamos en lo que ocurrió en Canadá durante las protestas de los camioneros de 2022.

---

13. Lorrie Goldstein, «Trudeau Said he Admired China's Dictatorship – Believe Him!», 17 de febrero de 2021, *Toronto Sun*, www.torontosun.com/opinion/columnists/goldstein-trudeau-said-he-admired-chinas-dictatorship-believe-him

En virtud de la Ley de Emergencia, Justin Trudeau utilizó leyes antiterroristas para confiscar las cuentas bancarias de personas que donaron tan sólo 50 dólares.

En pocas palabras, utilizaron órdenes de emergencia para suspender el Estado de derecho, los etiquetaron como terroristas y confiscaron sus activos financieros.

En el programa de Glenn Beck, el exejecutivo de PayPal David Sacks dijo: «Tienen todos los ingredientes que Justin Trudeau pudo aprovechar. Lo único que realmente les falta es la emergencia».[14]

La conversación de Glenn con Sacks comienza con las siguientes preguntas: «¿Estamos lejos de este sistema para tener una verdadera calificación crediticia? ¿Cree que esto sucederá más pronto que tarde? ¿Y qué podemos hacer para detenerlo?».[15]

El exejecutivo de PayPal respondió:

> Bueno, mi principal preocupación es que, en definitiva, no soy canadiense y veo con tristeza lo que está sucediendo allí, pero, en última instancia, dependerá de los canadienses gobernarse a sí mismos. Lo que más me preocupa es el precedente que ha sentado Trudeau y que los progresistas aquí en Estados Unidos podrían considerar e implementar. E identifiquemos los elementos de los ingredientes de este caldo tóxico que ya existe aquí.
>
> En primer lugar, hay grandes empresas tecnológicas como PayPal, mi *alma mater,* que han estado congelando cuentas basándose en que trabajan con grupos políticos partidistas para excluir a personas del sistema financiero. Esa práctica ya se está llevando a cabo.
>
> En segundo lugar, hay estados de emergencia, como en California, donde vivo, donde el gobernador sigue actuando bajo ese estado. Ha invocado poderes de emergencia que parecen no tener fin nunca, a pesar de que acabamos de celebrar una Super Bowl en el

---

14. «Benjamin Teitelbaum and David Sacks», *The Glenn Beck Program,* 23 de febrero de 2022, www.play.acast.com/s/theglennbeckprogram/16be1784-94cb-11ec-ac18-43ea7c3f64af

15. Ibíd.

> que 30 000 personas estaban sentadas codo con codo sin mascarillas, pero aún seguimos en estado de emergencia.
>
> En tercer lugar, recientemente el Departamento de Seguridad Nacional ha definido la desinformación sobre la COVID o las elecciones como un factor que contribuye al nivel de amenaza terrorista.
>
> En otras palabras, la desinformación, en su opinión, puede contribuir al terrorismo. Tenemos ahora todos los ingredientes: políticos que invocan el estado de emergencia, grandes empresas tecnológicas que excluyen a la gente del sistema político y una redefinición del terrorismo muy aterradora y peligrosa que se aplica de manera efectiva a la descendencia política nacional. Tenemos todos los ingredientes que Justin Trudeau supo aprovechar.
>
> Y lo único que realmente falta es la emergencia necesaria para invocar esos poderes. Eso es lo que me preocupa. Veo que todos los precedentes se están uniendo, pero tenemos algo en Estados Unidos que Canadá no tiene, que es una rica tradición constitucional. Tenemos las protecciones bajo la constitución. Así que tengo la esperanza de que nuestra Corte Suprema nos proteja contra un ataque autoritario a nuestras libertades de esta manera. Sin embargo, hay muchos en nuestro sistema político que quieren pasar por encima de la Corte Suprema.[16]

Sé que esto da miedo, pero la única manera de vencerlo es entender qué está pasando realmente. Créeme, preferiría estar en la playa, jubilado, en algún otro lugar.

Pero saltémonos las vacaciones por ahora y pongamos algo de contexto en la situación canadiense.

Barry MacKillop, subdirector del Centro de Análisis de Informes y Transacciones Financieras, FINTRAC por sus siglas en inglés, habló ante el comité de finanzas de la Cámara de los Comunes de Canadá:

---

16. Ibíd.

> El dinero que los organizadores lograron recaudar no sólo no era dinero en efectivo que financiara el terrorismo ni que fuera de algún modo dinero negro lavado, sino que simplemente las personas que vivían en lo que creían que era un país democrático creían que era una manera segura de expresar su posición sobre un tema. Estos ciudadanos, que evidentemente fueron tratados por su Gobierno como potenciales terroristas y lavadores de dinero, en realidad estaban hartos de la COVID y estaban molestos y sólo querían apoyar la causa.[17]

Sí, eso ocurrió en el país democrático de Canadá, en el que el primer ministro Justin Trudeau dijo en diciembre de 2020: «Canadá siempre defenderá el derecho a la protesta pacífica en cualquier parte del mundo».[18]

Trudeau hizo esta declaración mientras criticaba a la India por su respuesta policial a los bloqueos de los agricultores en Delhi. Veamos esto: Canadá condenó de manera abierta a los Gobiernos extranjeros por reprimir las protestas legítimas. Luego, cuando una protesta en Canadá amenazó su agenda política, utilizaron órdenes de emergencia para etiquetarlos como terroristas potenciales y congelar sus activos financieros.

* * *

Ahora pensemos en el Departamento de Seguridad Nacional, que emitió un boletín del Sistema Nacional de Asesoramiento sobre Terrorismo el 7 de febrero de 2022, que apareció en todos los canales de noticias y que en su sitio web decía:

---

17. Didi Rankovic, «Canada's Finance Intelligence Expert Admits Freedom Convoy Donos Posed No Threat», 2 de marzo de 2022, NewsWars, www.newswars.com/canadas-finance-intelligence-expert-admits-freedom-convoy-donors-posed-no-threat/

18. Mike Blanchfield, «Trudeau Says Canada Will Always Defend Right to Peaceful Protest after India Criticizes PM's Farmer Remarks», 4 de diciembre de 2020, *The Globe and Mail*, www.theglobeandmail.com/world/article-india-formally-protests-to-canada-over-trudeau-remarks-on-farm-2/

> Estados Unidos sigue en un entorno de mayor amenaza alimentado por varios factores, incluido un entorno en línea lleno de narrativas falsas o engañosas y teorías conspirativas, y otras formas de desinformación, información errónea e información malintencionada (MDM) introducidas o amplificadas por actores amenazantes nacionales y extranjeros. Estos actores amenazantes buscan exacerbar la fricción social para sembrar discordia y socavar la confianza pública en las instituciones gubernamentales para alentar el malestar, lo que podría inspirar actos de violencia.[19]

Fíjate en este divertido término: «MDM» [por sus siglas en inglés: *misinformation*, *disinformation*, y *malinformation*]. En otras palabras, si no sigue la narrativa oficial de los gobernantes, es un objetivo potencial. Esto es de un boletín anterior del 13 de agosto de 2021, que decía:

> Estos extremistas pueden intentar explotar la aparición de variantes de la COVID-19 al considerar el posible restablecimiento de restricciones de salud pública en todo Estados Unidos como una justificación para llevar a cabo ataques. Los factores de estrés relacionados con la pandemia han contribuido a aumentar las tensiones sociales, lo que ha impulsado varias conspiraciones de extremistas violentos domésticos y pueden contribuir a que haya más violencia este año.[20]

Sí, has leído bien. Si eres como la mitad de la población estadounidense y te opones a las restricciones por la COVID, podrías ser

---

19. «Summary of Terrorism Threat to the U.S. Homeland», National Terrorism Advisory System Bulleting, U.S. Department of Homeland Security, 7 de febrero de 2022, www.dhs.gov/ntas/advisory/national-terrorism-advisory-system-bulletin-february-07-2022

20. «Summary of Terrorism Threat to the U.S. Homeland», National Terrorism Advisory System Bulleting, U.S. Department of Homeland Security, August 13, 2021, www.dhs.gov/ntas/advisory/national-terrorism-advisory-system-bulletin-august-13-2021

un terrorista. Lo mismo se aplica a quienes cuestionan el fraude electoral o cualquier problema con el voto por correo. ¡Podrías ser un terrorista!

¿Y sabes lo que eso significa en un mundo digital? Tus créditos financieros pueden congelarse, tus derechos pueden suspenderse y puedes terminar en un gulag digital.

Es curioso cómo todo esto vuelve a dar un giro, ¿no? ¿Recuerdas cuando todo esto era sólo una teoría conspirativa y me calificaron de lunático?

Recapitulemos hasta el modelo simple: lograr que todos tengan una identificación mundial, un pasaporte de vacunación y una identificación digital. Hacer que todos accedan a un sistema financiero digital, vinculado por una moneda digital de un banco central.

La moneda digital no será dinero, serán créditos.

Todos estos créditos serán identificables, rastreables y estarán vinculados a una *blockchain*. Estos créditos financieros se pueden congelar de manera instantánea, programar para que caduquen o para que no funcionen para ciertos productos o negocios. Y todo este sistema digital se vinculará a un sistema de puntuación crediticia social que se convertirá en tu propia prisión digital, a menos que se te considere un «ciudadano modelo» a los ojos del Estado. Pero recuerda, todo esto se hace por tu seguridad, protección y conveniencia.

En febrero de 2022, el Foro Económico Mundial de Klaus Schwab publicó un informe titulado «Advancing Digital Agency», en el que se afirmaba: «La pandemia de COVID-19 ha hecho que se preste mayor atención al poder de los datos médicos, en concreto a los denominados pasaportes de vacunación. Estos pasaportes, por naturaleza, sirven como una forma de identidad digital».[21]

---

21. «Advancing Digital Agency – The Power of Data Intermediaries», World Economic Forum, febrero de 2022, p. 24, www3.weforum.org/docs/WEF_Advancing_towards_Digital_Agency_2022.pdf

Como puedes ver, esto no tiene nada que ver con la salud y la seguridad. No tiene nada que ver con las vacunas en general. El pasaporte de vacunas es el sistema operativo del método de vigilancia World ID. En otras palabras, el pasaporte de vacunas es el caballo de Troya del gulag digital.

Muchas veces me acusan de ser sensacionalista, alarmista o un simple teórico de la conspiración. ¿Qué pasará con los ciudadanos de la UE (o si esto llega a Estados Unidos, como temo que pueda suceder) que no quieran participar en un sistema tan antihumano? No podrán viajar, o tal vez, como en China, no podrán conseguir un billete de avión o tal vez ni siquiera se les permita tener dinero para comida a menos que cumplan sus deseos. ¿Ha habido alguna vez en la historia de la humanidad un momento en el que los gobernantes no hayan intentado salirse con la suya apoderándose de la máxima cantidad posible de poder?

La identidad digital se venderá como un servicio que no será obligatorio. Piensa en cómo intentarán vendértelo. El discurso será muy sutil. No tienes que presentarte, pero si no lo haces, es como si te fueras a vivir a una cabaña en el bosque.

Imagínate que tu vecino te dijera que necesita una habitación extra en tu casa, pero no tendría que obligarte porque simplemente ya sería una obligación para ti.

La pandemia de COVID-19 ha proporcionado el caballo de Troya perfecto para el sistema de vigilancia digital de la «nueva normalidad» que destruirá tus libertades básicas.

Uno de los aspectos más alarmantes es que casi todos los Gobiernos del mundo están impulsando la misma agenda de gulag digital. Es casi como si el Foro Económico Mundial hubiera y penetrado en los gabinetes de los Gobiernos globales y los hubiera comprado.

¿Es esto sólo una teoría de la conspiración?

¡No! ¡Lo dijo el propio Klaus Schwab durante un discurso en 2018!

Schwab describió cómo su subversivo Foro Económico Mundial se ha «infiltrado», en sus propias palabras, en Gobiernos de todo el mundo. «Tengo que decir que, cuando menciono ahora nombres como el de la señora (Angela) Merkel e incluso el de Vladimir Putin, etcétera, todos ellos han sido Jóvenes Líderes Globales del Foro Económico Mundial», afirma.[22]

Por lo tanto, no debería sorprender que la agenda del gulag digital se esté difundiendo con un lenguaje similar en todo el mundo y al mismo tiempo. Y ese momento sería ahora.

* * *

El Grupo de Trabajo sobre Identidad Digital (DIWG, por sus siglas en inglés), presidido por la Agencia de Transformación Digital de Australia –cuyos países miembros también incluyen a Canadá, Finlandia, Israel, Nueva Zelanda, Singapur, los Países Bajos, el Reino Unido y el Banco Mundial (a través de su estatus de observador–, se reunió inicialmente en 2020 para «compartir experiencias y oportunidades para el uso de iniciativas de identidad digital».[23]

Su agenda es: «comprender cómo se utiliza la identidad digital y los modelos que podrían permitir el reconocimiento mutuo o la interoperabilidad, compartir las experiencias de los respectivos gobiernos con la identidad digital, incluso en la respuesta a la COVID-19, y comprender lo que se requiere para permitir el reconocimiento mutuo o la interoperabilidad entre los países miembros del DIWG».[24]

La conclusión general es que la identificación digital es una necesidad para que los humanos compartan datos en la «nueva normalidad». El informe concluye:

> En última instancia, cuando se aplica esto, se pueden aprovechar los beneficios que se obtienen tanto del reconocimiento mutuo

---

22. «Klaus Schwab Brags Vladimir Putin, Tony Blair, and Angela Merkel Belonged to WEF's Young Global Leaders», 25 de febrero de 2022, YouTube, www.youtube.com/watch?v=Vq6YaQNG05c
23. «Digital Identity in response to COVID-19», Digital Identity Working Group, 2022, p. 3, www.tech.gov.sg/files/media/corporate-publications/FY2021/dgx_2021_digital_identity_in_response_to_covid-19.pdf
24. Ibíd.

> como de la interoperabilidad, como interacciones gubernamentales más eficientes y un mayor apoyo para las personas que viajan al extranjero. En el futuro, esto también podría facilitar una recuperación más amplia de la COVID-19, como certificados de vacunación sólidos, mutuamente reconocidos y fiables para permitir un movimiento transfronterizo más seguro.[25]

¿Ves cómo siempre se trata de las vacunas? Los pasaportes de vacunas son el caballo de Troya para promover la identidad digital por parte de ONG como la Fundación Bill y Melinda Gates, la Fundación Rockefeller, la ID2020 respaldada por las Naciones Unidas,[26] la iniciativa ID4D del Banco Mundial,[27] y el programa «Reimaginar la identidad digital: un imperativo estratégico» del Foro Económico Mundial.[28]

El plan de gulag digital del FEM, combinado con el Sistema de Puntuación de Crédito Social chino, es la base centralizada para un sistema de crédito social global que dará a las élites globales control total sobre los ciudadanos.

* * *

Dos nombres interesantes que encabezan este movimiento son Isabella Chase y Rick McDonnell. McDonnell es el director ejecutivo de ACAMS, una organización de profesionales en materia de lucha contra el delito financiero. Su currículum también incluye su experiencia en las Naciones Unidas como jefe del Programa Mundial de las Naciones Unidas sobre el Blanqueo de Dinero.

---

25. Ibíd., p. 17.
26. United Nations ID 2020. Acceso 7 de junio de 2022, www.id2020. org/
27. World Bank's ID4D Initiative. Acceso 7 de junio de 2022, www.id4d.worldbank.org/about-us
28. «Reimagining Digital Identity: A Strategic Imperative», World Economic Forum. Acceso 7 de junio de 2022, www3.weforum.org/docs/WEF_Digital_Identity_Strategic_Imperative.pdf

Si simplemente conectamos los puntos con las Leyes de Emergencia Canadiense sobre Terrorismo a raíz de las protestas de los camioneros, y Estados Unidos, y cambiamos el enfoque para combatir el «terrorismo interno» en el país, ¿puedes ver cómo se relaciona todo esto?

Isabella Chase es investigadora del Centro de Delitos Financieros y Seguridad del Royal United Service Institute (RUSI). El RUSI es un grupo de expertos británicos que trabaja en estrecha colaboración con el Gobierno y el ejército británicos.

En mayo de 2021, Isabella Chase y Rick McDonnell escribieron juntos un artículo en *American Banker* titulado «La recuperación de la pandemia en Estados Unidos es una oportunidad para mejorar la identificación digital». En el artículo, afirmaban:

> Las identificaciones digitales también podrían haber respaldado nuestra recuperación actual. Por ejemplo, un sistema de identificación digital podría estandarizar y simplificar el proceso de programar una cita de vacunación, que actualmente varía según el estado y el proveedor. Además, la identificación digital podría agilizar y proteger los registros de vacunación individuales contra la COVID-19 para una fácil verificación, así como proporcionar registros de respaldo en caso de pérdida o destrucción de las tarjetas físicas emitidas por los CDC. Por último, se podrían lograr «pasaportes de vacunación» o alguna versión de éstos mediante el uso de la identificación digital, al mismo tiempo que se garantiza la precisión y centralización de los registros y se evitan los registros físicos que se falsifican con facilidad.
>
> La experiencia de la COVID-19 es un estudio de caso sobre el potencial de la identificación digital como una forma innovadora de reducir los delitos financieros y el robo de identidad, y sin duda de agilizar los procesos administrativos. Si bien las cuestiones de privacidad y uso adecuado sin duda deben debatirse y respetarse, la promesa de la identificación digital de brindar más eficiencia y seguridad hace que valga la pena explorarla. Cuanto antes adopte Estados Unidos la identificación digital, mejor preparados esta-

remos para enfrentarnos a la próxima crisis nacional, sea cual sea y cuando sea que se produzca.[29]

Y cuando recuerdas que el sistema de identificación digital del pasaporte de vacunas podrá albergar la billetera de moneda digital de tu banco central, entonces todo sigue teniendo sentido.

Utilizaron una crisis para promover una agenda de larga data.

Esto es lo que he denominado «Problema. Reacción. Solución». Ocurre un problema, por ejemplo, una pandemia. El Gobierno encierra a todos en sus casas y les arrebata su modo de vida normal.

La gente tiene miedo y quiere tranquilidad.

Las élites globales ofrecen entonces una solución que resulta más invasiva que el problema original. La «solución» es un sistema de identificación global introducido por los pasaportes de vacunas, que serán el sistema operativo de su gulag digital. Este gulag digital albergará su calificación crediticia médica, financiera y social.

Por supuesto, todo es por tu propia seguridad y conveniencia, ¿verdad?

Ésta es su fórmula probada y verdadera:

Problema.

Reacción.

Solución.

Y ahora se está implementando en tiempo real con la COVID-19 y la recuperación.

Pero el objetivo no es tu seguridad.

Se trata de un control total sobre nuestros datos, lo que garantizará nuestra total sumisión a los globalistas.

---

29. Isabella Chase y Rick McDonell, «The U.S. Pandemic Recovery is a Chance to Improve Digital ID», *American Banker*, 24 de mayo de 2021, www.rusi.org/explore-our-research/research-groups/centre-for-financial-crime-and-security-studies

CAPÍTULO 7

El Gran Reinicio energético

Todos queremos salvar el mundo.

Pero todo tiene sus desventajas.

¿Estarías dispuesto a renunciar a tu libertad de movimiento, a tu capacidad de conducir y de viajar si te dijeran que es para salvar el planeta? ¿Si te dijeran (de nuevo) que una nueva crisis es tan grave que tienes que quedarte encerrado por un tiempo indefinido?

¿Estarías dispuesto a permitir que los Gobiernos globales y las grandes corporaciones identifiquen y rastreen cada uno de tus movimientos, para salvar el planeta?

¿Les permitirías rastrear automáticamente tus emisiones de carbono en función de tu dieta, tus hábitos de conducción y más detalles de tu vida personal?

Si utilizaran una ofensiva de estilo militar en nombre de una emergencia, ¿te someterías a un sistema de vigilancia digital para monitorizar tus emisiones de carbono?

Son preguntas que vale la pena hacer, porque eso es lo que quieren para ti.

Llegaré al gran plan para la crisis climática en este capítulo, pero comencemos con la crisis energética actual.

En California han recurrido a mandatos para trasladar toda su energía a fuentes renovables, lo que suena estupendo.

Pero lo que han hecho además es cerrar las fuentes de energía existentes, sin un respaldo fiable. En California hay tres reactores nucleares. Ya han cerrado dos. Y el tercero, Diablo Canyon, está previsto que cierre en agosto de 2025.[1] (Sin embargo, la situación energética es tan mala en California que en la actualidad el gobernador Newsom está investigando la posibilidad de mantener Diablo Canyon más allá de la fecha de cierre prevista).[2]

Cerraron sus centrales eléctricas de carbón.

Cerraron sus plantas de energía a gas natural. Pero ¿adivina qué? Las energías renovables aún no están listas para ello.

¿Adivinas qué pasó? ¡Escasez! El resultado fueron apagones. Por eso California no tiene energía fiable, en un momento en que los confinamientos paralizaban el consumo de energía. Esto es del *Sacramento Bee* de mayo de 2022, el principal periódico de la capital del estado de California:

> Dos años después de la última ola de apagones rotativos, los funcionarios de California dijeron el viernes que el estado podría enfrentarse a posibles déficits de electricidad este verano, ya que la sequía, el calor extremo y los incendios forestales plantean amenazas a la frágil red eléctrica.
>
> Los líderes de la Comisión de Servicios Públicos, el Operador Independiente del Sistema del estado y la Comisión de Energía de California dijeron que el estado podría enfrentarse a una escasez de hasta 1700 megavatios (el equivalente a una gran planta de energía) en los días más calurosos.[3]

---

1. Catherine Clifford, «California Governor Gavin Newsom Offers Hope for State's Last Nuclear Power Plant, But Major Hurdles Remain», 25 de abril de 2022, CNBC, www.cnbc.com/2022/04/29/newsom-offers-hope-for-californias-last-nuclear-plant-diablo-canyon.html
2. Ibíd.
3. Dale Kasler, «California Warns of Summer Blackouts Amid Heat, Drought, Climate Woes», *Sacramento Bee*, 6 de mayo de 2022, www.sacbee.com/news/california/water-and-drought/article261179737.html

En el verano de 2020, los confinamientos por la COVID-19 hicieron que los centros comerciales, los cines y la mayoría de los negocios cerraran. El consumo de energía había disminuido, pero California aún no podía mantener las luces encendidas.

¿Por qué?

Incluso el periódico liberal *Los Angeles Times* se retorcía en *pretzels* de lógica loca tratando de explicar los problemas de 2020:

> La planificación cuidadosa para garantizar un suministro adecuado de energía será aún más importante a medida que California elimine de manera gradual los combustibles fósiles y avance hacia un 60 % de energía renovable para 2030 y un 100 % de energía respetuosa con el clima para 2045, como lo exige la ley estatal.
>
> Las autoridades han dicho constantemente que las fuentes de energía intermitentes, como los paneles solares y las turbinas eólicas, no causaron los apagones. Pero las plantas de energía que queman gas y que pueden funcionar cuando no brilla el Sol o no sopla el viento han ido cerrando durante los últimos años, y California en gran medida no ha logrado reemplazarlas con alternativas más limpias, como las baterías de iones de litio.[4]

Intentemos seguir su lógica. Los paneles solares y las turbinas eólicas no provocaron los apagones del verano de 2020 en California. Sin embargo, si hubiera habido más centrales eléctricas que quemaran gas, no habría habido apagones. Supongo que todas estas afirmaciones son ciertas, pero no están relacionadas entre sí de ninguna manera racional.

¿Por qué *Los Angeles Times* no dijo algo como esto: «El cierre de las plantas de energía que queman gas se hizo antes de que tuviéramos suficiente capacidad con los paneles solares o las turbinas eóli-

---

4. Sammy Roth, «California Blackouts Caused by Climate Change, Poor Planning», *Los Angeles Times*, 6 de octubre de 2020, www.latimes.com/environment/story/2020-10-06/california-rolling-blackouts-climate-change-poor-planning

cas para cubrir las necesidades energéticas del estado»? Eso suena como si pudiera calificarse como periodismo objetivo. Sabemos la razón por la que no se informó así. Haría que los funcionarios públicos demócratas de California parecieran tontos. No podían hacer eso. Sólo los funcionarios públicos republicanos pueden ser objeto de burlas en los medios. Y empezamos a ver que sucede exactamente lo mismo en el resto del mundo. Ahora bien, si no has visto los titulares de los cortes de energía desde Asia hasta Sudamérica y en toda Europa, entonces no sé a qué has estado prestando atención. Esta loca carrera por restablecer las políticas energéticas mediante la participación en algunas de las mismas acciones imprudentes seguidas por los políticos de California es un cáncer que infecta al resto del mundo.

Cuando el ex primer ministro británico Boris Johnson llegó a Estados Unidos en septiembre de 2021 para dirigirse a las Naciones Unidas, así describió *The Washington Post* su discurso:

> Comparó a la humanidad con un adolescente problemático: «Hemos llegado a esa edad fatídica en la que sabemos más o menos cómo conducir y cómo abrir el mueble bar y participar en todo tipo de actividades que no sólo son potencialmente embarazosas sino también terminales».
>
> Reprendió a todos por su trato a la Tierra: «Esta preciosa esfera azul con su corteza de cáscara de huevo y su jirón de atmósfera no es un juguete indestructible, no es un cuarto de juegos de paredes acolchadas contra las cuales podamos arrojarnos a nuestro antojo».
>
> Y declaró: «Es momento de que la humanidad crezca».[5]

Muy poético, lo admito, pero unas bonitas palabras no son suficientes para un buen plan. Ése parece ser el problema de los demó-

5. Karla Adam, «Boris Johnson Tells World Leaders to "Grow Up" on Climate Change, Takes Aim at Kermit the Frog», *The Washington Post,* 23 de septiembre de 2021, www.washingtonpost.com/world/boris-johnson-un-cop26/2021/09/23/24d21ee4-1c4c-11ec-bea8-308ea134594f_story.html

cratas de California: mucha poesía, pero ningún plan racional. *The Washington Post* continuó con la cobertura del discurso de Johnson ante las Naciones Unidas:

> «Si no se toman medidas radicales –dijo en su discurso, transmitido en Gran Bretaña en las primeras horas de la mañana del jueves– veremos desertificación, sequía, pérdidas de cosechas y desplazamientos masivos de la humanidad a una escala nunca antes vista, no a causa de algún acontecimiento natural imprevisto o desastre, sino por nuestra culpa, por lo que estamos haciendo ahora».
>
> «Y nuestros nietos sabrán que somos los culpables», dijo.
>
> Elogió a Estados Unidos y Dinamarca por sus contribuciones prometidas a un fondo climático de 100 000 millones de dólares anuales destinado a ayudar a los países más pobres a reducir las emisiones de carbono y mitigar los efectos del cambio climático. También elogió a China por su compromiso de poner fin a la financiación internacional de plantas de energía a carbón y aplaudió a Pakistán por su promesa de plantar 10 000 millones de árboles.[6]

Repasemos el discurso de Johnson. Advierte de un peligro terrible que pone a la gente en un estado de miedo. Exige una «acción radical».

No es una acción bien pensada, ni bien concebida ni bien ejecutada. ¿Soy yo o parece que la mayoría de estos líderes mundiales están haciendo todo lo posible para asegurarse de decir algo bueno sobre el Gobierno comunista de China, que no permite la libertad de expresión ni la libertad de religión? Y siempre que veo que 100 000 millones de dólares al año van a parar a los países más pobres, me pregunto: «¿Cuánto de ese dinero acaba en los bolsillos de los líderes de esos países?». ¿Es una pregunta poco razonable?

No me lo parece.

Éste es el plan para el Gran Reinicio energético.

6. Ibíd.

Permíteme ser claro: no estoy desmenuzando la ciencia del cambio climático. No estoy hablando de emisiones de carbono. No estoy hablando de si es bueno o es malo. No estoy hablando de nada de eso. Todo lo que estoy haciendo aquí es señalar las políticas que lo impulsan, lo que resultará de ello y cómo se relaciona con el Gran Reinicio.

Johnson dijo que el Reino Unido va a dar ejemplo. Paradójicamente, son ellos los que están pasando por momentos muy difíciles. Son ellos los que están en una crisis energética sin una plataforma de lanzamiento segura hacia la energía renovable. Al igual que California, el único lugar al que Boris Johnson está llevando al Reino Unido es hacia una crisis energética masiva. Y ya es grave.

Por ejemplo, Reuters informa de que los precios mayoristas del gas en el Reino Unido han aumentado más del 300 %[7] y la CNN informa de que los costos de la energía doméstica en Gran Bretaña aumentarán en más de 800 libras (alrededor de 1000 dólares estadounidenses), lo que representa un aumento del 40 %.[8] Esto se sumó a un aumento anterior de la energía en abril de 2021 del 54 %. Como informó la CNN:

> «Esta noticia será absolutamente devastadora para los 6,1 millones de hogares que actualmente padecen pobreza energética, y para los 1,7 millones de hogares adicionales que pasarán este invierno luchando por mantenerse calientes», dijo a la CNN Business Simon Francis, coordinador de End Fuel Poverty Coalition, un grupo de campaña.
>
> «Si el Gobierno no actúa ahora, este invierno tendrá las manos manchadas de sangre», añadió.[9]

7. Nina Chestney, «Explainer: Why Europe Faces Climbing Energy Bills», 3 de febrero de 2022, Reuters, www.reuters.com/business/energy/why-europe-faces-climbing-energy-bills-2022-02-03/
8. Anna Cooban, «UK Household Energy Bills Set to Rise by Another 40%», 24 de mayo de 2022, CNN, www.cnn.com/2022/05/24/energy/uk-energy-price-cap-rise-october/index.html
9. Ibíd.

Los pobres, por quienes los globalistas dicen preocuparse, son los más perjudicados por estas políticas, porque cuando no se puede pagar la energía, se acaba con la clase media y puede causar muertes masivas a nivel mundial.

Además, en el Reino Unido hay una enorme falta de fertilizantes. Como consecuencia de la escasez de gas, no pueden producirlos. Así enmarcó el problema en noviembre de 2021 la BBC, incluso antes de que la invasión rusa de Ucrania complicara aún más el asunto:

> Svein Tore Holsether, director ejecutivo de Yara International, dijo que los precios más altos del gas elevaban los costos de los fertilizantes y afectaban a los precios de los alimentos en todo el mundo.
>
> Para la producción de fertilizantes se necesitan grandes cantidades de gas. Holsether dijo que Yara se había visto obligada a reducir parte de su producción debido al aumento de los precios del gas, lo que había provocado escasez.
>
> El jefe del ejecutivo dijo que los países en desarrollo serían los más afectados por la escasez, que el rendimiento de los cultivos disminuiría y que los precios de los alimentos se incrementarían.
>
> «Es realmente aterrador, nos enfrentamos a una crisis alimentaria y las personas vulnerables se están viendo muy afectadas», dijo al programa *Today* de la BBC.[10]

Como podéis ver, no exagero cuando digo que estas políticas son peligrosas y antihumanas. Lo alarmante es que estas cosas puedan suceder mientras Boris Johnson dice que dan ejemplo al resto del mundo.

Ni siquiera se trata de debatir sobre energías renovables. Se trata simplemente de una política imprudente que se está aplicando a gran escala en nuestro país con el plan Build Back Better de Joe Biden. Debería ser obvio que, si se corta el suministro de energía, pero la demanda sigue ahí, se causarán graves problemas. Porque,

10. «Poorest Face Food Crisis Amid Fertilizer Shortage», 26 de noviembre de 2021, BBC, www.bbc.com/news/business-59428406

por supuesto, todavía necesitamos aire acondicionado y necesitamos estufas en invierno y tenemos que mantener la comida fría. Tenemos que conducir nuestros coches...

Si la demanda se mantiene, pero cortamos el suministro, ¿qué crees que sucederá? Ah, sí, los precios suben, ¿no? Están eliminando de forma gradual los combustibles fósiles y, en algunos casos, incluso la energía nuclear, pero no tienen la infraestructura de red eléctrica ni una energía verde fiable para abastecer al mundo.

¿Qué podría ser más temerario que eliminar gradualmente una fuente de energía de la que dependen miles de millones de personas para sobrevivir, sin una alternativa que pueda reemplazarla al 100 % de inmediato? A estas alturas, esto no debería sorprenderte. No es una idiotez, es una mala conducta.

El plan es simple: destruir la industria de los combustibles fósiles, hacer que los precios se disparen, generar una crisis energética, culpar a los combustibles fósiles y cerrar el suministro de energía global fiable, sin una alternativa viable inmediata. De eso se trata el Gran Reinicio. Si quieres un Gobierno corporativo global que gobierne a la humanidad, primero tienes que destruirlo todo.

Ésta es una situación clásica del tipo problema-reacción-solución.

En primer lugar, se crea un problema al destruir la energía estadounidense. Se disparan los precios de la gasolina, las facturas de calefacción se incrementan y los precios de los alimentos explotan, porque, por supuesto, el petróleo y el gas son necesarios para toda la cadena de suministro de alimentos. El coste de la vida se sale de control para las masas y acaba con la clase media.

Luego ofrecen la solución: energía verde.

El único problema, como ya hemos comentado en relación con California, es que en este momento no es capaz de abastecer al mundo. El resultado es una crisis energética aún peor, porque ahora se ha sofocado la producción energética nacional. Los precios se están disparando. Se está liberando petróleo de emergencia de las reservas federales, pero eso no ayuda. La gente no puede permitirse la electricidad ni el gas. La clase media está siendo aniquilada. Y en lugar de aumentar la oferta interna, se señala con el dedo a los combustibles fósiles y se clama por una «transición» a la energía limpia, pero no está lista.

Es como si idearas un plan para saltar del tejado y aterrizar sano y salvo sobre miles de almohadas.

Excepto que las almohadas aún no han llegado de la tienda.

Has alentado la «transición» del tejado al suelo durante tanto tiempo que saltas de todos modos. La «transición» se convierte en un traslado a la sala de emergencias, y el médico se pregunta por qué eres tan estúpido como para saltar de un tejado, si sabías que las almohadas no estaban allí. Esto es exactamente lo que estamos haciendo. La idiotez es tan evidente que la única forma en que tiene sentido es si entiendes el plan más amplio para el Gran Reinicio.

¿Por qué, de lo contrario, correrías el peligro de saltar desde el tejado sin un plan de emergencia?

No debería sorprender que no se permita hacer esa pregunta. De hecho, parece que Elon Musk es el único famoso dispuesto a hablar de lo obvio.

El 4 de marzo de 2022, Musk tuiteó: «Odio decirlo, pero necesitamos aumentar la producción de petróleo y gas de inmediato. Los tiempos extraordinarios exigen medidas extraordinarias. Obviamente, esto afectaría de manera negativa a Tesla, pero las soluciones energéticas sostenibles simplemente no pueden reaccionar de una manera instantánea».[11] Mark Mills es miembro sénior del Manhattan Institute y miembro del cuerpo docente de la Escuela McCormick de Ingeniería y Ciencias Aplicadas de la Universidad Northwestern, donde codirige el Instituto de Ciencia e Innovación en la Manufactura. Anteriormente, Mills fue asesor tecnológico de Bank of America Securities y coautor del *Huber-Mills Digital Power Report,* un boletín de inversión en tecnología. En 2019, Mills publicó un informe de veinticuatro páginas titulado «La "nueva economía energética": un ejercicio de pensamiento mágico». Del informe de Mills:

---

11. Elon Musk, Twitter, 4 de marzo de 2022, www.twitter.com/elonmusk/status/1499907549746937860

> ¿Cuántas baterías serían necesarias para almacenar, digamos, no dos meses, sino dos días de electricidad nacional? La «gigafábrica» de Tesla, con un valor de 5000 millones de dólares en Nevada, es actualmente la mayor instalación de fabricación de baterías del mundo. Su producción anual total podría almacenar tres minutos de la demanda anual de electricidad de Estados Unidos. Por lo tanto, para fabricar una cantidad de baterías que almacene dos días de electricidad demandada en Estados Unidos se necesitarían 1000 años de producción en la gigafábrica...
>
> Además, se necesitan hidrocarburos y electricidad para llevar a cabo todas las actividades mineras y fabricar las baterías. En términos generales, se requiere el equivalente energético de unos 100 barriles de petróleo para fabricar una cantidad de baterías que pueda almacenar un sólo barril de energía equivalente al petróleo.[12]

Esto es alarmante por muchas razones. En primer lugar, muestra lo lejos que estamos de abastecer al mundo de manera fiable con «energía verde». En segundo lugar, toca un punto clave que nadie discute: resulta peligrosamente costoso «transformar» nuestras fuentes de energía con toda la fuerza que las élites globales tratan de imponer. Como señala Mills en el «Resumen ejecutivo» de su informe, simplemente cuesta más. Mucho más. Seis veces más:

> Los científicos aún no han descubierto, y los empresarios aún no han inventado, nada tan extraordinario como los hidrocarburos en términos de la combinación de bajo costo, alta densidad energética, estabilidad, seguridad y portabilidad. En términos prácticos, esto significa que gastar un millón de dólares en turbinas eólicas a gran escala o paneles solares producirá, cada uno, durante 30 años de funcionamiento, alrededor de 50 millones de kilovatios hora (kwh), mientras que un millón de dólares equivalente gastado en una pla-

12. Mark Mills, «The "New Energy Economy": An Exercise in Magical Thinking», marzo de 2019, Manhattan Institute, p. 12, www.media4. manhattan-institute.org/sites/default/files/R-0319-MM.pdf

taforma de extracción de esquisto produce suficiente gas natural durante 30 años para generar más de 300 millones de kwh.[13]

¿Cómo van a implementar realmente todo esto?

Por supuesto, van a imprimir todo el dinero de la nada. Ya vimos lo que ha sucedido desde que comenzaron los confinamientos por la COVID-19.

Los Gobiernos del mundo han impreso cantidades astronómicas de moneda fiduciaria y ahora estamos experimentando niveles peligrosos de inflación sin un final a la vista (profundizaré en esto más adelante). Pero ahora quieren eliminar por completo nuestra única fuente de energía fiable, sin que su energía «limpia» esté lista.

¿Qué harán exactamente para completar su «transición»? Simplemente imprimirán billones y billones de dólares.

El dinero irá a parar a todos sus compinches.

Se harán acuerdos bajo mesa.

Se emitirán opciones sobre acciones.

Llenarán los bolsillos de todos los que «están al tanto».

Billones de nuevas unidades monetarias se destinarán a menos productos y servicios, ya que tenemos desastres en la cadena de suministro. Los niveles históricos de inflación serán mucho mayores. Los políticos harán alarde de su virtud para salvar el mundo, ¡y tú comerás insectos triturados transportados por un dron que es propiedad de BlackRock y que te los entregará directamente en tu casa! Ah, y tendrás apagones esporádicos porque la red eléctrica no puede sustentarnos de esta manera. Cualquier cosa con tal de salvar el mundo, ¿no?

Estos gritos de guerra contra la emergencia climática y la crisis energética son la manera perfecta de seguir consolidando el poder.

* * *

Si bien puede parecer una fantasía de ciencia ficción, pronto el Gobierno federal de Estados Unidos podría obligar a los fabricantes

13. Ibíd., p. 3.

de automóviles a instalar interruptores de seguridad a los que las autoridades puedan acceder y usar para apagar cualquier vehículo nuevo.

El 5 de enero de 2022, Steve Symes de *Yahoo News* escribió un artículo titulado «Una nueva ley instalará interruptores de seguridad en todos los coches nuevos». Sí, eso es real y proviene directamente del proyecto de ley de infraestructura de la administración Biden. Esto es lo que escribió Symes:

> Según un artículo escrito por el exrepresentante estadounidense Bob Barr, escondido en el proyecto de ley de infraestructuras recientemente aprobado, el mismo que advertí antes que afectaría negativamente a los conductores de todo el país si se aprobara, es una medida para instalar interruptores de apagado de vehículos en todos los automóviles, camiones y SUV nuevos que se vendan en este país. Es probable que la regulación no se aplique durante cinco años, así que tal vez haya tiempo para hacer algo al respecto.
>
> [...] Pero espera, hay más. El sistema de «seguridad» del interruptor de seguridad estaría abierto o, en otras palabras, habría una puerta trasera. Eso permitiría a la policía u otras autoridades gubernamentales acceder a él en cualquier momento. ¿Necesitarían una orden judicial para hacerlo? Es muy probable que no.
>
> Mejor aún, los piratas informáticos podrían acceder a la puerta trasera y apagar tu vehículo.[14]

Parecería que los globalistas no sólo quieren arruinar el suministro de energía del mundo, sino que, si tú estás conduciendo tu vehículo, también les gustaría ejercer control sobre ti.

Y hay más.

Ese mismo proyecto de ley de infraestructura incluye un programa piloto para rastrear los kilómetros recorridos por tu vehículo.

---

14. Steve Symes, «New law Will Install kill Switches in All new Cars», 5 de enero de 2022, *Yahoo News*, www.yahoo.com/now/law-install-kill-switches-cars-170000930.html

En la página 508 del proyecto de ley de 2700 páginas sobre «infraestructuras» del Senado de Estados Unidos se encuentran los planes para un programa piloto nacional de «tarifa por milla». Y es exactamente lo que parece: cuanto más se conduce, más se paga. Por supuesto, esto acabará haciendo que los viajes sean demasiado costosos para quienes no pertenecen a las élites mundiales. Pero aún más inquietantes que las tarifas son las preocupaciones sobre la seguridad y la privacidad. Entre los posibles métodos de registro que se enumeran en el proyecto de ley se incluyen los siguientes:

- Dispositivos de diagnóstico a bordo (OBD-II) de terceros.
- Aplicaciones para teléfonos inteligentes.
- Datos telemétricos recopilados por los fabricantes de automóviles.
- Datos de vehículos de motor obtenidos por compañías de seguros de automóviles.
- Datos de los estados que recibieron una subvención en virtud de la sección 6020 de la Ley FAST.
- Datos de vehículos de motor obtenidos de estaciones de servicio.
- Cualquier otro dato que el secretario considere apropiado.[15]

En definitiva, creo que los microchips y el *software* digital de tu coche se sincronizarán con tu identidad personal, al igual que tu iPhone se sincroniza con tu iCloud. Tu coche se convertirá en un dispositivo de vigilancia para controlarte, rastrearte, seguirte y penalizarte. Y en un mundo digital, se sincronizará de manera automática con tus cuentas financieras en moneda digital y tu puntuación crediticia social.

¿Quizá ésta sea otra razón por la que quieren que todos utilicemos coches eléctricos?

* * *

---

15. «H. R. 3684, Infrastructure Investment and Jobs Act, U.S. Congress, Signed into law November 15, 2021», www.congress.gov/bill/117th-congress/house-bill/3684/text

Por cierto, ¿cómo te sientes al digerir toda esta información? Sé que es mucho que asimilar y puede resultar un poco abrumador.

Así que, echémonos unas risas mientras hablamos de la emergencia del cambio climático. Ahora bien, si todavía no crees que la élite global está formada por lunáticos trastornados que pisotearán tus derechos humanos básicos en nombre de salvar el planeta, lee este titular del *Huffington Post:* «¿Podría una pequeña guerra nuclear revertir el calentamiento global?».

> La guerra nuclear es algo malo.
>
> ¿Verdad?
>
> Científicos de la NASA y de otras instituciones han estado recientemente modelando los efectos de una guerra que involucrara cien bombas del nivel de Hiroshima, o el 0,03 % del arsenal nuclear mundial actual, según *National Geographic*.
>
> El resultado, según los modelos climáticos de la NASA, podría ser en realidad un enfriamiento global.[16]

Ah, sí, basta con bombardear el mundo con armas nucleares, matar a millones de personas y tendremos una huella de carbono mucho menor. ¡Qué idea tan genial de un medio de comunicación tan aclamado! ¿Por qué no se nos ocurrió antes? ¿Por qué no hacen campaña todos los políticos a favor de una guerra nuclear mundial como la mejor manera de salvar el planeta y revertir el cambio climático?

En la década de 1980, durante el auge de la campaña contra las armas nucleares, había una popular pegatina en los parachoques que decía: «Una bomba nuclear podría arruinarte el día entero».

Aparentemente, ése podría no ser el caso de los globalistas.

Ya se trate de una «crisis climática» o de una «crisis financiera», son oportunidades para consolidar el poder. Como he explicado, el

16. Dean Praetorius, «Could a Small Nuclear War Reverse Global Warming?», 5 de mayo de 2011, *Huffington Post,* www.huffpost.com/entry/nuclear-war-global-warming_n_828496

objetivo general es simple: hacer colapsar al primer mundo mediante una inflación masiva, crisis energéticas y escasez de alimentos.

A medida que el primer mundo se derrumba, también lo hace el tercer mundo. Luego, enviarán cientos de millones de «refugiados climáticos» al primer mundo en colapso. Esto derrumbará por completo la civilización global. Se culpará a un sistema económico injusto (en el cual prosperaron) y al cambio climático.

En ese momento podrán implementar por completo el Gran Reinicio y comenzar a reconstruir mejor. Durante más de dos décadas, he estado hablando de este mismo plan. Destruirán la energía fiable y culparán a una variedad de eventos, desde Putin hasta la inflación y los productores de energía codiciosos. El costo de vida se descontrolará. Lo utilizarán como excusa para una «transición energética», en la que imprimirán decenas de billones de dólares para construir una «economía más verde».

La inflación empeorará aún más y no tenemos las capacidades de minería y exploración para convertir el mundo a bajo costo a su sistema de energía verde, por lo que los precios de las materias primas seguirán subiendo de un modo vertiginoso. Escasez de alimentos. Precios de la energía fuera de control. Colapso del tercer mundo. Ésta será la excusa para los «refugiados climáticos», porque, por supuesto, nunca asumirán ninguna culpa.

Simplemente señalarán con el dedo el cambio climático, desplazando a cientos de millones de personas, llevándolas a una pobreza aún más extrema y cortando el suministro de recursos globales.

El zar del clima de Biden, John Kerry (que vuela en aviones privados mientras nos da sermones sobre el uso de menos energía), ya ha pintado el panorama antes. Dijo: «Esperad a ver a 100 millones de personas para quienes toda la capacidad de producción de alimentos se ha derrumbado».[17]

---

17. Jessica Chasmar, «John Kerry: Ukraine Crisis is Bad, But "Wait Until You See" Flood of Climate Refugees», 9 de marzo de 2022, *Fox News*, www.foxnews.com/politics/john-kerry-ukraine-crisis-climate-refugees

Y con los precios de la energía aumentando a niveles incontrolables y los precios de los alimentos por las nubes, esto es sólo el comienzo. Pero las élites globales no parecen interesadas en controlar los precios de la energía. De hecho, parece ser más bien lo contrario.

Pero no confíes sólo en mis palabras.

Por ejemplo, la presidenta de la Comisión de la Unión Europea, Ursula von der Leyen, lo resumió muy bien en su discurso en el evento de Davos del Foro Económico Mundial. El 20 de enero de 2022, tuiteó un fragmento de un discurso reciente para la multitud de multimillonarios en Davos. En una ironía increíble, el fondo de su discurso tenía los logotipos corporativos de la «Agenda de Davos» y el «Foro Económico Mundial». Tuiteó parte de su discurso y dijo:

> La crisis actual del gas debe servir para acelerar la transición hacia una energía limpia. Para ello, también necesitamos confianza. La gente necesita confiar en que la transición será justa. Las empresas, en que mejorará su competitividad. Y los inversores, en que mantendremos el rumbo. #DavosAgenda.[18]

Pero no hay que preocuparse, dice, debemos «confiar en que la transición será justa».

Seguramente, si alguna vez vas a confiar en alguien para restablecer los sistemas energéticos globales del mundo, será en los multimillonarios, ¿verdad?

El Gran Reinicio energético es simplemente otra forma que tiene el grupo de Davos de robarnos nuestro poder.

* * *

18. Ursula von der Leyen, Twitter, 20 de enero de 2022, www.twitter.com/vonderleyen/status/1484160210277224450?lang=en

En un discurso pronunciado en noviembre de 2021 ante los líderes mundiales en la Cumbre del Clima COP26 en Glasgow, Escocia, el príncipe Carlos marcó el tono para otros líderes mundiales con respecto al clima.

Mientras lo lees, intenta jugar a un pequeño juego y captar todas las palabras de moda globalistas. Esto es lo que CNBC informó sobre sus comentarios:

> El príncipe Carlos, al dirigirse a los delegados en la cumbre, dice que la pandemia de la Covid-19 ha demostrado cuán devastadora puede ser una amenaza transfronteriza global.
>
> «El cambio climático y la pérdida de biodiversidad no son diferentes; de hecho, plantean una amenaza para la existencia aún mayor, hasta el punto de que tenemos que ponernos en lo que podría llamarse una situación de guerra», afirma.
>
> Hace un llamamiento a una transformación radical de nuestra economía basada en combustibles fósiles en una que sea realmente renovable y sostenible.[19]

¡Seguro que se parece mucho al resto de la pandilla! Hay muchas palabras de moda: *amenaza para la existencia, situación de guerra, transformación radical…*

Necesitan que creas que existe una amenaza para la existencia y que debemos hacer algo.

Es una crisis.

Deben aprovechar esta crisis y hacer un buen uso de ella. Lo harán en «pie de guerra». Pero recuerda, amigo, cuando las organizaciones sanitarias declaran una emergencia de salud pública e intentan utilizar el miedo a la muerte para quitarte de nuevo tus libertades, es para salvar el mundo.

19. Chloe Taylor, «World Leaders Outline Climate Commitments at COP26 Summit», 1 de noviembre de 2021, CNBC, www.cnbc.com/2021/11/01/cop26-follow-live-as-world-leaders-meet-in-glasgow-for-climate-summit.html

Si aún no lo has notado, el plan de la élite global es siempre declarar algo como una emergencia, una amenaza para la existencia, algo que podría matarte. Este miedo que inyectan en la población es la manera en que intentan justificar moralmente el uso de una actitud de «guerra» para quitarte tus libertades y continuar en el camino del Gran Reinicio.

¿Y qué dijo el presidente Joe Biden en esta reunión? Esto es lo que informó la CNBC:

> El presidente de Estados Unidos, Joe Biden, advirtió en su discurso en la COP26 el lunes que «en una época en la que esta pandemia ha dejado tan dolorosamente claro que ninguna nación puede aislarse de las amenazas sin fronteras, sabemos que ninguno de nosotros puede escapar de lo peor que está por venir si no aprovechamos este momento».
>
> Biden agregó que «dentro de la creciente catástrofe creo que hay una oportunidad increíble no sólo para Estados Unidos, sino para todos nosotros».[20]

¿Y entonces qué crees que tienen planeado? No es algo de lo que vayamos a disfrutar. ¡Eso sí que puedo asegurártelo!

¡Por eso es tan importante que sigamos conociendo sus planes y despertemos a las masas!

Afortunadamente, ha habido una cobertura excelente sobre los confinamientos por el cambio climático y la toma de poder que resultará de que las élites declaren una crisis climática como una emergencia sanitaria.

Una de las personas que proporciona esa cobertura es Tucker Carlson, quien ha cubierto admirablemente las perspectivas de los confinamientos por el cambio climático.

Aquí está la transcripción de un gran diálogo que Carlson tuvo en su programa del 22 de junio de 2021:

---

20. Ibíd.

Tucker Carlson: Ahora tenemos más información sobre el triste costo de los confinamientos por el coronavirus en este país. Sin embargo, según Biden, podríamos tener otra ronda de confinamientos. Éstos para una crisis que es tan grave como la del coronavirus, tal vez peor. Esa crisis, por supuesto, dice Joe Biden, es el cambio climático.

Presidente Joe Biden (transcripción del discurso de Biden en video): Hoy, me complace anunciar el equipo que liderará el ambicioso plan de mi Administración para abordar la amenaza para la existencia de nuestro tiempo, el cambio climático. Amigos, estamos en una crisis. Así como necesitamos ser una nación unificada en respuesta a la COVID-19, necesitamos una respuesta nacional unificada al cambio climático, y de esta crisis, de estas crisis debería decir, debemos aprovechar la oportunidad para ser capaces de reconstruir mejor de lo que éramos antes.[21]

Criticaré a la mayoría de los medios tradicionales, pero Tucker Carlson está muy por encima de la mayoría de los comentaristas. Observa cómo personas como el presidente Biden intentan congraciarse contigo siendo poco amenazadoras. «Amigos, estamos en una crisis». Suena como su fuera tu tío favorito:

Tucker Carlson: ¿Una respuesta nacional unificada? Es involuntaria, eso es lo único que sabemos. ¿Qué significa? Bueno, nos enteramos de que un miembro del personal de la Organización Mundial de la Salud ha escrito un informe en el que dice que podría ser necesario un confinamiento climático, al igual que un confinamiento por la COVID-19, un confinamiento climático.

21. Tucker Carlson, «Tucker: Scientists Are Pushing Human Engineering», *Fox News*, 23 de junio de 2021, www.foxnews.com/transcript/tucker-scientists-are-pushing-human-engineering

Marc Morano es un autor que ha escrito mucho sobre el cambio climático. Fundó Climate Depot y se une a nosotros esta noche. Marc, muchas gracias por venir. Me reiría de esto, pero, tras vivir los últimos dieciocho meses, sabemos que todo es posible. ¿Qué significa esto exactamente?

Marc Morano: Bueno, en mi libro *Green Fraud* dedico dos capítulos a detallar esto, Tucker. Los activistas climáticos, en primer lugar, estaban celosos cuando se produjeron los confinamientos por la COVID-19. Estaban fuera de sí, decían: «¿Cómo es posible que esto ocurra?». Desde Greta Thunberg hasta John Kerry y funcionarios de la ONU comenzaron a decir: «Tenemos que seguir con esto. Si podemos cerrar por un virus, podemos cerrar por el clima», y eso es lo que estamos viendo. Incluso hay académicos en Australia que proponen agregar el cambio climático a los certificados de defunción, y Bill Gates ha dicho que el número de muertos será mayor.

Así que están siguiendo cada paso del proceso, y no se trata sólo de un profesor de aquí o de alguien del mundo académico. Tenemos un importante informe del Reino Unido que se publicará pronto, tenemos un informe de una agencia internacional que pide básicamente el mismo tipo de confinamientos. Todo, desde restricciones en el termostato hasta restricciones de movimiento. Sólo se puede volar en una emergencia climática cuando sea, por así decirlo, «moralmente justificable».

Es como un confinamiento: hay que justificar la visita a la tienda para obtener servicios esenciales. Están atacando la libertad de movimiento, están atacando la propiedad de automóviles privados, están atacando todo lo que significa ser una persona libre y se lo están entregando a la parte administrativa del Estado.[22]

Hay muchas cosas en ese diálogo que la gente debe tener en cuenta. Estos globalistas siempre parecen estar de acuerdo. En serio,

22. Ibíd.

¿alguna vez has visto a estos globalistas pelearse entre sí, como suelen hacer los conservadores? Tucker continuó:

Tucker Carlson: ¿Esto incluiría el cierre de las fábricas de iPhone en China? ¿Participarían China y la India en este confinamiento climático o se trataría de una especie de «tú primero, Estados Unidos»?

Marc Morano: Bueno, como sabemos, no se habían propuesto confinamientos [por la COVID-19]. Nos sentíamos como lemmings siguiendo al Partido Comunista Chino en lo que respecta a sus recomendaciones de medidas de confinamiento. La Organización Mundial de la Salud se puso manos a la obra, los empleados de la Organización Mundial de la Salud ahora están recomendando estos confinamientos climáticos. El único país que no se verá afectado es China, como dices. Mientras estemos en casa viendo Netflix sin parar, no podremos tener las libertades que solíamos tener.

En el Reino Unido, propusieron unas tarjetas de racionamiento de CO_2 que el Gobierno o los empleadores controlarían en función de los niveles de CO_2, el consumo de energía, los viajes y el tipo de coche que se conduce. Si se supera un nivel, se pagan multas. Si no se alcanza, se obtienen créditos. Así es el mundo. Un asesor climático alemán ha propuesto un presupuesto de CO_2 para cada hombre, mujer y niño del planeta. Esto es lo que estamos estudiando.

Hablé con un alemán que habló sobre Alemania del Este. Solían tener este tipo de restricciones en Alemania del Este antes de que se pudiera salir del país, pero ahora estamos hablando de proponerlas para los estadounidenses dentro del país, y esto ya lo tuvimos, por supuesto, con la COVID-19. En un momento dado, algunos de los asesores de Biden hablaban de prohibición de los viajes interestatales, una prohibición nacional. Así que todo es posible. Chuck Schumer está instando a Biden a declarar una emergencia climática nacional. Al igual que un gobernador de un estado demócrata podría tener poderes de emergencia.[23]

---

23. Ibíd.

Sería difícil encontrar una conversación más sucinta sobre el tema. Tucker reproduce el triste fragmento de Joe Biden hablando de manera muy similar al resto de las élites mundiales. Habla en los mismos términos que el príncipe Carlos: «La amenaza para la existencia de nuestro tiempo, el cambio climático. Amigos, estamos en una crisis. Así como necesitamos ser una nación unificada en respuesta a la COVID-19, necesitamos una respuesta nacional unificada al cambio climático, y de esta crisis, de estas crisis debería decir, debemos aprovechar la oportunidad para ser capaces de reconstruir mejor de lo que éramos antes».

Pero hay algo aún más interesante.

Si comparamos las citas del príncipe Carlos con las de Joe Biden, son inquietantemente similares.

Y ahora ahí va el teórico de la conspiración que llevo dentro.

¿Parece descabellado sugerir que el mismo grupo escribió esos discursos para los dos hombres?

A estas alturas, debería quedar claro que cuando Biden dice que hay una crisis y que debemos aprovechar la oportunidad, se refiere a la filosofía del ex jefe de Gabinete de Obama, Rahm Emmanuel: «Nunca queremos que una crisis grave se desperdicie. Y lo que quiero decir con esto es una oportunidad para hacer cosas que antes creíamos que no podíamos hacer».[24]

En mi opinión, el lema «Reconstruir mejor» de Biden es simplemente el eslogan político aprobado por la élite global para el Gran Reinicio.

Pero no somos sólo Tucker Carlson, el príncipe Carlos, Joe Biden y yo quienes decimos que esto está por llegar. El 12 de septiembre de 2021, *The New York Post* publicó un artículo titulado «Get Ready for Climate Change Lockdowns» (Preparaos para los confinamientos por el cambio climático):

---

24. Rahm Emmanuel, «Good-Reads quote». Acceso 8 de junio de 2022, www.goodreads.com/quotes/717228-you-never-want-a-serious-crisis-to-go-to-waste

> Un artículo reciente de la revista *Nature* señala que los confinamientos por la COVID-19 han preparado a las personas para «asignaciones personales de carbono». Las restricciones a las libertades individuales «que eran impensables sólo un año antes» nos han preparado «más para aceptar el seguimiento y las limitaciones» para «lograr un clima más seguro».[25]

Y ahí están de nuevo esas molestas palabritas: «asignaciones personales de carbono» y «el seguimiento y las limitaciones».

Pero no termina ahí: *The Guardian* publicó un artículo con el siguiente título y subtítulo: «Equivalent of Covid emissions drop needed every two years–study: Equivalent falls in emissions over a decade required to keep to safe limits of global heating, experts say» (Se necesita una reducción equivalente a la de las emisiones de la COVID-19 cada dos años – estudio: Se requieren caídas equivalentes en las emisiones durante una década para mantener los límites seguros del calentamiento global, dicen los expertos). Aquí está el comienzo de ese artículo:

> Las investigaciones han demostrado que las emisiones de dióxido de carbono deben caer en un equivalente a un confinamiento global aproximadamente cada dos años durante la próxima década para que el mundo se mantenga dentro de límites seguros de calentamiento global.
>
> Los confinamientos en todo el mundo provocaron una caída sin precedentes de las emisiones de alrededor del 7 % en 2020, o alrededor de 2600 millones de toneladas de CO_2, pero se necesitan reducciones de entre 1000 y 2000 millones de toneladas cada año de la próxima década para tener una buena posibilidad de mantener

25. David Harsanyi, «Get Ready for the Left's Climate-Change "Emergency" Lockdowns», 12 de septiembre de 2021, *New York Post*, www.nypost.com/2021/09/12/get-ready-for-climate-change-emergency-lockdowns/

> los aumentos de temperatura dentro de 1,5 °C o 2 °C de los niveles preindustriales, como lo exige el acuerdo de París.[26]

¿Qué tal un poco de programación en las noticias? ¿No te gusta que digan «las emisiones de dióxido de carbono deben disminuir»? Los globalistas quieren que estés de acuerdo con ellos.

Un tema similar se repitió en un artículo de Forbes de marzo de 2021 titulado «Report: World Needs Equivalent of Pandemic Lockdown Every Two Years to Meet Paris Carbon Emission Goals» (Informe: El mundo necesita un confinamiento equivalente a una pandemia cada dos años para cumplir los objetivos de emisiones de carbono de París).[27]

¿Está empezando a parecer que se trata de una agenda secreta de un grupo (las élites globales) para hacer algo perjudicial? ¡Y vale la pena señalar que éstos son exactamente los mensajes de Klaus Schwab y el Foro Económico Mundial! Esto está tomado de una de sus publicaciones de enero de 2022, titulada «The Great Acceleration: What We Need to Do to Tackle Climate Change» (La gran aceleración: Lo que debemos hacer para enfrentar el cambio climático):

> Los Gobiernos también pueden promover la aceleración de la acción climática. Pueden sumarse a las naciones que abogan por un precio global del CO_2, lo que estimularía la inversión en tecnologías respetuosas con el clima. Y la tarificación del carbono, implementada a nivel mundial, eliminaría las preocupaciones de que la

26. Fiona Harvey, «Equivalent of COVID Emissions Drop Needed Every Two Years – Study», de marzo de 2021, *The Guardian*, www.theguardian. com/environment/2021/mar/03/global-lockdown-every-two-years-needed-to-meet-paris-co2-goals-study
27. Carlie Porterfield, «Report: World Needs Equivalent of Pandemic Lockdown Every Two Years to Meet Paris Carbon Emission Goals», 3 de marzo de 2022, *Forbes*, www.forbes.com/sites/carlieporterfield/2021/03/03/report-world-needs-equivalent-of-pandemic-lockdown-every-two-years-to-meet-paris-carbon-emission-goals/?sh=279bf986deed

> acción climática cuesta demasiado o tiene un impacto negativo en la competitividad. Igualaría las condiciones y permitiría al sector privado centrarse en la cuestión real: acelerar la transición hacia cadenas de valor sostenibles.
>
> Otra medida que pueden adoptar los Gobiernos para hacer frente al cambio climático es invertir en infraestructura verde a gran escala y alentar a los inversores privados a que hagan lo mismo. La infraestructura verde es una inversión en el futuro y en el uso racional de los fondos de recuperación de la pandemia.[28]

Una cosa debe quedar clara: están plantando cuidadosamente las semillas psicológicas para prepararlos para una extralimitación masiva del Gobierno y una invasión de tus derechos humanos, en nombre de salvar el planeta. Sabemos a dónde conduce esto: al seguimiento de las emisiones de carbono y al rastreo de tus movimientos, al igual que con la COVID-19.

¡Pero, por supuesto, todo esto será por tu salud y seguridad!

* * *

¿Cómo se arma el gran plan?

Vinculando el pasaporte de vacunación con la huella de carbono. ¡Qué manera tan excelente de gestionar la población! Esto es lo que dijo Vox en marzo de 2021, explicando de forma muy útil el doble uso de esta tecnología:

> Aunque el Commons Project está atrayendo a un número cada vez mayor de socios, no es el único fabricante de pasaportes de vacunación. Además de su trabajo en el Excelsior Pass de Nueva York, que se probó en el Madison Square Garden y en el Barclays Center,

28. Jim Hagemann Snabe, «The Great Acceleration: What We Need to Do to Tackle Climate Change», 17 de enero de 2022, World Economic Forum, www.weforum.org/agenda/2022/01/combat-climate-change-we-need-the-great-acceleration/

IBM está trabajando con Alemania para producir versiones digitales de sus certificados de vacunación en papel. La Asociación Internacional de Transporte Aéreo (IATA, por sus siglas en inglés) también está desarrollando su propio «pase de viaje» para aerolíneas, que ahora está siendo probado por Virgin Atlantic, Emirates y otras compañías. Carbon Health planea expandir la funcionalidad de su Health Pass para que funcione con Apple Wallet y Google Pay. Incluso Mastercard se ha sumado a la contienda; está trabajando con la Cámara de Comercio Internacional en un protocolo para un «sistema de pases de salud global e interoperable».[29]

Una vez que obtengan tu aprobación para realizar un seguimiento de la COVID-19, no será tan difícil lograr que aceptes realizar un seguimiento de tu huella de carbono.

Sin embargo, no hay que pensar que estos planes son inevitables, como cuando Michael Evans, presidente de Alibaba Group USA, habló sobre un dispositivo de este tipo el 24 de mayo de 2022 en el Foro Económico Mundial en Davos, Suiza:

> Es otro método de alta tecnología para rastrear el comportamiento humano, y ya es ampliamente conocido que China está violando los derechos humanos de sus ciudadanos con un sistema de crédito social de rastreo, por lo que el hecho de que la tecnología provenga del Grupo Alibaba está generando alarmas.
>
> En el vídeo publicado en Twitter, Evans le dijo a la audiencia: «Estamos desarrollando, a través de la tecnología, una capacidad para que los consumidores midan toda su huella de carbono».
>
> «¿Qué significa eso? –preguntó–. A dónde viajan. Cómo viajan. Qué comen. Qué consumen en la plataforma. Es decir, un rastreador

29. Rebecca Heilweil, «Everything You Need to Know About Vaccine Passports», 31 de marzo de 2021, Vox, www.vox.com/recode/22349266/ vaccine-passports-vaccination-record-commpass-walmart-walgreens

de la huella de carbono individual». En el vídeo se puede escuchar una reacción de sorpresa de la audiencia.[30]

Puede resultar abrumador comprender plenamente el plan de los globalistas, pero ellos cuentan con que tú no estés informado o que estés tan enamorado de sus promesas que no cuestiones algunos de los aspectos más preocupantes.

Pero la verdad es que sus planes son frágiles.

Lo único que tenemos que hacer es hablar, levantarnos, decirles que no, y ellos tendrán que huir de nosotros y de la sociedad civilizada.

30. «Tracking Humans: Medical Pills with MicroChips and a New Proposal to Monitor Your Carbon Footprint», 26 de mayo de 2022, *CBN News*, www1.cbn.com/cbnnews/world/2022/may/tracking-humans-medical-pills-with-microchips-and-a-new-proposal-to-monitor-your-carbon-footprint

CAPÍTULO 8

El Gran Reinicio alimentario

Los grandes medios de comunicación ahora nos advierten de que es hora de prepararnos para la escasez y el racionamiento de alimentos.

Por supuesto, culpan a Putin de la crisis alimentaria, pero tú y yo sabemos que no es así.

Estamos entrando en una frontera con amenazas de muchas dimensiones: inflación, colapso de las cadenas de suministro, escasez de alimentos, escasez de fertilizantes y una crisis energética global.

Se trata de una crisis alimentaria mundial que afectará a todos los países del mundo. Personas como yo hemos advertido que se avecinaba y que se había creado de forma intencionada, desde los confinamientos originales por la COVID-19 en marzo de 2020.

Pero éste es el marco que quiero que le des a esta cuestión. Cada vez que uno de los globalistas intenta implementar alguna parte de su plan, como un ataque a nuestra cadena de suministro de alimentos, hay miles de personas como tú y como yo que intentan solucionar el problema. Puede que no entiendan lo que está sucediendo a nivel global, pero saben mucho mejor que los globalistas cómo solucionar las cosas en su pequeño rincón del mundo. Todas estas pequeñas victorias conducirán a un triunfo mucho mayor.

Ahora vemos a Joe Biden decir que la escasez de alimentos es real.[1] Los países restringen las exportaciones de sus alimentos. De hecho, justo en el momento de escribir este capítulo, para asegurar el suministro de alimentos básicos, el Gobierno de Moldavia prohibió las exportaciones de cereales y azúcar (con vigencia a partir del 1 de marzo de 2022).[2] Para evitar fallos del mercado, extendió las regulaciones de precios de los productos horneados a otros productos básicos: carne de cerdo, pescado congelado, aves, remolacha, repollo blanco, huevos y pasta.

Según Reuters, Hungría siguió el ejemplo poco después y prohibió la exportación de cereales.[3] Hungría es un gran productor de cereales y un exportador neto. Por lo tanto, cuando prohíben las exportaciones de cereales, eso significa que hay otros países que son importadores netos y que no tendrán alimentos. Los que tienen cereales ya no los regalan. Y los que no los tienen pronto se encontrarán en medio de una peligrosa crisis alimentaria. Así describió el problema la agencia de noticias Reuters en junio de 2022:

> Rusia y Ucrania representan juntas casi un tercio del suministro mundial de trigo, y su importancia se ha visto subrayada por la prohibición de las exportaciones de la India, así como por las condiciones climáticas adversas para los cultivos en América del Norte y Europa Occidental.
>
> La guerra, junto con las sanciones occidentales contra Rusia, han disparado los precios de los cereales, el aceite de cocina, los fertilizantes y la energía.

---

1. Meagan Vasquez y Sam Fossum, «Biden Blames Russia's War in Ukraine for Food Supply Shortages and Price Hikes» 11 de mayo de 2022, CNN, www.cnn.com/2022/05/11/politics/biden-food-supply-russia-ukraine/index.html
2. «Moldovan Government Moves to Prevent Food Shortages and Price Hikes», 1 de marzo de 2022, BNE Intellinews, www.intellinews.com/moldovan-government-moves-to-prevent-food-shortages-and-price-hikes-236379/
3. «Hungary to Ban All Grain Exports Effective Immediately – Agriculture Minister», 4 de marzo de 2022, Reuters, www.reuters.com/article/ukraine-crisis-hungary-grains-idAFL5N2V75IT

Ucrania también es un importante exportador de maíz, cebada, aceite de girasol y aceite de colza, mientras que Rusia y Bielorrusia (que ha apoyado a Moscú en la guerra y también está bajo sanciones) representan más del 40 % de las exportaciones mundiales del nutriente agrícola potasa.[4]

La situación se está volviendo tan grave que recientemente la Unión Europea tuvo una reunión con sus ministros de Agricultura y está poniendo en marcha un plan de contingencia para crisis alimentarias de la UE, un mecanismo de crisis para monitorear la escasez de alimentos.[5]

Pero la verdad es que en realidad no tienen un plan. El único plan es culpar al cambio climático, a los capitalistas codiciosos, instarnos a dejar de comer carne y comenzar a rastrear nuestra huella de carbono. Por supuesto, harán todo esto mientras viajan en aviones privados para reunirse y discutir cómo salvarnos a todos.

En mi programa de radio diario, he hablado de manera muy extensa sobre el debate que las Naciones Unidas están llevando a cabo sobre el racionamiento mundial de alimentos. En el momento de escribir esto, estamos en el año 2022.

Joe Biden ha dicho sobre la escasez de alimentos: «Va a ser real». Sin embargo, por mucho que odie decirlo, esto es sólo el comienzo. En abril de 2022, un artículo del *Western Standard Online* documentó las docenas de instalaciones de alimentos que se incendiaron en los Estados Unidos en la primavera de 2022. La autora del artículo, Melanie Risdon, escribió maravillosamente sobre lo que está sucediendo:

---

4. Pavel Polityuk y Silvia Alosi, «Explainer: UN Plan to get Ukraine Grains Out Faces Hurdles», 24 de mayo de 2022, Reuters, www.reuters.com/markets/commodities/ukraine-looks-ways-get-its-grain-out-2022-05-24/

5. «Commission Holds First Meeting of the European Food Security Crisis Preparedness and Response Mechanism»,10 de marzo de 2022, *Euro Reporter*, www.eureporter.co/politics/europeancommission/2022/03/10/commission-holds-first-meeting-of-the-european-food-security-crisis-preparedness-and-response-mechanism/

> La escasez de alimentos se ha visto agravada por una serie de incendios, accidentes aéreos y explosiones en casi dos docenas de instalaciones de procesamiento de alimentos en Canadá y Estados Unidos. El más reciente ocurrió el jueves en Georgia, cuando un pequeño avión se estrelló poco después de despegar contra una planta de General Mills, al este de Atlanta. Dos ocupantes del avión murieron en el accidente, según informó el *New York Post.*
>
> Un gran incendio destruyó el lunes por la noche partes de la sede de Azure Standard en Oregón, una empresa que se describe a sí misma como «el distribuidor independiente de alimentos más grande de EE. UU.».
>
> La compañía dijo que «básicamente cualquier producto líquido», como miel, aceite y vinagre, estará fuera de *stock* debido al incendio, según informó *Vision Times.*
>
> La empresa también dijo que perdió sus instalaciones de embalaje de frutas y productos de algarroba en el incendio, pero dijo que los efectos serán mínimos ya que la temporada de cosecha de frutas aún no ha comenzado.[6]

Dos docenas de plantas procesadoras de alimentos en todo el país han tenido problemas, incluida una en la que un avión se estrelló contra las instalaciones. Suena un poco misterioso, ¿no crees? Pero, de nuevo, observa cómo, a pesar de que estos incidentes han ocurrido, quienes están en el terreno encuentran una manera de solucionar el problema. Risdon continuó:

> El jueves pasado, los bomberos combatieron un incendio de gran magnitud en la planta de ensaladas envasadas de Taylor Farms en Salinas, California, una región agrícola clave a 177 km al sur de

---

6. Melanie Risdon, «Exclusive: Food Shortages Magnified by String of Destroyed Food Processing Facilities», 23 de abril de 2022, *Western Standard Online,* www.westernstandard.news/news/exclusive-food-shortages-magnified-by-string-of-destroyed-food-processing-facilities/article_c5e4d4c3-325f-56b4-9089-8b8a69fe7d1f.html

San Francisco. El incendio se desató a última hora de la noche del miércoles, según informó KTLA.

Ese mismo día, un avión se estrelló contra la planta procesadora Gem State de Idaho, que se dice procesa 7300 hectáreas de patatas al año. El piloto del avión no sobrevivió, pero ningún empleado resultó herido, informó *Vision Times*.

El 13 de abril, los bomberos de varios distritos de Maine ayudaron a combatir un incendio masivo que destruyó la carnicería y el mercado de carne East Conway Beef & Pork en Center Conway, NH.

Los investigadores no indicaron qué causó el incendio, informó WMTW, afiliada de ABC en Portland, Maine.[7]

Si a todo esto añadimos un incendio sospechoso y un segundo avión que se estrella contra una planta procesadora de alimentos, es posible que tengamos algo que llame la atención de Sherlock Holmes:

En marzo, KAIT TV informó sobre un gran incendio que obligó al cierre de la planta de Nestlé en Jonesboro, Arkansas. La planta produce alimentos congelados, en particular Hot Pockets. La planta de alimentos congelados anunció sus planes de expansión de 100 millones de dólares el año pasado.

La planta de procesamiento de patatas Penobscot McCrum en Belfast, Maine, también fue destruida por un incendio en marzo. Las autoridades creen que una freidora fue la causa del incendio, según informó *WMTW News 8*, afiliada de ABC.

En Canadá, los bomberos y los paramédicos respondieron tras una explosión en el Centro de Valorización de Alimentos de la región, una instalación de preparación y procesamiento de alimentos industriales en Sherbrooke, Quebec. Cinco personas resultaron heridas en la explosión de marzo que se convirtió en un gran incendio.[8]

---

7. Ibíd.
8. Ibíd.

Accidentes de avión, incendios y explosiones. No hay nada fuera de lo normal que ver aquí. Estoy seguro de que todo es una coincidencia. No hay razón para asustar a los niños.

> Y, a finales de marzo, un incendio en Maricopa Food Pantry, un banco de alimentos en Arizona, provocó que se quemaran 22 600 kilos de alimentos y otro incendio en Rio Fresh, con sede en Texas, dañó gravemente las instalaciones de procesamiento de cebollas.
>
> En febrero, una parte de Wisconsin River Meats fue destruida por un incendio, según *Channel 3000 News*. La empresa con sede en Mauston dijo que la «parte antigua» de su planta sufrió una pérdida total a causa del incendio.
>
> Otro incendio en febrero, provocado por la explosión de una caldera en una planta de patatas fritas al sur de Hermiston, Oregón, envió a varias personas al hospital con heridas leves. La planta de Shearer's Food, según informó *The Oregonian,* abastece a gran parte del oeste de Estados Unidos con patatas fritas y maíz.
>
> Un tercer incendio en febrero provocó que la planta de procesamiento de soja y biodiesel de la Louis Dreyfus Company en Claypool, Indiana (la planta de procesamiento de soja totalmente integrada más grande de los EE. UU..) suspendiera la producción. Afortunadamente, no se reportaron heridos.[9]

Entiendo que algunas personas se pregunten cómo se compara este período de tiempo con otros períodos de tiempo. Tal vez esto sea algo habitual. Tal vez se trate de algún tipo de guerra cibernética librada por China o Rusia. ¿Quién lo sabría? Si esto fuera un sabotaje, el objetivo sería hacerlo de una manera que no despertara al público estadounidense, ¿no?

> En enero, un incendio en una planta procesadora de aves de corral en la región de Hamilton, en Ontario, causó daños cuantio-

9. Ibíd.

sos, pero no heridos. El incendio, que activó múltiples alarmas y según informó *Global News,* costará millones en reparaciones.

Los bomberos respondieron a un incendio en enero en la planta de Cargill-Nutrena en Lecompte, Luisiana. El incendio tardó más de 12 horas en apagarse, según informó KALB-TV, una estación de televisión afiliada a NBC/CBS/CW.

En diciembre, un incendio provocó daños valorados en más de 100 000 dólares en una planta procesadora de alimentos de San Antonio. KTSA-107.1 informó que no hubo heridos como consecuencia del incendio.

A finales de noviembre, un incendio afectó la planta procesadora de alimentos Maid-Rite Steak Co. en el condado de Lackawanna, Pensilvania, según informó la estación de noticias afiliada a ABC, WNEP. Se determinó que la causa del incendio fue un accidente.[10]

Entiendo que cuando se lee la letanía de incidentes en las plantas procesadoras de alimentos es fácil desanimarse. Estas personas parecen muy poderosas. Pero estoy seguro de que en cada una de esas plantas, la sal de la tierra, los buenos trabajadores estadounidenses están solucionando las cosas. Son nuestra mayor arma y eso nunca debe olvidarse. El artículo termina la retahíla de incidentes sospechosos:

> Un incendio ocurrido a mediados de septiembre en la planta procesadora de carne de res JBS USA en Grand Island, Nebraska, detuvo las operaciones en las instalaciones que normalmente procesan alrededor de 6000 cabezas de ganado cada día.
>
> Aunque el incendio dañó una parte de las instalaciones, la compañía, en ese momento, publicó un comunicado que decía que el incendio no afectó al área de producción primaria, según informó Reuters.

10. Ibíd.

Otro incendio devastador ocurrido en agosto de 2021 dañó gravemente la empresa Patak Meat Production en Austell, Georgia, según informó Channel 2 Action News en Atlanta.

Según el departamento de atención al cliente de la empresa, Patak Meat Production está operando a una capacidad «muy reducida», pero espera completar las reparaciones en los próximos meses y luego recuperar su capacidad operativa completa.

En julio, los bomberos combatieron un gran incendio en la planta de River Valley Ingredients en Hanceville, Alabama. La causa del incendio, según informó en su momento WVTM-TV, afiliada de NBC, era desconocida. Otro incendio ocurrido en julio en la fábrica de Kellogg en Memphis, Tennessee, se determinó que fue un accidente y no se reportaron heridos.

Se llamaron decenas de equipos para ayudar a combatir el incendio debido al calor brutal, informó Fox 13 Memphis.

Según WGIL-93.7 FM en Galesburg, se desconoce la causa de un incendio ocurrido en abril de 2021 en la planta de Smithfield Foods en Monmouth, Illinois.[11]

Como he afirmado durante muchos años en mi programa de radio, el plan de la élite mundial es desestabilizar el suministro mundial de alimentos para controlar por completo a la población e instaurar el Gran Reinicio. Puedes leer el breve resumen de Melanie Risdon, quien documenta docenas de plantas de alimentos que han sido destruidas misteriosamente como una simple coincidencia.

Pero lo que no podemos discutir es que es bastante peculiar.

Durante mucho tiempo, los precios de los alimentos se mantuvieron estables en Estados Unidos y los consumidores no se preocupaban demasiado por las fluctuaciones de precios cada mes. Hasta donde alcanza la memoria, nuestros supermercados estaban repletos de alimentos, y algo que siempre enorgullecía a los tenderos era su capacidad para garantizar una enorme variedad a sus

11. Ibíd.

clientes. Pero ahora podemos ver que las cosas son muy diferentes, y no en el buen sentido.

Mientras el mundo intenta recuperarse de la recesión global inducida por los confinamientos por la COVID-19, una ola masiva de inflación afecta dramáticamente a los productos agrícolas, y los productores de alimentos tienen que trasladar esos aumentos de costos a los consumidores. Sin embargo, muchos expertos de la industria advierten que las recientes subidas de precios no serán las únicas. De hecho, marcan el comienzo de una era prolongada de precios más altos y baja oferta. Esto significa que, aunque ya nos enfrentamos a una dolorosa inflación de los alimentos, los precios no bajarán más de lo que están en este momento durante mucho mucho tiempo. Si miramos hacia el futuro, es probable que varios eventos que se desarrollan en este momento se combinen y contribuyan a la aceleración de la inflación de los precios de los alimentos en los próximos meses.

Además de los curiosos accidentes en las instalaciones de producción de alimentos, los precios de la gasolina alcanzan máximos históricos cada mes y se ha vuelto mucho más caro transportar alimentos por todo el país. Los costos de transporte de suministros ya han aumentado debido a la escasez nacional de conductores. Como informó la CNN el 30 de mayo de 2022, justo cuando comenzaba la temporada de conducción de verano:

> El precio promedio nacional de la gasolina regular subió a un nuevo récord de 1,24 dólares el litro el lunes, según la AAA. Eso representa un centavo más que el domingo y 44 centavos más que hace un mes.
>
> Los precios de la gasolina han aumentado de forma considerable desde el último Memorial Day, cuando el promedio era de 0,76 dólares el litro, según AAA.
>
> En la actualidad, siete estados tienen un precio promedio de gasolina de 1,25 dólares el litro, siendo el último Illinois (redondeado al alza desde 4,996 dólares). Nueva York y Arizona están a sólo unos centavos de alcanzar ese hito. Y no hay ningún estado

donde los precios de la gasolina promedien menos de 1,02 dólares el litro.[12]

Como consecuencia de ello, las empresas no tendrán otra opción que trasladar estos costes adicionales a los consumidores.

Por no hablar de la despiadada megasequía que sufre el oeste de Estados Unidos, que no hace más que empeorar. Muchas zonas no han sufrido una sequía tan extrema en más de veinte años, desde el año 2000.[13] En muchos estados, los niveles de agua están bajando peligrosamente y la revista *Smithsonian* informa de que la cuenca del río Colorado está sufriendo una megasequía que no se había visto en mil doscientos años.[14]

Además, los problemas relacionados con el transporte y la cadena de suministro no van a desaparecer. Ryan Johnson, un veterano de veinte años en la industria del transporte por carretera, reveló en un artículo reciente publicado en *Medium:*

> Tengo una pregunta sencilla para todos los expertos que creen comprender las causas fundamentales de la crisis del transporte marítimo: ¿por qué hay sólo una grúa por cada 50 a 100 camiones en cada puerto de Estados Unidos? Ningún experto responderá a esta pregunta. Soy un conductor de camión de primera clase con experiencia en casi todos los aspectos del transporte de mercancías. Mi experiencia de veinte años en la industria del transporte por carre-

---

12. Matt Egan, «Gas Prices Hit Yet Another Record High», 30 de mayo de 2022, CNN, www.cnn.com/2022/05/30/business/gas-prices-memorial-day/index.html

13. «Drought in the Western United States», 13 de junio de 2022, United States Department of Agriculture (EE. UU.), Economic Research Service, www.ers.usda.gov/newsroom/trending-topics/drought-in-the-western-united-states/

14. Margaret Osborne, «Officials Will Release Less Water into Lake Mead Because of Drought», 5 de mayo de 2022, *Smithsonian*, www.smithsonianmag.com/smart-news/officials-will-release-less-water-into-lake-mead-because-of-drought-180980030/

tera me dice que nada va a cambiar en la industria del transporte marítimo.[15]

El veterano de la industria del transporte señaló que una de las principales razones por las que la mayoría de las empresas de transporte no quieren tener nada que ver con el transporte de contenedores es el hecho de que las operaciones portuarias siempre han sido extremadamente desordenadas y las cosas han empeorado mucho desde el comienzo de los cierres por la COVID-19:

> He esperado hasta ocho horas en primera fila sólo para entrar al puerto. Es raro el día en que un conductor entra y sale en menos de dos horas. Por «día raro» me refiero a tal vez un puñado de veces al año –explica Johnson–. Los puertos no tienen suficientes trabajadores para mantener la fluidez de las operaciones, sin importar si estás en un puerto costero o interior, sindicalizado o no sindicalizado. La situación es la misma en todo el país.[16]

Por su parte, Johnson es un conductor sindicalizado que cobra por hora; sin embargo, la mayoría de los conductores portuarios son contratistas independientes contratados por una empresa de transportes que les paga por carga. Eso significa que, independientemente de que su carga tarde dos horas, catorce horas o tres días en completarse, reciben el mismo salario. Además, tienen que pagar al menos el 90 % de los gastos operativos de sus camiones, y las empresas suelen cubrir menos del 10 % de los gastos restantes.

En resumen, los conductores no sindicalizados reciben salarios extremadamente bajos por el transporte en barco y en contenedores, y tienen que cubrir todas sus propias reparaciones, com-

---

15. Ryan Johnson, «I'm a Twenty Year Truck Driver, I Will Tell You Why America's "Shipping Crisis" Will Not End», 26 de octubre de 2021, *Medium*, www.medium.com/@ryan79z28/im-a-twenty-year-truck-driver-i-will-tell-you-why-america-s-shipping-crisis-will-not-end-bbe0ebac6a91
16. Ibíd.

bustible y todos los gastos relacionados con los camiones. Johnson revela:

> Sinceramente, no entiendo cuántos de ellos pueden permitirse siquiera ir a trabajar. En algunos casos, trabajan 70 horas semanales y aun así terminan debiendo dinero a su compañía. Por eso, cuando los puertos empezaron a congestionarse debido a los efectos de la crisis sanitaria la primavera pasada, la gran mayoría de los conductores se negaron a presentarse.
>
> [...] En pocas semanas, la congestión se volvió tan grave que, de poder hacer tres cargas al día, sólo podían hacer una. Aceptaron una reducción salarial de dos tercios. La mayoría de los conductores trabajaban 12 horas al día o más, mientras que los transportistas cobraban tarifas de envío más altas. Ninguno de esos aumentos de tarifas se reflejó en los salarios de los conductores. Muchos conductores simplemente renunciaron. Sin embargo, aunque la tasa de recogida de contenedores disminuyó de manera drástica, todavía se descargaban de los barcos, y la situación sólo ha empeorado.
>
> Los expertos quieren decir que podemos hacer cosas como abrir los puertos las 24 horas del día, los 7 días de la semana, y el problema se resolverá en un par de semanas. Pero sacar un contenedor del puerto, por lento y molesto que sea, es realmente la parte fácil si se puede encontrar un camión y un remolque para transportarlo, pero no todos los camioneros de Estados Unidos pueden operar las 24 horas del día, los 7 días de la semana. Aunque el Gobierno suspenda las regulaciones sobre las horas de servicio, una regulación federal que determine cuántas horas a la semana podemos trabajar o conducir, todavía necesitaremos dormir en algún momento.[17]

Siempre resulta reconfortante leer el relato de alguien que conoce el tema sobre el que escribe. Así lo ven los trabajadores habituales sobre el terreno. Pero ése no es el caso del trabajador estadouniden-

17. Ibíd.

se. Él o ella trabajará, aunque el salario sea bajo, porque en el trabajo hay dignidad:

> Legalmente, los conductores de camiones pueden trabajar 14 horas al día, lo que ya es mucho. La mayoría de ellos ya lo hacen. Hay una cantidad limitada de camiones y conductores cualificados en el mercado, y la solución que el Gobierno propone ahora es hacerlos trabajar 24 horas al día todos los días y no parar hasta que se elimine el atraso. Simplemente no es realista. Y es físicamente imposible. Si no se puede descargar un contenedor en un almacén, tener conductores trabajando 24 horas al día, 7 días a la semana, 365 días al año no resuelve nada. Necesitamos decenas de miles, más remolques y una capacidad mucho mayor en el transporte por carretera. A muchos trabajadores de la cadena de suministro se les paga el salario mínimo. No reciben ningún beneficio. Hay una alta tasa de rotación, porque las condiciones físicas pueden ser brutales.
>
> En este momento, todo está fallando en conjunto de manera espectacular, pero arreglar una sola pieza no solucionará nada. Todo necesita ser arreglado, y al mismo tiempo. ¿Cómo convencer a los camioneros de que trabajen cuando su salario no está garantizado, incluso hasta el punto de perder dinero?[18]

El ciudadano medio que trabaja como conductor de camión tiene una perspectiva sobre la crisis del transporte por carretera mejor que la de cualquier secretario de Transporte:

> Mi predicción es que nada va a cambiar y que la crisis del transporte marítimo sólo va a empeorar. Nadie en la cadena de suministro quiere pagar para resolver el problema. En este momento, los retrasos son tan extensos que los propios retrasos están impulsando a las empresas de contenedores, puertos, almacenes y empresas de transporte por carretera a cobrar enormes aumentos de tarifas por no hacer literalmente nada para aliviar la situación. Teniendo en

18. Ibíd.

> cuenta eso, los que operan los puertos, los contenedores de transporte, los almacenes y las empresas de transporte por carretera no están dispuestos a pagar a los trabajadores más de lo que pagaron durante el año pasado. Básicamente, toda la industria está dando marcha atrás y persiguiendo el enorme desastre que ha creado. De hecho, cuanto más se acumulan las cosas, más dinero gana cada punto de la cadena de suministro. Literalmente no hay ningún incentivo para cambiar, aunque eso signifique que los consumidores tengan que hacer compras navideñas en julio y pagar el triple por el envío.[19]

Ahora podemos ver algo de verdad en el comentario de Henry Kissinger: «Quien controla el suministro de alimentos controla a la gente; quien controla la energía puede controlar continentes enteros; quien controla el dinero puede controlar el mundo».[20]

John Kerry, exsenador y candidato demócrata a la presidencia en 2004 y ahora zar climático de Biden, dijo: «Esperad a ver 100 millones de personas para quienes toda la capacidad de producción de alimentos ha colapsado».[21]

Pero no será el cambio climático lo que provoque este colapso, sino el plan de los globalistas.

* * *

En esencia, lo que está sucediendo es que hemos destruido la cadena de suministro durante los confinamientos por la COVID-19. Ahora, las exportaciones mundiales de fertilizantes están siendo

---

19. Ibíd.
20. Henry Kissinger, «Quote Fancy». Acceso 8 de junio de 2022, www.quotefancy.com/quote/1275693/Henry-Kissinger-Who-controls-the-food-supply-controls-the-people-who-controls-the-energy
21. Jessica Chasmar, «John Kerry: Ukraine Crisis is Bad, But "Wait Until You See" Flood of Climate Refugees», 9 de marzo de 2022, Fox News, www.foxnews.com/politics/john-kerry-ukraine-crisis-climate-refugees

destruidas por el conflicto entre Rusia y Ucrania. Tucker Carlson ha cubierto el tema de forma extensa y quiero citar un fragmento de su programa:

> **Tucker Carlson:** Esperad a escuchar qué va a pasar con los fertilizantes, que son la base de los alimentos. Resulta que Rusia no sólo suministra energía a todo el mundo, sino que es un importante proveedor de todos los nutrientes que necesitan los agricultores para los cultivos. Eso significa que, gracias a las sanciones europeas y estadounidenses, su factura de la compra va a ser mucho mucho mayor. Ben Riensche es un experto en el tema, es propietario y dirige la Blue Diamond Farming Company en Iowa, cultiva más de 7300 hectáreas en el estado. Así que, una vez más, él lo sabe. Ben Riensche se une a nosotros esta noche. Ben, muchas gracias por venir. Es vergonzoso lo poco que la mayoría de la gente sabe sobre los fertilizantes, de dónde vienen, qué significan. Pero cuéntanos las implicaciones de estas sanciones.
>
> **Ben Riensche:** Es probable que el aumento de los precios de los fertilizantes haga subir los precios de los alimentos. Si te molesta que la gasolina haya subido veinticinco o cincuenta centavos el litro, espera a que tu factura de la compra suba 1000 dólares al mes. Puede que no sólo se manifieste en términos de precio, sino también de cantidad. El síndrome de los estantes vacíos puede estar sólo empezando.[22]

Ahí tenéis el plan globalista perfecto: colapsar de alguna manera el sistema de producción de alimentos, consolidar lo que queda y luego tomar el control del suministro de alimentos. Sé que Tucker y yo podemos ver las cosas de manera ligeramente diferente, pero incluso con su enfoque cauteloso, parecía preocupado:

---

22. *Tucker Carlson Tonight,* «Tucker – Biden Didn't Address This», 2 de marzo de 2022, Fox News, www.foxnews.com/transcript/tucker-biden-didnt-address-this

Tucker Carlson: Lo siento. Sólo quería asegurarme de haberte escuchado bien. ¿1000 dólares más al mes?

Ben Riensche: Por supuesto. El precio de mis cultivos o de los principales cultivos de maíz, soja, trigo, arroz y algodón ha subido entre 30 y 40 dólares, se cultivan en mi finca y la mayor parte de eso es fertilizante. Los precios del nitrógeno han subido tres veces desde el último cultivo que sembramos, el fósforo y el potasio se han duplicado. La temporada de siembra en el hemisferio norte está a pocas semanas de distancia, no hay ninguna tecnología milagrosa que pueda reducir eso a la mitad o a un tercio. Es una fórmula bastante fija. Para cultivar 4000 m^2 de maíz en mi finca necesito 100 kilos de nitrógeno, 100 kilos de fósforo y 50 kilos de potasa. Va a ser difícil ver cómo se desarrolla esto. ¿Cambiarán los agricultores a otros cultivos que producen menos? Ciertamente no vamos a despilfarrar literalmente en comestibles para hacer crecer este cultivo.[23]

Las personas que se dedican a la agricultura comprenden que hay una determinada manera de cultivar los alimentos. Puede que no sea tan sencillo como decirle a la gente que cultive más:

Tucker Carlson: Es decir, es sólo comida. ¿Estás diciendo que es un producto esencial para la gente?

Ben Riensche: Bueno, en gran medida lo es, y hay algunos culpables bastante probables. Como has detallado, el principal problema es el gas natural. Es el *stock* clave de la mayoría de los costos para fertilizantes, especialmente los gastos para fertilizantes de amonio. Pero luego tenemos las cadenas de suministro bajas que surgieron de la pandemia, algunos huracanes que derribaron algunas fuentes de suministro. Pero lo que realmente nos está afectando son las cosas que podrían haberse evitado, las cuestiones am-

23. Ibíd.

> bientales, sociales y de gobernanza. Esto podría describirse como la crisis alimentaria del Green New Deal.
>
> Para explicarlo mejor, se trata de políticas que nos han hecho más dependientes de la energía extranjera, plantas energéticas que han sido desmanteladas de otras fuentes de energía y han hecho la transición al gas natural, compitiendo así con las existencias de fertilizantes. Wall Street ha asumido el papel de inversor activista con cierres estratégicos de plantas.
>
> Pero el eje central de todo esto, la peor parte para un agricultor, es esta acción que ha tomado la Comisión de Comercio Internacional, los aranceles que han establecido creando monopolios que no podemos comprar a partes amigas [que] tienen un tercio de los suministros.[24]

Henry Kissinger nos lo advirtió cuando dijo: «Quien controla el suministro de alimentos controla a la gente; quien controla la energía puede controlar continentes enteros; quien controla el dinero puede controlar el mundo».

Ya hemos hablado de su objetivo de controlar la energía, las personas y los países. Más adelante hablaremos de su estrategia para controlar el dinero. Ahora hablemos de lo que dijo primero Henry Kissinger: «Quien controla el suministro de alimentos controla a la gente».

Ahora tengo que advertirte de que esto da un poco de miedo.

Pero por supuesto que puedes manejarlo, porque quieres un mundo mejor.

¿Qué está pasando? ¿Cuáles son las verdaderas motivaciones que hay detrás de esto, quiénes son los actores involucrados y, por supuesto, lo más importante, cuáles son las implicaciones que esto tiene para nuestra propia salud y para el futuro del país y del mundo?

Nos dicen que la realización del Gran Reinicio es un precursor del desarrollo sostenible. Dicen que todo tiene que ver con el medioambiente. Como comentamos en el capítulo sobre energía y clima, llevan cincuenta años diciendo que, si no actuamos rápido, el

24. Ibíd.

mundo se acabará. ¡Muchas de estas élites han llegado al extremo de decir que el mundo acabará en un acontecimiento cataclísmico si no hacemos exactamente lo que dicen!

Como ya hemos comentado, el Foro Económico Mundial ha estado diciendo que los confinamientos están mejorando silenciosamente las ciudades de todo el mundo.

Sí, millones de personas están perdiendo sus empleos. Las cadenas de suministro se están desmoronando.

Millones de personas se ven empujadas a la pobreza.

Suicidios.

Sobredosis de drogas.

Como dicen, ¡en realidad estamos mejorando el planeta! ¿No es así?

Lo primero, si todavía no te has dado cuenta, es que quieren que dejemos de comer carne. No quieren que comamos carne. ¿Por qué? ¿Por qué no quieren que comamos carne? ¿Es por nuestra salud?

Vamos a profundizar un poco en esto.

Como ya se ha mencionado, Henry Kissinger dice que, si se puede controlar la comida, se puede controlar a la gente. Los globalistas dicen que necesitamos seguir una dieta de salud planetaria para salvar el mundo, como se afirma en un artículo del Foro Económico Mundial de 2019 titulado «Por qué necesitamos seguir una "dieta de salud planetaria" para salvar el mundo». A continuación, se incluye un extracto de ese artículo:

> Como muestra el gráfico a continuación, el principal cambio en muchas dietas occidentales será el consumo de carne roja, reduciéndose a solo 14 g al día (y sólo 30 calorías), lo que equivale a aproximadamente un bocado de un típico filete de solomillo.
>
> Las verduras ricas en almidón, incluidas las patatas y la mandioca, un alimento básico en los países africanos, están limitadas a solo 50 g al día, mientras que el pescado, que es una parte tan importante de las dietas japonesas y de otros países asiáticos, está limitado a 28 g.[25]

25. Kate Whitting, «Why We All Need to Go On the "Planetary Health Diet" to Save the World», 17 de enero de 2019, World Economic Forum, www.

¿En Occidente sólo vamos a comer un bocado de carne roja al día? Parece que a Japón y otros países asiáticos no les va a ir mucho mejor con dos bocados de pescado. Y si eres africano, parece que sólo comerás unos tres bocados y medio de patata o mandioca. En sus propias palabras, ¿cuál es el plan? Nos lo cuentan:

> El informe dice: «Esto incluye más del doble del consumo de alimentos saludables como frutas, verduras, legumbres y frutos secos, y una reducción de más del 50 % en el consumo mundial de alimentos menos saludables como azúcares añadidos y carne roja».
>
> [...] La «dieta de salud planetaria», que implica un cambio hacia una alimentación basada en plantas, fue diseñada por treinta y siete expertos como parte de la Comisión EAT-Lancet para responder a la pregunta de cómo vamos a alimentar a una población estimada de 10 000 millones de personas para 2050, sin destruir el planeta.[26]

¿Qué tienen los globalistas contra la carne? Tal vez comer y cocinar carne sea lo que nos convirtió en los humanos brillantes y luchadores que somos hoy, como se detalla en un artículo de 2016 de la revista *TIME*, que cita un estudio de *Nature:*

> Como lo deja claro un nuevo estudio en *Nature,* no sólo procesar y comer carne fue algo natural para los humanos, sino que es totalmente posible que sin una dieta temprana que incluía cantidades generosas de proteína animal, ni siquiera nos hubiéramos convertido en humanos, al menos no en los humanos modernos, verbales e inteligentes que somos...
>
> [...] Según los biólogos de la Universidad de Harvard Katherine Zink y Daniel Lieberman, autores del artículo de *Nature,* los protohumanos que comían suficientes raíces para mantenerse vivos

---

weforum.org/agenda/2019/01/why-we-all-need-to-go-on-the-planetary-health-diet-to-save-the-world/

26. Ibíd.

habrían tenido que pasar por hasta 15 millones de «ciclos de masticación» al año.

Aquí es donde la carne entraba corriendo y se escabullía para salvar el día. La presa que se ha matado y luego se ha preparado, ya sea rebanándola, machacándola o desmenuzándola, proporciona una comida mucho más rica en calorías que requiere mucha menos masticación que los alimentos de raíz, lo que aumenta los niveles de nutrientes en general.[27]

Si fue la carne lo que impulsó nuestro crecimiento explosivo de inteligencia y capacidad para resolver problemas, ¿es razonable preguntarse qué le sucedería a un cerebro moderno privado de carne? ¿Nos volveríamos menos inteligentes? Una investigación, publicada en la BBC en 2020, respalda esta posibilidad:

> Lo ideal sería comprobar el impacto de la dieta vegana en el cerebro tomando un grupo de personas al azar, pidiéndole a la mitad que dejara de comer productos animales y luego ver qué sucede. Pero no existe un sólo estudio como éste.
>
> En cambio, la única investigación que se acerca a esta conclusión se realizó a la inversa: se llevó a cabo con 555 escolares kenianos, a los que se les dio uno de tres tipos diferentes de sopa (una con carne, otra con leche y otra con aceite) o ninguna sopa en absoluto, como refrigerio durante siete trimestres escolares. Se les hizo una prueba antes y después para ver cómo se comparaba su inteligencia. Debido a sus circunstancias económicas, la mayoría de los niños eran vegetarianos de facto al comienzo del estudio.[28]

---

27. Jeffrey Kluger, «Sorry Vegans: Here's How Meat-Eating Made Us Human», 9 de marzo de 2016 *TIME*, www.time.com/4252373/meat-eating-veganism-evolution/
28. Zaria Gorvett, «How a Vegan Diet Could Affect Your Intelligence», 27 de enero de 2020, BBC, www.bbc.com/future/article/20200127-how-a-vegan-diet-could-affect-your-intelligence

No es un estudio perfecto, pero sí bastante bueno. Los niños eran vegetarianos de facto, luego se les dio carne y se les hizo un seguimiento durante siete períodos escolares. Los resultados deberían hacernos cuestionar cualquier cambio hacia una dieta exclusivamente basada en plantas:

> Sorprendentemente, los niños que recibieron sopa con carne todos los días parecieron tener una ventaja significativa. Al final del estudio, superaron a todos los demás niños en una prueba de razonamiento no verbal. Junto con los niños que recibieron sopa con aceite añadido, también obtuvieron mejores resultados en una prueba de capacidad aritmética. Por supuesto, se necesitan más investigaciones para verificar si este efecto es real y si también se aplicaría a los adultos en los países afectados. Pero sí plantea algunas preguntas intrigantes sobre si el veganismo podría estar frenando el progreso de algunas personas.[29]

Es cierto que gran parte de esto es hipotético y, aunque no parece haber muchos datos fiables, eso no parece detener la guerra globalista contra la carne. ¿A qué se debe esto?

Es probable que la carne esté asociada a una mayor función intelectual.

Si le mientes a la gente, probablemente resulte más fácil si no son tan inteligentes como podrían serlo. Algunas evidencias sugieren que el veganismo probablemente esté asociado a una función intelectual menor.

Creo que un planeta de veganos sería mucho más fácil de controlar que un planeta de carnívoros.

* * *

29. Ibíd.

Bill Gates se ha convertido en el mayor propietario de tierras agrícolas de los Estados Unidos y posee más de 100 000 hectáreas de tierras agrícolas.[30]

Parece seguir los pasos de Kissinger.

Según las últimas cifras de 2021, hay aproximadamente 362 millones de hectáreas de tierras agrícolas en Estados Unidos.[31] Aunque es el mayor propietario de tierras agrícolas, todavía parece poseer una participación relativamente pequeña, menos del 1 %.

Si el Foro Económico Mundial dice que no poseerás nada y serás feliz, ¿por qué Bill Gates está tan ocupado comprando todas las tierras de cultivo?

¿Quizá tú no seas dueño de nada, pero ellos lo serán de todo? Un artículo de *Forbes* de 2019 explicaba por qué los administradores de fondos se estaban mudando a tierras agrícolas y mencionaba en el párrafo introductorio las adquisiciones de Bill Gates:

> Las tierras agrícolas han demostrado ser una clase de activo atractiva para los inversores profesionales, con rendimientos positivos casi uniformes desde principios de los años noventa del siglo pasado. Esto se debe a que los inversores pueden ganar dinero de dos maneras: del alquiler anual en efectivo que los agricultores pagan por utilizar la tierra y también de los aumentos constantes en los valores de la tierra.
>
> Por ejemplo, consideremos una parcela estándar de tierra de cultivo en el medio oeste o en el sur. Suponiendo una renta anual en efectivo del 4 % y un crecimiento del valor de la tierra del 6 %, el rendimiento total sería de alrededor del 10 %. Para las granjas de cultivos en hileras estables y productivas, esto se consideraría normal o incluso atractivo como rendimiento a largo plazo en el entor-

---

30. Noah Manskar, «Bill Gates is Reportedly the Largest Farmland Owner in America», 15 de enero de 2021, *New York Post*, www.nypost.com/2021/01/15/bill-gates-is-the-largest-farmland-owner-in-america-report/

31. «Total Area of Land in Farmland», 14 de mayo de 2021, *Statista*, www.statista.com/statistics/196104/total-area-of-land-in-farms-in-the-us-since-2000/

no actual. En el otro extremo del espectro, una granja de almendras en California puede producir un rendimiento del 8 % y un crecimiento anual del valor de la tierra del 4 %, lo que resulta en rendimientos anualizados del 12 %.[32]

Parece que en el futuro real que han planeado los globalistas, no serás dueño de nada, Bill Gates será tu propietario y estará muy feliz cobrando todo ese alquiler.

* * *

Quiero que veas todo esto como parte de un plan.

Bill Gates y los grandes capitales han intervenido para controlar y consolidar las tierras agrícolas y el suministro de alimentos. El número de granjas independientes ha disminuido de manera drástica, de 2 166 780 granjas en 2000 a 2 012 050 en 2020, una pérdida de más de 150 000 granjas.[33]

Tal vez veas que ésta es la misma estrategia que han utilizado en su guerra contra las empresas durante los confinamientos. No podías comprar en las tiendas familiares, pero sí podías ir a Target, Walmart y Costco o hacer pedidos en línea en Amazon y meter dinero en el bolsillo de Jeff Bezos.

Tanto si crees que fue parte de un plan como si crees que fue simplemente lo que sucedió durante los confinamientos, muchos pequeños minoristas cerraron, lo que llevó a ganancias récord entre los grandes minoristas, justo el tipo de personas que asisten a las reuniones anuales del Foro Económico Mundial en Davos, Suiza. Al reducir las filas de los competidores, los globalistas pue-

32. Carter Mallory, «Why Money Managers are Moving Into Farmland», 9 de julio de 2019, *Forbes*, www.forbes.com/sites/forbesfinancecouncil/2019/07/09/why-money-managers-are-moving-into-farmland/

33. «Total Number of Farms in the United States from 2000 to 2020», *Statista*, 14 de mayo de 2022, www.statista.com/statistics/196103/number-of-farms-in-the-us-since-2000/

den eliminar con mucha más facilidad a los pocos supervivientes restantes.

Resulta alarmante que el negocio de la alimentación esté controlado por tan sólo un puñado de grandes corporaciones. Según un artículo del sitio web de Greenpeace:

> Seis corporaciones (Monsanto, DuPont, Dow, Syngenta, Bayer y BASF) controlan el 75 % del mercado mundial de pesticidas.
>
> Las granjas industriales representan ahora el 72 % de la producción avícola, el 43 % de la producción de huevos y el 55 % de la producción de carne de cerdo en todo el mundo.
>
> Sólo cuatro corporaciones –ADM, Bunge, Cargill y Dreyfuss– controlan más del 75 % del comercio mundial de cereales. Imponen de forma abrumadora cultivos básicos como el maíz y la soja a los agricultores locales a expensas de los agricultores nativos.[34]

La consolidación facilita el control de una industria, tal como lo hizo la familia Rockefeller en el siglo XIX con el petróleo y el gas. Verás, estos multimillonarios afirman ser filántropos, pero utilizan la misma estrategia de siempre: averiguar cómo crear un monopolio.

Y si nos deshacemos de los granjeros que crían productos cárnicos, ¿qué comeremos? Bill Gates tiene un par de ideas. Tal vez te interese su carne sintética cultivada en laboratorio. ¡Qué apetitosa! Aquí está Bill Gates hablando de ello en febrero de 2021:

> Creo que todos los países ricos deberían adoptar una carne de vacuno 100 % sintética. Uno se puede acostumbrar a la diferencia de sabor y, según afirman, con el tiempo la carne sabrá aún mejor. Al final, la prima ecológica es lo suficientemente modesta como para que se pueda cambiar el comportamiento de la gente o utilizar la regulación para modificar la demanda por completo.

---

34. «Corporate Control of Food». Acceso 19 de junio de 2022, Greenpeace, www.greenpeace.org/usa/sustainable-agriculture/issues/corporate-control/

> En el caso de la carne en los países de ingresos medios y superiores, creo que es posible. Pero es uno de esos países en los que, vaya, hay que hacer un seguimiento todos los años y ver qué pasa. Y la política es [un desafío]. Hay todos esos proyectos de ley que dicen que básicamente hay que llamarla basura de laboratorio para poder venderla. No quieren que usemos la etiqueta de carne de vacuno.[35]

¿Soy yo o resulta un poco espeluznante que el hombre más rico del mundo hable con indiferencia sobre cambiar el comportamiento de la gente o usar «regulaciones para cambiar la demanda»? Parece creer que estos Gobiernos, que al menos quieren que estas abominaciones sean etiquetadas como corresponde, están simplemente un poco molestos.

Sin embargo, si no te gusta su carne sintética cultivada en laboratorio, tiene otro ingenioso plan con Jeff Bezos de Amazon y el exvicepresidente Al Gore:

> Bill Gates, Jeff Bezos y Al Gore se encuentran entre los grandes nombres que respaldan a Nature's Fynd, una *startup* que desarrolla hamburguesas sin carne, queso sin lácteos, *nuggets* sin pollo y otros productos utilizando un microbio volcánico fermentado procedente del Parque Nacional de Yellowstone.
>
> [...] Nature's Fynd fue cofundada en 2012 por Thomas Jonas y Mark Kozubal, originalmente bajo el nombre de Sustainable Bioproducts. Antes de cofundar la empresa, Kozubal había investigado un microbio de las aguas termales volcánicas del Parque Nacional de Yellowstone llamado cepa *Fusarium flavolapis*.

35. James Temple, «Bill Gates: Rich Nations Should Shift Entirely to Synthetic Beef», 14 de febrero de 2021, *MIT Technology Review*, www.technologyreview.com/2021/02/14/1018296/bill-gates-climate-change-beef-trees-microsoft/

> Kozubal y un equipo de científicos fermentaron el microbio hasta convertirlo en una sustancia rica en proteínas a la que llamaron «Fy», que ahora es la base de sus productos alimentarios.[36]

Bien, el mundo va a depender de un microbio de una fuente termal volcánica para satisfacer sus necesidades proteicas. ¿Qué podría salir mal?

¡Ahora incluso están promoviendo que comamos insectos! Pero no me creas a mí. Según un titular de CNN Health: «El alimento que puede alimentar y tal vez salvar el planeta: ¡los insectos!». El artículo dice:

> Una mañana en un futuro no muy lejano, usted podría tostar pan hecho con harina de grillo, beber un batido de proteínas hecho con polvo de langosta y comer huevos revueltos (hechos extracremosos con la grasa de las orugas de mopane) con un acompañamiento de beicon de gusano de la harina.
>
> Esa comida te aportará cuatro veces más hierro, más de tres veces más proteínas y más vitaminas y minerales clave que el pan, el batido, los huevos y el beicon que comes hoy, todo ello mientras salvas el planeta.[37]

Este control de los alimentos es un problema clásico, una reacción y una solución.

El problema: «¡Necesitamos pasar a una dieta basada en plantas!».

La reacción: «¡Debemos deshacernos de toda la carne y darles sustitutos!».

La solución: ¡Darles carne cultivada en laboratorio!

---

36. Chris Young, «Bill Gates New Meat Alternative is Made Out of a Volcanic Microbe», 5 de julio de 2021, *Interesting Engineering*, www.interestingengineering.com/bill-gates-backed-new-meat-alternative-is-made-out-of-a-volcanic-microbe

37. Sandee Lamotte, «The Food that Can Feed, and Maybe Save the Planet: Bugs», 25 de octubre de 2019, CNN, www.cnn.com/2019/10/25/health/insects-feed-save-planet-wellness/index.html

Presionar a los Gobiernos para que promulguen leyes que impulsen a la gente a consumir carnes falsas y poco saludables.

La gente se enferma más.

Las grandes farmacéuticas ganan más dinero.

¡Ah, y si tienes mucha hambre, puedes comer insectos!

CAPÍTULO 9

Los globalistas intentan encontrar la narrativa

Schwab y sus compañeros de Davos siguen intentando idear una historia que motive a la gente más que la idea clásica de que los individuos luchan por llevar una vida virtuosa y que, en ese esfuerzo, la sociedad se beneficia.

Parece como si creyeran que su fracaso en conmover a la gente se debe a que no han inventado ese mito mágico que los idiotas seguirán ciegamente.

Schwab primero intentó presentar *La cuarta revolución industrial,* pero no tuvo éxito.

Cuando eso fracasó, publicó el libro *Shaping the Future of the Fourth Industrial Revolution* (Dando forma al futuro de la cuarta revolución industrial), tal vez porque, como un turista en un país extranjero, cree que si simplemente habla despacio y en voz alta puede lograr que los lugareños lo entiendan.

Luego, intentó con *COVID-19 el Gran Reinicio,* pero también fue un fracaso. Tal vez a la gente le pareció un poco insensible que Schwab dijera: «Oye, sé que hubo una pandemia mundial que mató a millones de personas, ¡pero veámosla como una oportunidad!».

Tal vez, en lugar de ser tan provocador, quiso probar con un título excepcionalmente aburrido, por lo que su siguiente trabajo, publicado en enero de 2021, fue *Stakeholder Capitalism: A Global Economy that Works for Progress, People and the Planet* (Capitalismo de las partes interesadas: una economía global que funcione para el progreso, las personas y el planeta). Echemos un vistazo más de cerca a este trabajo, coescrito con Peter Vanham, que es el jefe de comunicaciones del presidente (Klaus Schwab) en el Foro Económico Mundial. En otras palabras, estaba en la oficina, por así decirlo.

Debe de ser muy difícil para Klaus Schwab que todas esas personas importantes elogien su libro y que la gente común lo trate como a un tío vergonzoso. Marc Benioff, presidente y director ejecutivo de Salesforce, lo expresa así:

> Hace cincuenta años, Klaus Schwab propuso por primera vez su teoría de que las empresas no sólo son responsables ante sus accionistas, sino también ante todas las partes interesadas. En un sistema económico global que genera profundas divisiones y desigualdades, Klaus renueva su llamada a una forma de capitalismo que funcione para todos y en la que las empresas no sólo tomen de la sociedad, sino que realmente devuelvan y tengan un impacto positivo. El capitalismo de las partes interesadas es una llamada urgente a la acción.[1]

Marc Benioff pretende hacernos creer que antes de Klaus Schwab nadie había planteado la idea de que las empresas deberían preocuparse por la humanidad.

¿Qué tipo de infancia tuvo Benioff?

¿Sus padres nunca le permitieron ver una de las muchas adaptaciones cinematográficas de *Un cuento de Navidad* durante las vacaciones? ¿Nunca vio al fantasma de Jacob Marley gritarle a Ebenezer Scrooge que, en lugar de ser un buen hombre de negocios, «la humanidad era mi negocio»? ¿Marc Benioff nunca ha oído hablar de la caridad?

---

1. Klaus Schwab, *Stakeholder Capitalism: A Global Economy that Works for Progress, People and the Planet*, John H. Wiley & Sons, Hoboken, Nueva Jersey, 27 de enero de 2021), p. i.

Schwab pasa a mencionar los elogios de su siguiente buen amigo, Alexander De Croo, el primer ministro de Bélgica, quien escribió:

> Si crees que éste es otro libro más sobre la era pre-COVID-19 y la era post-COVID-19, piénsalo de nuevo. Klaus Schwab recurre a su vasta experiencia para llevarnos en un viaje por la montaña rusa de los altibajos del capitalismo de posguerra. Su habilidad para contar historias económicas nos brinda una visión real y profunda de hacia dónde nos dirigimos y qué deberíamos aspirar a lograr.[2]

Sí, estoy seguro de que el público en general ha pensado: «He leído muchos libros anteriores y posteriores a la COVID-19 y sobre cómo va a cambiar el mundo, escritos por tantos dictadores que quieren gobernar a la humanidad. ¿Qué va a decir este que sea nuevo?». Desafortunadamente, parece que los políticos de todos los países tienen que empezar diciendo la cosa más estúpida posible.

El primer ministro de los Países Bajos, Mark Rutte, no lo ha hecho mucho mejor. Ésta es su contribución:

> En *Stakeholder Capitalism,* mi buen amigo, el profesor Schwab, describe una manera inspiradora de avanzar para lograr que la economía global sea más equitativa, sostenible y esté más preparada para el futuro. Una visión que encaja a la perfección con todos sus esfuerzos a lo largo de los años por construir un mundo mejor. Una vez más, el profesor Schwab nos da material para pensar y reflexionar con este fascinante libro.[3]

Me siento un poco confundido por el pronunciamiento del primer ministro de los Países Bajos. ¿Cómo va a lograr Schwab que la economía global sea «a prueba de futuro»? ¿Significa eso que no se permitirá la disidencia? ¿No se lanzarán al público tecnologías dis-

2. Ibíd.
3. Ibíd., p. ii.

ruptivas? ¿Soy sólo yo o parece que a los globalistas no les gusta ningún futuro que no controlen?

En el prefacio, Schwab apoya mi premisa de que, ya sea antes o después de la pandemia, la gente de Davos siempre ha defendido la globalización y un control más estricto de la población mundial. Schwab escribe:

> Pero ahora que hemos dejado atrás la crisis inicial, muchos de nosotros (incluido yo) nos hemos dado cuenta de que la pandemia y sus efectos están profundamente vinculados a problemas que ya habíamos identificado con el sistema económico mundial existente. Esta perspectiva me hizo volver a la discusión que había mantenido en febrero de 2020, en la fecha de aquella fatídica llamada de Pekín. Muchos de los análisis en los que habíamos estado trabajando anteriormente eran más ciertos que nunca. Podrán leer sobre ellos en este libro.[4]

¿No te encanta la apertura intelectual del típico globalista? Bien podría haber escrito: «Pensaba que tenía razón antes de la pandemia. Pero ahora sé que tengo aún más razón».

No hay pausa, no hay reflexión, no hay crítica de nada de lo que pasó con cualquier Gobierno en cualquier parte del mundo. Por supuesto, esas personas malvadas serán objeto de fuertes críticas por no ser colaboradoras y cooperativas.

¿Pero todos esos Gobiernos?

Son simplemente buenos y puros, como fresca agua de lluvia caída del cielo.

¿Y sería un libro de Klaus Schwab sin elogios constantes a la brutalidad del partido comunista chino?

> Bajo el liderazgo del presidente Mao, entre 1949 y 1975, el Partido Comunista de China (PCCh) se convirtió en el único partido gobernante del país, poniendo fin de manera más decidida a la agita-

4. Ibíd., p. xv.

> ción política. El PCCh fundó la República Popular China como un Estado de partido único, lo que trajo estabilidad al régimen a cambio de la libertad democrática.[5]

«Libertad democrática». ¿Es un concepto pintoresco, como los conejitos de chocolate en Pascua? ¿O podría ser más importante? ¿Un ideal por el que la gente ha luchado y muerto a lo largo de los siglos? Schwab no dedica tiempo a este concepto, y se limita a señalar que durante la época del presidente Mao, China no experimentó un gran progreso económico. En cambio, fue el sucesor de Mao, Deng Xiaoping, quien persiguió un mayor progreso económico, mientras que el Estado mantuvo un férreo control del poder. Schwab escribió:

> Deng Xiaoping quería cambiar esa situación y en 1978 visitó Singapur. En ese momento, la ciudad-Estado insular era uno de los llamados cuatro «tigres asiáticos» (Hong Kong, Taiwán, Singapur y Corea del Sur), con economías basadas en inversiones extranjeras directas (IED), la protección de industrias clave frente a la competencia extranjera y un crecimiento impulsado por las exportaciones. Inspirado por el ejemplo de la ciudad-Estado, Deng Xiaoping también impulsó un nuevo modelo de desarrollo económico para China: la Reforma y Apertura, que comenzó en 1979.[6]

Seamos honestos con algunas de las expresiones que utilizamos. ¿Qué significa «proteger a las industrias clave de la competencia extranjera»? Eso es proteccionismo, simple y llanamente.

Cuando hablamos de «inversión extranjera directa», nos referimos a inversores internacionales que no están interesados en las condiciones locales, sino sólo en la cantidad de ganancias que pueden obtener.

---

5. Ibíd., p. 56.
6. Ibíd., p. 57.

¿Y cómo puede un Gobierno prometer a estos financieros internacionales la máxima cantidad de beneficios? Con un Gobierno de partido único, que es en esencia lo que eran y siguen siendo todos estos llamados «tigres asiáticos» en el momento de escribir estas líneas.

Esto es lo que el propio Schwab escribió sobre Singapur:

> Además, el modelo electoral de Singapur es muy diferente al de muchas otras democracias. El gobernante Partido de Acción Popular ha liderado Gobiernos de partido único de forma continua desde la independencia de Singapur en 1965. Otros partidos participan en las elecciones generales del país, que se organizan cada cinco años, y en 2020 incluso obtuvieron cerca del 40 % de los votos. Pero estos partidos de oposición no han logrado hasta ahora ganar un número significativo de escaños ni dirigir ministerios importantes del Gobierno. Como resultado, la revista asiática *Nikkei* informó: «Singapur ocupó el puesto 75 en el índice de democracia global de la Economist Intelligence Unit para 2019, detrás de sus pares regionales Malasia (43), Indonesia (64) y Tailandia (68). La ciudad-Estado tuvo un desempeño especialmente pobre en la categoría de «proceso electoral y pluralismo».[7]

Schwab hace su análisis habitual, menciona un fallo evidente, como el hecho de que un partido de la oposición no ha ganado unas elecciones en cincuenta y siete años en Singapur, y luego sigue adelante.

El modelo que Schwab adora es simple: el poder del Estado se combina con el poder de las grandes empresas y el pueblo se queda sin voz.

Los tiranos siempre creen que son la persona más inteligente de la sala.

* * *

---

7. Ibíd., p. 233.

Para Schwab, las elecciones parecen ser una mera formalidad. Trabajará con quienes llegaron a sus puestos de poder por medio de las urnas o de las balas. Lo importante es que los líderes cumplan sus órdenes. Pero en la formulación que Schwab hace del mundo, no hay duda de que son las corporaciones las que deberían estar al mando:

> Para evitar lo peor y lograr el mejor resultado posible, todas las partes interesadas deben recordar las lecciones del pasado y los Gobiernos deben diseñar políticas y prácticas empresariales inclusivas. El desafío de regular los avances tecnológicos es a menudo la velocidad de la innovación. Como me dijo una vez un director ejecutivo frustrado: «Las empresas se mueven en un ascensor impulsado por la fuerza de la creatividad; los Gobiernos y los organismos reguladores toman las escaleras del aprendizaje progresivo». Esta situación plantea una responsabilidad particular a las empresas, a la hora de garantizar que todos los avances tecnológicos se comprendan bien, no sólo en términos de su funcionalidad para los usuarios individuales, sino también de lo que significan para la sociedad en general.[8]

Schwab parece tratar al Gobierno como a un padre anciano al que hay que instruir de vez en cuando sobre lo que es apropiado decir en estos días y lo que no se debe decir. En la visión del mundo de Schwab, todo el honor y la gloria deben corresponder al empresario, sin que se tenga en cuenta, si es que alguna vez se tiene en cuenta, el valor de la supervisión. ¿Y en cuanto al público? Bueno, el empresario debe asegurarse de hablarles como a niños asustados que, por alguna razón, tienen un miedo irracional a sus últimas ofertas.

Pero a veces, el mejor portavoz de los globalistas puede ser una niña de carne y hueso, como Greta Thunberg. Cuando irrumpió en el escenario mundial y en el Foro Económico Mundial, tenía sólo dieciséis años. Me pregunto si se da cuenta de lo incongruente que

8. Ibíd., p. 144.

es que se le permita dar una conferencia en un escenario así a las personas más ricas del mundo, que no han hecho lo suficiente. Con suerte, en algún momento, cuando gane unos años más y algo más de experiencia vital, cuestionará de manera más profunda los motivos de quienes la promovieron en sus diversas plataformas. Schwab cita con aprobación parte del discurso de Thunberg en el Foro Económico Mundial en Davos, Suiza, en enero de 2019:

> En lugares como Davos, a la gente le gusta contar historias de éxito, pero su éxito financiero ha tenido un precio impensable. Y en lo que respecta al cambio climático, tenemos que reconocer que hemos fracasado. Todos los movimientos políticos en su forma actual lo han hecho, y los medios de comunicación no han logrado crear una amplia conciencia pública.[9]

Schwab dejó muy claro en 2022 que no quería ningún disenso en su Foro Económico Mundial. ¿Cómo es posible que esté promoviendo a esta joven en su escenario para criticar a todos los miembros de la reunión de Davos?

Mi respuesta es porque sirve a los objetivos de Klaus Schwab.

Para tomar el poder, Schwab y sus globalistas necesitan que todo sea derribado. Thunberg también quiere derribar cosas, y eso sirve a sus fines. Schwab continuó:

> Thunberg se había hecho famosa por su Huelga Escolar por el Clima unos meses antes, que sacudió el debate sobre lo que se ha dado en llamar la crisis climática global. En Davos, utilizó la plataforma para enviar al mundo una dura llamada de atención sobre las acciones necesarias para evitar la catástrofe. «Los adultos siguen diciendo: "Les debemos a los jóvenes darles esperanza"», dijo en una conferencia de prensa especial.
>
> «Pero no quiero su esperanza. No quiero que tengan esperanzas. Quiero que sientan pánico. Quiero que sientan el miedo que yo

9. Ibíd., p. 147.

siento todos los días. Y luego quiero que actúen. Quiero que actúen como lo harían en una crisis. Quiero que actúen como si sus casas estuvieran en llamas. Porque lo están».[10]

Todos recordamos cómo era ser joven y estar lleno de rectitud moral. Pero a medida que maduramos, comenzamos a comprender mejor la complejidad del mundo. Llegamos a comprender que las mejores decisiones no se toman desde el pánico, sino desde una reflexión tranquila y racional. Si estuvieras atrapado en una casa en llamas, ¿querrías que el bombero que viniera a rescatarte tuviera un ataque de pánico? ¿O querrías que un bombero, del todo consciente del peligro, trazara metódicamente la mejor ruta para ponerte a salvo entre las llamas?

Schwab pasa entonces de provocarte hasta el pánico a esperar que sigas sus precipitadas sugerencias. En su sección sobre «Las tareas clave de los Gobiernos nacionales», Schwab lo explica así:

> En su forma más simple, el papel principal del Gobierno en el modelo de las partes interesadas es permitir una prosperidad equitativa. Esto significa que un Gobierno debe permitir que cada actor individual maximice su prosperidad, pero hacerlo de una manera que sea equitativa tanto para las personas como para el planeta. Debe hacerlo de tres maneras principales. Primero, un Gobierno debe valorar las contribuciones que todos hacen a la sociedad, brindar igualdad de oportunidades a todos y frenar cualquier desigualdad excesiva a medida que surja. Segundo, debe actuar como árbitro y regulador de las empresas que operan en el libre mercado. Y tercero, como guardián de las generaciones futuras, debe poner fin a las actividades que degradan el medioambiente.[11]

Consideremos todos los aspectos erróneos de la modesta propuesta de Schwab. Pretende cambiar el papel fundamental del Go-

10. Ibíd.
11. Ibíd., p. 225.

bierno, que pasa de proteger los derechos de los individuos a vivir como le parezca mejor a este nuevo objetivo de «prosperidad equitativa». Me aterrorizan absolutamente las expresiones vagas como «prosperidad equitativa» porque pueden utilizarse fácilmente para justificar actos de injusticia. Digamos que tenemos dos niños en un equipo de béisbol, pero uno de ellos no puede batear una pelota ni por casualidad, mientras que el otro sigue bateando un *home run* tras otro. ¿Es «equitativo» permitir que uno de los niños tenga una carrera en el béisbol profesional, mientras que el otro necesite seguir una carrera diferente, como la de contabilidad?

Se trata de una frase reconfortante que se utiliza para engañar al público y hacer que no comprenda del todo la masiva toma de poder que pretenden perseguir los globalistas. He aquí un ejemplo: «El Gobierno debería valorar las contribuciones que todos hacemos a la sociedad».

¿Eso incluye a los traficantes de drogas, asesinos, especuladores de la guerra y abusadores de menores?

En la formulación de Schwab, el Gobierno, en este momento sin duda repleto de globalistas, «actuará como árbitro y regulador de las empresas que operan en el libre mercado». ¿Ves cómo el Gobierno acaba de usurpar el papel del sistema de justicia en el plan de Schwab? Y puedes estar seguro de que, si los globalistas actúan como reguladores de la economía, no habrá «libre mercado», sólo capitalismo clientelista y monopolios para sus amigos favoritos.

Por último, Schwab reivindica el papel del Gobierno como «guardián de las generaciones futuras» para proteger el medioambiente. Ahora bien, me considero un ecologista, no quiero que la gente pulverice productos químicos que hagan que las ranas..., bueno..., se comporten de forma inusual, ni que la gente coma alimentos modificados genéticamente que creo que tendrán un impacto negativo en su salud, pero detallaré exactamente lo que creo que está mal y lo que hay que hacer para solucionarlo. Lo que no haré es proclamar un derecho universal para que el Gobierno haga lo que le dé la gana si lo justifica sobre la base del ecologismo.

Así es como los tiranos toman el poder.

No te dicen que quieren robarte tus derechos.

Te dicen que, si les das el poder, todo mejorará.

Pero no los escuches.

Hacer del mundo un lugar mejor, cualquiera sea tu creencia, es tu trabajo.

* * *

¿Por qué sigo siendo tan optimista sobre nuestra capacidad para derrotar a los globalistas?

Es porque no pueden contar una historia para salvar sus vidas, y las historias gobiernan el mundo.

No se dan cuenta de que las historias de libertad, de la capacidad de la humanidad para triunfar ante grandes obstáculos, son siempre más populares que las historias de esclavitud o de cíborgs eternamente jóvenes, asexuados y sin capacidad de reproducción.

Somos conscientes de lo que está mal en el mundo.

Queremos que nuestras historias nos cuenten cómo nosotros, como individuos, podemos convertirnos en héroes y aprovechar nuestro tiempo limitado en este planeta.

Nada proclama más el fracaso absoluto de los globalistas a la hora de decir algo que la gente común apoyaría que la publicación, el 28 de diciembre de 2021, del último libro de Schwab (coescrito con Thierry Mallert), *The Great Narrative for a Better Future* (La gran narrativa para un futuro mejor). Como escribió el propio Schwab en la introducción:

> Como los canales más eficaces para transmitir ideas, las narraciones tienen el poder único de ayudarnos a determinar qué está pasando, qué nos espera y qué es necesario hacer; de ahí el título de este libro. Definida en los términos más simples posibles, una narración es una historia sobre algo. Más apropiada para el propósito de «La gran narración», también es «una forma de presentar o entender

una situación o evento que refleja y promueve una visión particular o un conjunto de valores».[12]

El problema que Schwab nunca parece considerar es si la narrativa es verdadera. Lo que sigue es la elección que hace Schwab de expertos que reflejan su punto de vista de que la creciente complejidad del mundo requiere un mayor poder autoritario, ya sea en la acción gubernamental directa o en la humillación social.

Pero nunca se detiene a considerar la mentira fundamental que hay en el corazón de su narrativa.

La mentira es que no se puede confiar en que el individuo tome sus propias decisiones.

Es una mentira que nunca podrán vender, por más expertos que consigan que te digan que no se puede confiar en ti para tomar decisiones sobre tu vida.

Recientemente, Hollywood se vio sacudido por el éxito inesperado de una película que pocos esperaban que fuera tan popular. El protagonista recreaba un papel que había interpretado por primera vez treinta y cinco años antes, trataba de un auténtico heroísmo militar y no tenía nada de «consciente». Me refiero, por supuesto, a la película *Top Gun: Maverick* de Tom Cruise, en la que interpreta a Pete «Maverick» Mitchell.

Lo que los globalistas no parecen entender es que una narrativa puede ser una «ficción» y, sin embargo, revelar una verdad subyacente sobre la humanidad. No celebramos el hecho de que nos permita escapar de una muerte casi segura, sino porque renueva nuestra creencia en el potencial de la humanidad para la grandeza.

La primera escena prepara la atmósfera para la historia que sigue: Maverick es el piloto de pruebas de un jet futurista llamado Dark Star, pero el programa está programado para ser cancelado en favor de drones no tripulados. El conflicto esencial está establecido: el hombre contra la máquina. Dark Star está programado para un vue-

12. Klaus Schwab y Thierry Mallert, *The Great Narrative for a Better Future*, Forum Publishing, Ginebra, 2022, p. 19.

lo de pruebas ese día, momento en el que se supone que alcanzará Mach 9, lo que sería un récord mundial. Finalmente, se espera que el avión alcance Mach 10.

Pero el vuelo ha sido cancelado por el general (maravillosamente interpretado por Ed Harris).

Maverick habla con la tripulación de vuelo, quienes saben que sus trabajos están a punto de ser cancelados junto con el proyecto.

Maverick decide tomar el avión a reacción, porque si alcanza Mach 9, el programa debe continuar, según el contrato. En este punto, Maverick lucha por los trabajos de sus amigos. Maverick despega justo cuando llega el general y rápidamente asciende a la altitud requerida, todo mientras el general maldice a la tripulación de vuelo.

Pero el general no puede hacer nada porque Maverick ya está en el aire.

En pocos minutos, Maverick lleva el avión a Mach 9 y el personal de tierra le dice que puede volver a bajar. Pero Maverick tiene otros planes. Lleva el avión a Mach 10. Ha salvado los puestos de trabajo de la tripulación de vuelo, pero ahora está viendo lo que es posible con el avión. La tripulación de vuelo le dice que lo reduzca, pero Maverick sigue insistiendo. Cuando lo lleva a Mach 10,3, el avión comienza a vibrar de forma desenfrenada y luego se desintegra.

La pantalla queda en silencio y vemos una imagen lejana de los restos del avión cayendo a la tierra.

¿Ha muerto nuestro héroe? La película acaba de empezar.

No vemos a Maverick cayendo, tal vez luchando por abrir su paracaídas, lleno de terror.

En cambio, vemos a la tripulación de vuelo asombrada, incluido el general, agachando la cabeza ante lo que creen que es el final de Pete «Maverick» Mitchell.

La siguiente escena es de un restaurante de vaqueros, tal vez en las montañas Rocosas, y Maverick entra tambaleándose, aturdido, con su chaqueta de piloto, hollín en la cara, el pelo echado hacia atrás como Einstein, y pregunta: «¿Dónde estoy?».

Los comensales se sorprenden por su aparición, ninguno habla, entonces un niño pequeño dice: «En la Tierra».

Increíblemente cursi, se podría decir.

Pero la historia es brillante porque refleja lo que creemos en lo más profundo de nuestras almas. Tom Cruise nos da una visión de cómo queremos presentarnos algún día ante Dios.

Lucharé para salvar a los que amo.

Lucharé después para alcanzar grandes ambiciones.

Y al final lucharé por ser un individuo completamente único.

Los globalistas nunca podrán inventar una narrativa tan convincente porque no creen en la humanidad.

* * *

Una consecuencia inevitable de que los globalistas crean que saben cómo deben hacerse las cosas mejor que tú se nota claramente cuando intentan establecer una cooperación, porque en realidad no hablan de cooperación, sino de sumisión a su voluntad.

Observa cómo Schwab intenta primero empujarte a esa etapa de pánico, antes de matarte:

> Los valores verdaderamente compartidos y los principios morales bien establecidos, como la integridad, la solidaridad y la justicia, son el pegamento que une a las sociedades y les permite funcionar y prosperar en un ambiente de confianza. La magnitud de los problemas a los que nos enfrentamos de manera colectiva hoy en día (un virus mortal que nos hace temer por nuestras vidas; la crisis climática y ambiental y la degradación de la naturaleza que generan un temor existencial sobre el futuro; la velocidad del cambio tecnológico que provoca ansiedad por nuestros medios de vida y nuestra forma de vida) a menudo hace que nuestras actitudes pasen de ser altruistas a ser egocéntricas.[13]

13. Ibíd., p. 146.

Ésta es la estrategia de persuasión. Hace un llamamiento a valores ampliamente aceptados, como la «integridad, la solidaridad y la justicia», y luego se pasa al miedo: la COVID-19, el cambio climático, la degradación medioambiental y el ritmo del cambio tecnológico. El lector se siente un poco desorientado porque ha pasado tan rápidamente de un lugar de placer (teniendo en cuenta los valores de la integridad, la solidaridad y la justicia) a los temores del futuro, y luego, cuando se encuentra en un estado vulnerable, se le dice que ha pasado de ser altruista a ser egocéntrico.

En realidad, se trata de abuso doméstico contra el lector, y es posible que quieras buscar un refugio para víctimas de abuso contra lectores.

Schwab asume entonces el papel de salvador.

¿No resulta extraño que, en cinco libros, Schwab no haya revelado nada sobre sí mismo? Cuando los políticos intentan ganar nuestro voto, ¿no suelen contarnos todos los detalles nauseabundos sobre sí mismos, como, por ejemplo, cómo eran los viajes en autobús durante la escuela primaria o si tal vez acosaron a alguien en el instituto y viven hoy en día con una vergüenza constante por el daño que pudieron haber infligido hace décadas?

Creo que es una estrategia.

Schwab se ha convertido en una pizarra en blanco, como solían hacer las estrellas de cine antes de que pensaran que era una buena idea compartir todo sobre sí mismas. Esto se debe a que sabe que, si habla de los fracasos de los demás, la conclusión que sacarán los lectores es que Schwab y sus compañeros de Davos no tienen ninguno de esos defectos. Asumen conscientemente el manto de los Ubermenschen, los superhombres, que nunca comparten el más mínimo detalle sobre sí mismos, lo que nos haría conectar con ellos como seres humanos:

> Hoy, esta polarización está desgarrando nuestras sociedades liberales y constituye una amenaza clave para su supervivencia. Una respuesta eficaz exige restablecer la confianza, lo que a su vez sólo es posible si los líderes políticos y empresariales ejemplifican los están-

> dares morales que se esperan de ellos. Sólo si predican con el ejemplo tendrán la autoridad para implementar políticas esenciales orientadas a los valores.[14]

No puedo dejar de recordar que nunca he oído a Schwab decir que sus colegas de Davos o los líderes gubernamentales necesitan hablar con personas individuales. Está bien hablar con miembros de grupos, pero ¿no se aprende mucho más sobre las personas cuando uno simplemente se sienta y habla con ellas durante unas horas? Así es como los seres humanos han resuelto los problemas durante cientos de miles de años. Tal vez nuestros antepasados primitivos, sin tecnología moderna, tenían una ventaja excepcional sobre nosotros. Si había alguien dentro de la tribu con quien no estaban de acuerdo, tenían que resolver el problema. No podían simplemente irse a su tipi y usar su iPhone para navegar por la red paleolítica. La gente se fijaría en los conflictos no resueltos, lo que podría amenazar potencialmente la capacidad de la tribu para sobrevivir en un mundo brutal que a menudo era indiferente a su supervivencia.

Como ya he dicho antes, los globalistas han estado utilizando cada crisis mundial, desde la Primera Guerra Mundial hasta la COVID-19, para impulsar su agenda. Cada crisis exige la misma respuesta que han dado durante más de un siglo:

> Todo lo que ocurra en la era pospandemia nos llevará a repensar el papel del Gobierno. En lugar de simplemente solucionar los fallos del mercado cuando surgen, deberían, como sugiere la economista Marianna Mazzucato, «avanzar hacia la configuración y creación activa de mercados que generen un crecimiento sostenible e inclusivo. También deberían garantizar que las asociaciones con empresas que involucren fondos gubernamentales estén impulsadas por el interés público, no por el lucro». De cara al futuro, lo más probable es que los Gobiernos, aunque con distintos grados de intensidad, **decidan que lo mejor para la sociedad es reescribir algunas de**

14. Ibíd.

> **las reglas del juego y aumentar su papel de manera permanente.** [El resalte en negrita es del autor].[15]

Una vez más, los globalistas no están interesados en tener una conversación contigo. Eso se debe a que son más inteligentes que tú. Ellos son quienes deciden qué es lo mejor para la sociedad, qué reglas deben reescribirse y qué partes de su papel se verán reforzadas de manera permanente.

¿Y cuál es su objetivo? Schwab nos lo dice. Cree que ha ganado, pero nunca ha habido un momento en la historia en el que los poderes gobernantes hayan sido más cuestionados por sus ciudadanos. No estamos al final de esta historia. Estamos apenas al principio. Hasta ahora han actuado con sigilo, pero están saliendo de las sombras. Creen que son fuertes. Sin embargo, lo cierto es que nunca han sido más vulnerables:

> En Estados Unidos, el proyecto de ley «Build Back Better» (reducido a 1,8 billones de dólares) del presidente Biden coloca el «Plan Familias» y las medidas climáticas en el centro de su agenda interna y representa un paso importante para crear una sociedad más equitativa y sostenible. En Europa, el estado de bienestar tiene la reputación de ser el más amplio y «generoso» del mundo, pero podría extenderse aún más. El nivel de protección varía según los países (que administran las políticas de bienestar), pero la Comisión Europea ha lanzado un nuevo «fondo de recuperación COVID-19» de 750 000 millones de euros que comprende 4 pilares, 2 de los cuales están destinados a reducir la desigualdad social y territorial y a impulsar la cohesión económica.[16]

Los globalistas creen que están ganando, pero si sus ideas hubieran sido buenas desde el principio, no habrían tenido que ocultarlas.

15. Ibíd., p. 158.
16. Ibíd., p. 160.

Y todavía tienen el problema de la disidencia, que sólo va a empeorar. Sí, pueden expulsarnos de sus plataformas, pero crearemos otras nuevas. Si nos desmonetizan, también encontraremos una manera de solucionarlo.

¿Podrían llegar tan lejos como para matar a algunas personas? Podrían.

No descarto esa posibilidad.

Pero cada muerte les costaría un capital precioso, y desmentiría su afirmación de que lo hacían por el bien público.

Y a pesar de todas sus medidas de control de armas, el hecho es que nuestro lado tiene la mayoría de esas armas.

La Segunda Enmienda no se colocó justo después de la libertad de expresión porque los Padres Fundadores quisieran proteger nuestro derecho a cazar.

La Segunda Enmienda sirve como control a un Gobierno que pudiera intentar convertirse en una tiranía.

Entiendo que son tiempos aterradores, pero no tengo miedo. Creo, como san Agustín, que «la verdad es como un león. No hay que defenderla. Déjala suelta. Se defenderá sola».[17]

En este libro he intentado dar rienda suelta a la verdad, utilizando abundantemente las palabras de Klaus Schwab y sus compañeros globalistas. El poder está en tus manos.

Sin embargo, en el capítulo final de este libro, revisaré diez áreas que debemos tener en cuenta para detectar los planes globalistas, mientras Dios planea su derrota final.

---

17. Augustín de Hipona. Acceso 19 de junio de 2022, Good-Reads – Quotable Quotes, www.goodreads.com/quotes/798196-the-truth-is-like-a-lion-you-don-t-have-to

CAPÍTULO 10

Diez cosas locas que los globalistas dicen sobre sí mismos y cómo combatirlas

Creo que es importante destacar que en este libro me he basado principalmente en los escritos de Klaus Schwab y otros globalistas como Yuval Noah Harari para justificar mis opiniones. Puede que no estés de acuerdo con mis conclusiones, pero he mostrado mi trabajo. Como dijo Maya Angelou: «Cuando alguien te muestra quién es, debes creerle a la primera». (Estoy en deuda con *Vigilant Citizen* por publicar un artículo que enumera estas afirmaciones disparatadas en NewsWars).[1]

1. **La primera locura que dicen los globalistas es que están penetrando en los Gobiernos del mundo.** Creo que he documentado abundantemente su convicción de que la democracia es una forma ineficiente de dirigir las naciones del mundo y que su dictadura ilustrada de científicos, ingenieros y gerentes haría un trabajo mucho mejor.

---

1. Vigilant Citizen, «The Top 10 Creepiest & Most Dystopian Things Pushed By The World Economic Forum», 4 de junio de 2022, NewsWars, www.newswars.com/the-top-10-creepiest-most-dystopian-things-pushed-by-the-world-economic-forum/.

En un informe del Foro Económico Mundial de 2010 titulado «Rediseño global», Schwab sostenía que un mundo globalizado se gestiona mejor mediante una «coalición autoseleccionada de corporaciones multinacionales, Gobiernos (incluso a través del sistema de las Naciones Unidas) y organizaciones de la sociedad civil (OSC) selectas».

El propio Schwab ha dicho:

> Nos infiltramos en los Gabinetes. Ayer estuve en una recepción para el primer ministro Trudeau y sé que la mitad de su Gabinete, o incluso más de la mitad, son en realidad Jóvenes Líderes Globales del Foro Económico Mundial [...]. Es cierto en Argentina y es cierto en Francia, con el presidente, un Joven Líder Global.[2]

¿Cómo se salen con la suya los globalistas? No convenciendo al público de que sus planes tienen sentido, sino en secreto y a escondidas.

Cuando el público descubra cómo han sido engañados, vendrá un gran ajuste de cuentas.

2. La segunda locura que creen los globalistas es que algún día podrían utilizar ondas sonoras para controlar el comportamiento de la gente.

En su reunión de 2018, uno de los temas del Foro Económico Mundial se tituló «Control mental mediante ondas sonoras», basado en un artículo de opinión de *Scientific American*.[3] Esto es de un artículo sobre la tecnología:

---

2. «Flashback: Great Reset Architect Klaus Schwab Brags WEF "Penetrates" Cabinets of World Leaders», 26 de enero de 2022, NewsWars, www.newswars.com/flashback-great-reset-architect-klaus-schwab-brags-wef-penetrates-cabinets-of-world-leaders/

3. R. Douglas Fields, «Mind Reading and Mind Control Technologies are Coming», 10 de marzo de 2022, *Scientific American*, www.blogs.scientificamerican.com/observations/mind-reading-and-mind-control-technologies-are-coming/

> Veo que llegará el día en que un científico podrá controlar lo que una persona ve con el ojo de su mente, enviando las ondas adecuadas al lugar adecuado de su cerebro. Supongo que la mayoría de las objeciones serán similares a las que escuchamos hoy sobre los mensajes subliminales en los anuncios publicitarios, sólo que mucho más vehementes.
>
> Esta tecnología no está exenta de riesgos de mal uso. Podría ser una revolucionaria tecnología sanitaria para los enfermos o una herramienta de control perfecta con la que los despiadados controlen a los débiles. Sin embargo, esta vez el control sería literal.[4]

El orador llegó a la conclusión de que nada podría impedir el desarrollo de esta tecnología, pero que debería quedar bajo el control de una organización benéfica, como el Foro Económico Mundial, para asegurarse de que no se haga un mal uso de ella.

Sí, todos sabemos que se puede confiar en que Klaus Schwab y sus amigos no hagan un mal uso de la tecnología para controlar a la gente.

3. **La tercera locura que han dicho los globalistas es que algún día tomarás pastillas que contengan microchips.** En su Foro Económico Mundial de 2018, Albert Bourla, el director ejecutivo de Pfizer, habló sobre esa posibilidad.

> La FDA aprobó la primera «píldora electrónica», si puedo llamarla así. Básicamente, se trata de un chip biológico que se encuentra dentro de la pastilla y, una vez que la ingieres, esta se disuelve en tu estómago y envía una señal de que la tomaste.

4. Roman Balmakov, «Facts Matter: Top 9 Most Dystopian Things Pushed by the World Economic Forum», 7 de junio de 2022, Epoch TV, www.theepochtimes.com/facts-matter-june-7-top-9-most-dystopian-things-pushed-by-the-world-economic-forum/

> Así que imagina sus aplicaciones, el cumplimiento. Las compañías de seguros sabrían que los pacientes toman los medicamentos que deben tomar. Es fascinante lo que sucede en este campo.[5]

Es interesante que estos globalistas nunca busquen implicar al público en sus planes. Todo se trata de control y obediencia. Sea cual sea tu edad, los globalistas sólo quieren seguir siendo tu padre eterno, y si no obedeces, pueden simplemente encerrarte en tu habitación, sin comida, sin agua, sin comunicación con el mundo exterior, hasta que lo hagas.

4. **La cuarta locura que cometen los globalistas es elogiar los confinamientos masivos por la COVID-19.** De hecho, los elogian tanto que odian borrar algunos de sus elogios.

   El Foro Económico Mundial publicó un vídeo en el que se afirmaba que «los confinamientos redujeron significativamente la actividad humana [...] lo que llevó al período más tranquilo de la Tierra en décadas», al mismo tiempo que mostraba imágenes de ciudades vacías y negocios cerrados. A medida que avanzaba el vídeo, consideraban que los confinamientos valían la pena porque «las emisiones de carbono disminuyeron un 7 % en 2020».[6]

   Sin embargo, debido a la indignación pública, el Foro Económico Mundial tuvo que eliminar el tuit que contenía el vídeo. Escribieron otro tuit: «Eliminaremos este tuit. Los confinamientos no están "mejorando silenciosamente las ciudades en todo el

---

5. Parwinder Sandhu, «Pfizer CEO Albert Bourla Admits to Presence of Biological Chip in Vaccines? Viral Video Fuels "Microchip" Conspiracy Theory», 18 de diciembre de 2021, *International Business Times*, www.ibtimes.sg/pfizer-ceo-albert-bourla-admits-presence-biological-chip-vaccines-viral-video-fuels-61857
6. «World Economic Forum Deleted Video: Lockdowns are Improving Cities Aroundthe World», 27 de febrero de 2021, YouTube, www.youtube.com/watch?v=fb6U8xkn8jM

mundo, pero son una parte importante de la respuesta de salud pública a la COVID-19"».[7]

La crisis de la COVID-19 fue algo que los globalistas aprovecharon porque les permitió acelerar sus planes. El problema es que se toparon con una oposición masiva de las personas, muchas de las cuales han tomado la decisión final en su mente de que nunca más volverán a quedarse calladas.

5. **La quinta locura que proclaman los globalistas es que quieren que los confinamientos por la COVID-19 sean permanentes.** En un vídeo publicado el 17 de agosto de 2021, detallan todos los cambios inmodificables que la COVID-19 va a traer a nuestras vidas, como el uso permanente de mascarillas, la omnipresencia de los dispensadores de Purell en nuestra vida diaria y el hecho de que los niños estén permanentemente confinados en casa y reciban clases a través de las pantallas de sus ordenadores. En el vídeo, destacan otra tecnología de vanguardia: «La NASA ha inventado un sistema que puede identificarte a partir de los latidos de tu corazón mediante un láser».[8]

   ¿Qué mejor forma de controlar a las personas que diciéndoles que tienen que temer a un enemigo invisible y que deben permanecer encerrados para siempre en sus casas y encogidos de miedo?

   Cuidado con los tiranos que os dicen que viváis en un estado permanente de miedo.

---

7. Vigilant Citizen, «The Top 10 Creepiest & Most Dystopian Things Pushed By The World Economic Forum», 4 de junio de 2022, NewsWars, www.newswars.com/the-top-10-creepiest-most-dystopian-things-pushed-by-the-world-economic-forum/

8. Andrea Willage, «What are the Long-term Effects of the COVID-19 Pandemic? These 5 Trends Give Us a Glimpse», 11 de agosto de 2021, World Economic Forum, www.weforum.org/agenda/2021/08/covid19-long-term-effects-society-digital/

6. **La sexta locura que hacen los globalistas es alardear de su alegría no disimulada de que la crisis de la COVID-19 podría permitirles acelerar sus planes para el Gran Reinicio.** En un vídeo que publicaron en 2021 sobre el Gran Reinicio, lograron confirmar los peores temores que la gente tenía sobre ellos.[9]

   En una imagen, muestran una lápida con las palabras «Capitalismo RIP 2020», y cerca del final, el narrador lo dice claramente: «Y todo eso consiste en poner a las personas adecuadas en el lugar adecuado en el momento adecuado». Esto no es el crecimiento orgánico del mercado, ni un ámbito en el que las mejores ideas y productos se vuelven los más populares.

   Los globalistas buscan acabar con el capitalismo clásico y reemplazarlo por un capitalismo de compinches.

7. **La séptima locura que quieren hacer los globalistas es acabar con la libertad de expresión, que ellos definen como la «recalibración de la expresión».** Esto quedó muy claro en un discurso pronunciado por la comisaria australiana de Seguridad Electrónica, Julie Inman Grant, en la Conferencia de Davos de mayo de 2022, en la que dijo:

> Nos encontramos en una situación en la que la polarización es cada vez mayor y todo parece binario, cuando no tiene por qué serlo. Por eso creo que tendremos que pensar en recalibrar toda una serie de derechos humanos que se están aplicando en Internet, desde la libertad de expresión hasta la libertad de no sufrir violencia en Internet.[10]

---

9. Vigilant Citizen, «What is the Great Reset?: A Blatant Propaganda Video by the World Economic Forum», 2 de febrero de 2021, The Vigilant Citizen, www.vigilantcitizen.com/latestnews/what-is-the-great-reset-a-blatant-propaganda-video-by-the-world-economic-forum/
10. Joshua Klein, «World Economic Forum» Australia's Esafety Commissioner Calls for "Recalibration" of Human Rights, Free Speech», 24 de mayo de 2022, Breitbart, www.breitbart.com/politics/2022/05/24/world-economic-forum-australias-esafety-commissioner-calls-for-recalibration-of-human-rights-free-speech/

¿Cómo podemos entender esto de otra manera que como una llamada a cambiar la libertad de expresión? En mi opinión, la libertad de expresión en sí misma es binaria.

O la tenemos o no la tenemos.

8. **La octava locura que proponen los globalistas es que el Foro Económico Mundial quiere poner chips en tu ropa.** Publicaron un vídeo sobre la idea en 2022.[11]

   Estos chips funcionarían como pasaportes digitales y también permitirían a las marcas de moda revender su ropa. Imagínate las posibilidades de rastrearte. Según el vídeo, estos productos saldrán al mercado en 2025 de la mano de Microsoft.

   Yo no pienso ponerme ninguna prenda de ese tipo.

9. **La novena locura que exponen los globalistas es que el Foro Económico Mundial está promoviendo la posibilidad de implantar teléfonos inteligentes en el cuerpo para 2030.** Piénsalo. De todos modos, no basta con tenerlo siempre en la mano. Publicaron un vídeo sobre la posibilidad en 2022.[12]

   Esto alimenta el interés del Foro Económico Mundial por el transhumanismo, o como afirmó Yuval Noah Harari, convertirte en un «cíborg eternamente joven, asexuado y sin capacidad de reproducción».

   ¿No suena eso emocionante?

   Un futuro sin sexo, sin hijos y con un teléfono inteligente implantado en el cuerpo.

10. **La décima locura que cometen los globalistas es la libertad con la que afirman que en el futuro no poseeremos nada y seremos felices.** En 2016, Ida Auken, miembro del Parlamento

---

11. «Your Clothing Would be Tracked Soon», 9 de diciembre de 2021, YouTube, www.youtube.com/watch?v=h8SWY6_b67A
12. «World Economic Forum: Smartphones Will Be in Your Body by 2030», 27 de mayo de 2022, YouTube, www.youtube.com/watch?v=LJpBJAHqY0M

de Dinamarca, lo dijo muy claramente: «Bienvenidos a 2030. No poseo nada, no tengo privacidad y la vida nunca ha sido mejor». Al Foro Económico Mundial le encantó tanto esa formulación que tuiteó al respecto el 27 de diciembre de 2016.[13]

El Foro Económico Mundial incluso publicó un artículo titulado «8 predicciones para el mundo en 2030», con esa frase: «No poseerás nada y serás feliz».

El artículo explicaba:

> «No tengo nada. No tengo coche. No tengo casa. No tengo ningún electrodoméstico ni ropa», escribe la diputada danesa Ida Auken. Ir de compras es un lejano recuerdo en la ciudad de 2030, cuyos habitantes han descubierto energía limpia y piden prestado lo que necesitan cuando lo necesitan. Suena utópico, hasta que menciona que todos sus movimientos son rastreados y fuera de la ciudad viven franjas de descontentos, la visión definitiva de una sociedad dividida en dos.[14]

Y ahí lo tenemos. El resultado final del plan de los globalistas. Tendremos una división visible entre los esclavos y los pueblos libres. La élite luchará por dar todos los beneficios a los miembros de su ciudad y tratará de matar de hambre a los que viven fuera de la ciudad.

Ahora sabemos qué pasará con los disidentes.

Serán exiliados, alejados de la ciudad y forzados a vivir en un gulag digital.

* * *

13. World Economic Forum, Twitter, 27 de diciembre de 2016, 2:09 p. m., www.twitter.com/wef/status/813869325635424256?lang=en

14. Ceri Parker, «8 Predictions for the World in 2030», 12 de noviembre de 2016, World Economic Forum, www.weforum.org/agenda/2016/11/8-predictions-for-the-world-in-2030/

¿Cómo luchamos contra esta oscuridad?

Saca a la luz tus planes. Arroja luz sobre las mentiras cuando las veas. Escribe una carta al editor, llama a programas de radio y utiliza tus habilidades en línea para hacerte oír.

El Evangelio de Juan me da consuelo cuando dice: «La luz brilla en las tinieblas, y las tinieblas no la han vencido».[15]

En realidad, es así de simple. Cuando arrojamos luz sobre la oscuridad, ésta no puede contraatacar. Sólo puede retroceder. En este libro, espero haber arrojado una luz poderosa sobre esta oscuridad globalista. No digo que vaya a ser fácil.

Pero es lo que temen.

Creo que cuando uno lee sus escritos queda clarísimo cuánto temen al pueblo.

Por eso te mienten.

Durante más de un siglo, los globalistas han tenido miedo de decirte la verdad.

A medida que sus planes se materialicen, ¿crees que la gente común simplemente dirá: «Vaya, me alegro de que no me hayas contado todo esto antes, pero ahora que estás aquí, ¡me encanta!»?

La razón por la que no le contaron a la gente sus planes es que sabían que los odiarían.

Sin embargo, cuando le revelan la verdad a la gente, la odiarán tanto como si se la hubieran dicho desde el principio.

Estamos en guerra por el futuro del mundo. Los globalistas quieren un futuro antihumano en el que puedan hacerse con el control de nuestra especie y dirigir el futuro del desarrollo humano. Pero ése no es el futuro que quieren las personas. Quieren un futuro de libertad, donde los descubrimientos científicos los liberen para ser mucho más de lo que podrían ser cuando se concentraban en la mera supervivencia o en lidiar con los estragos de las enfermedades.

---

15. The New American Bible, Book of John, cap. 1, 5, Thomas Nelson, Nashville, Tennessee, 1987, p. 1189.

Cuando digo que todos somos hijos de Dios, lo digo desde el punto de vista de que cada uno de nosotros tiene su propia verdad individual y buscamos vivir de acuerdo a esa verdad.

Cuando una persona está tranquila y sus necesidades están satisfechas, se preocupa por la gran familia humana. La ciencia puede servir de ayuda al desarrollo de la humanidad, pero no es un buen patrón, que es exactamente lo que los globalistas pretenden lograr.

Los globalistas están destinados al fracaso. Es la voluntad de Dios. Fuimos creados para ser dueños de nuestro propio destino. Sólo tenemos que elegir ese camino y éste se abrirá ante nosotros.

Acerca del autor

Nacido y criado en Texas, Alex Jones desmiente las falacias de la narrativa oficial de los globalistas con un análisis inigualable que lo ha llevado a convertirse simultáneamente en el hombre más comentado y más censurado de la radiodifusión.

Jones ha dejado indiscutiblemente su huella en la cultura popular y ha influido en muchas figuras políticas y destacadas de la industria. Con el lema «Hay una guerra en marcha por tu mente», Jones desafía a los grandes medios con su emisión diaria de *The Alex Jones Show* en el que revela noticias que los arquitectos del Gran Reinicio quieren mantener ocultas.

Pero últimamente, debido a que su discernimiento ha sido reivindicado en repetidas ocasiones, la frase creada por un fan «Alex Jones tenía razón» puede ser ahora la frase más icónica asociada al presentador de radio.

Desde las raíces de su programa de acceso público en Austin, Texas, en los años noventa, hasta la gestión y operación actual de su propio imperio mediático con más de 400 estaciones de radio y cable/televisión, cientos de plataformas de transmisión en línea y sindicación internacional, el popular InfoWars de Jones ha demostrado ser un poderoso contrapeso a los medios de comunicación dominantes propiedad de las corporaciones.

Jones construyó InfoWars desde cero reinvirtiendo las ganancias en la empresa. Los oyentes y espectadores son socios de Alex, y él ha prometido honrar su confianza y permanecer siempre verdaderamente independiente.

A diario, en su programa de radio titular, Jones conecta los puntos y profundiza en la historia, a menudo con la visión de expertos, denunciantes y personas con información privilegiada, para buscar la verdad y exponer las mentiras científicamente diseñadas de los globalistas y su objetivo final de esclavizar a la humanidad.

Jones definió a los globalistas y su misión durante una reciente edición de *The Alex Jones Show:* «Un globalista es un miembro de la alianza global-corporativa que intenta establecer un Gobierno mundial autoritario, cuyo objetivo final es poder llevar a cabo una revolución transhumanista que dé como resultado la muerte de la gran mayoría de la población mundial y, de ese cataclismo, una nueva superraza».

Jones utiliza su producción para llegar a la mayor cantidad posible de corazones y mentes, porque cree que, al informar a la gente sobre la verdadera naturaleza del poder, podemos fomentar un debate real sobre el destino de la humanidad y permitir que la especie evolucione hacia una singularidad más ordenada, que tenga a los humanos en el centro de un sistema basado en el mantenimiento del libre albedrío y la integridad. Esto desafía el objetivo transhumanista del darwinismo social y la dictadura científica.

Jones es reconocido internacionalmente como un pionero de los nuevos medios y un ícono del Gran Despertar y del movimiento pro libertad.

«Alex Jones es un modelo para que la gente cree sus propios medios», dijo Michael Harrison, editor de la revista especializada *Talkers*, al escritor de *Rolling Stone* Alexander Zaitchik. «Cuando se escriba la historia de la transición de la radiodifusión hablada del modelo corporativo del siglo XX al modelo digital e independiente del siglo XXI, se le considerará un pionero».

Además, Jones es un cineasta consumado que ha producido muchas obras desde que se estrenó su primer documental, *America: Destroyed By Design*, en 1997. Su película seminal, *Endgame: Blueprint For Global Enslavement* (2007), es más importante ahora que nunca.

Jones también tuvo un papel secundario en *Waking Life* de Richard Linklater, un papel que recibió una ovación de pie en el Festival de Cine de Sundance. También apareció como el «profeta callejero» en la película de Linklater de 2006, *A Scanner Darkly*, basada en la novela homónima de Philip K. Dick.

«La mente de Alex es un procesador de información y de investigación turboalimentado, y es un comunicador muy talentoso y articulado –dijo una vez el director Linklater–. A la mayoría de las personas les cuesta articular toda la sobreabundancia de información que hay por ahí y no sienten pasión por nada, pero Alex logra unirlo todo para mucha gente».

De hecho, Alex Jones posee tres rasgos que los globalistas han trabajado incansablemente para erradicar de las masas con el fin de crear una subclase permanente: ser un hombre culto, tener buena memoria y preocuparse por los demás.

Agradecimientos

No habría podido seguir en esta lucha si no fuera por el apoyo inquebrantable de mi familia a lo largo de los años. Desde el fondo de mi corazón, gracias. Os amo.

Quisiera dar las gracias a todos nuestros predecesores en esta lucha eterna por la libertad humana. Estamos en deuda con quienes nos precedieron, los antepasados, los pioneros que lucharon y murieron por la libertad, por un sueño que hoy conocemos como civilización occidental. Somos los herederos benditos de ese sueño, pero sólo si logramos defenderlo contra los ataques de la era moderna.

Gracias a todos los que actualmente están implicados en el esfuerzo por preservar los valores occidentales clásicos y un sistema liberal clásico contra las insidiosas influencias del tecnofascismo y el neoglobalismo. Nos enfrentamos a un enemigo poderoso, casi demasiado poderoso para comprenderlo. El alma misma de Estados Unidos tal como la conocemos está siendo víctima de una toma de poder, un golpe de Estado. Nuestra hermosa tierra está siendo capturada y contaminada por granjas industriales, nuestras preciadas escuelas han sido envenenadas con ideologías tecnocráticas disfrazadas de verdades y nuestros derechos constitucionales están en peligro por nuevas políticas apocalípticas que apuntan a la esencia de la democracia occidental. La mente y el corazón humanos se convierten en mercancías corporativas para ser manipuladas y utilizadas en la búsqueda de inconcebibles concentraciones de poder. Pero lo peor de todo es que éstas no son amenazas exclusivamente estadounidenses. El objetivo de la toma de poder es el mundo entero.

Sin embargo, si queremos continuar, debemos creer en la capacidad del espíritu humano para trascender incluso aquellos obstáculos que parecen insuperables y triunfar incluso sobre aquellos enemigos que parecen demasiado decididos, demasiado poderosos para ser vencidos alguna vez. Pero no tengas miedo. Lo hemos visto en todas las culturas y contextos; en última instancia, el profundo deseo humano de libertad siempre prevalecerá sobre los impulsos menores de la codicia por un lado y el miedo por el otro. Ésta es una lucha a largo plazo para construir un mundo mejor para nuestros hijos. Gracias por acompañarme en estas páginas, por abrir tu mente a una realidad aterradora, por resistir a las innumerables fuerzas que buscan controlar lo que piensas y lees, por oponerte a la propaganda y a la censura casi interminables. Espero que sigas resistiendo; por Estados Unidos y por toda la humanidad.

Por último, me gustaría dar las gracias al extraordinario escritor Kent Heckenlively. Estoy profundamente agradecido por su ayuda para condensar y organizar la investigación presentada aquí y espero trabajar con él en proyectos futuros.

Índice